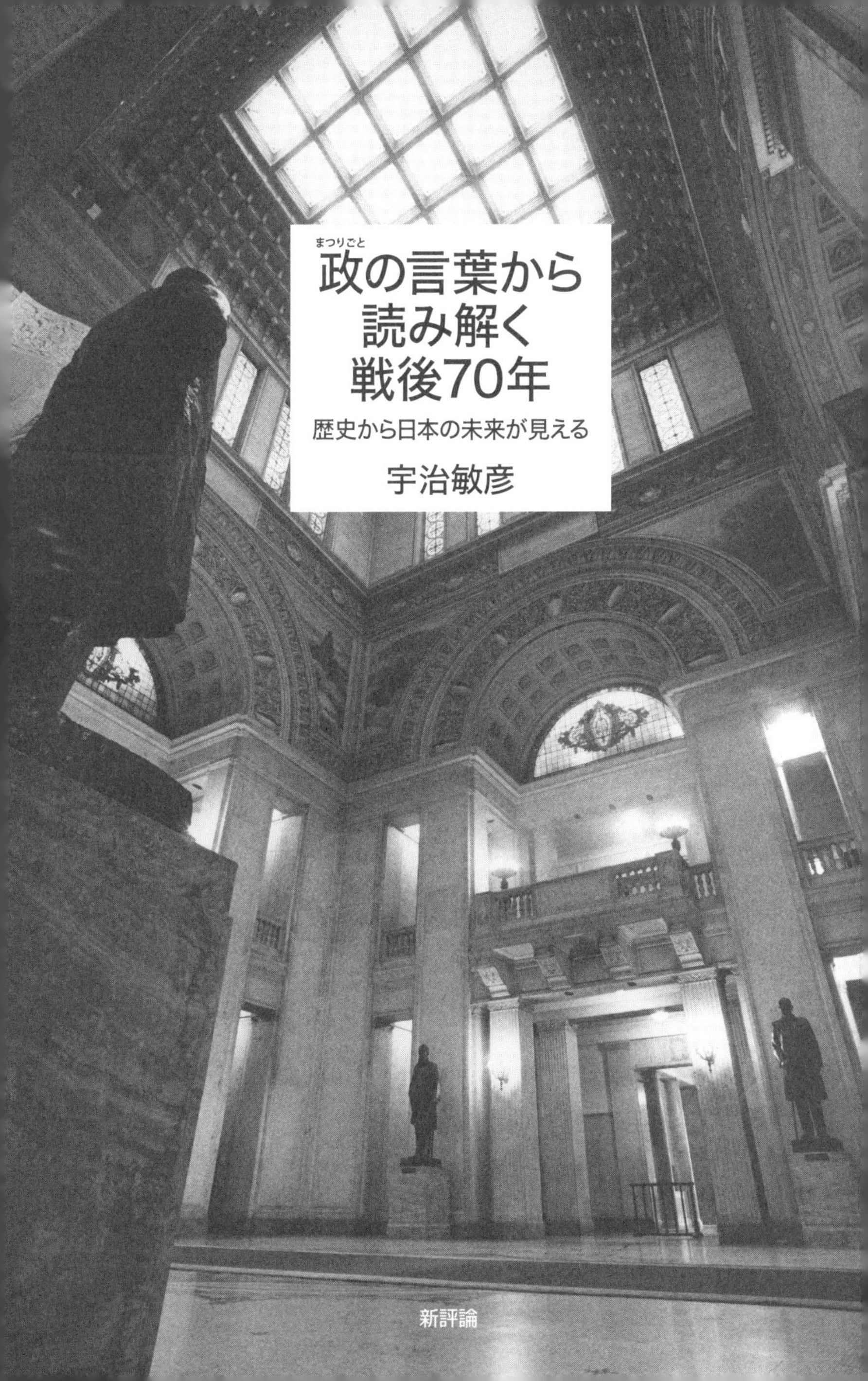

政《まつりごと》の言葉から読み解く戦後70年

歴史から日本の未来が見える

宇治敏彦

新評論

まえがき

人間がもつ最大の「武器」、それは「言葉」であろう。他人を感動させることも、激怒させることもできる。「言葉」は道具であるだけでなく、生き物だといえる。受け手も、その言葉がきっかけで結婚に発展したり、怨念から殺人に走ったりもする。なかでも、政治家、企業経営者といった他人を引っ張っていく立場にある人々、あるいは未来のある子どもたちを教育する教師の言葉は、一般市民以上にその責任が重いといえる。

古代日本には「言霊《ことだま》」とか「言挙《ことあ》げ」といった表現があり、言葉と行為は言行一致、すなわち「言《こと》」は「事《こと》」なりという概念が存在した。『古事記』によれば、ヤマトタケル（日本武尊、倭建命）は伊吹山の神を征伐する際、途中で大きな白イノシシに出合ったが、それを神の使いと誤解して、「今殺さなくとも帰りに殺せばいいだろう」と言挙げした。

しかし、実はそれが山の神の化身であった。怒った山神は氷雨を降らせた。雨に打たれたヤマトタケルは高熱に冒され、最後は能煩野《のぼの》（三重県亀山市）で命を落とすことになる。「言挙《ことあ》げ」が慢心から出た場合は悪い結果をもたらすという代表例である。

磯城島《しきしま》の　日本《やまと》の国は　言霊の　たすくる国ぞ　ま幸《さき》くありこそ

『万葉集』（巻十三）に掲載されている柿本人麻呂(1)の一首である。遣唐使が無事であるよう祈って詠まれた歌で、「日本は、言葉の魂が人を助ける国である。無事であってほしい」という意味だ。このように、日本人は古代から言葉と行動の関連性を重視する民族であった。

もちろん、どこの国においても「言葉」が人々を感動させたり、激怒させることはある。アメリカの第一六代大統領エブラハム・リンカーン（Abraham Lincoln, 1809～1865）の南北戦争に関連したゲティスバーグ演説(2)は、不朽の名演説として知られている。

戦死者の死を決して無駄にしないために、この国に神の下で自由の新しい誕生を迎えさせるために、そして人民の人民による人民のための政治を地上から決して絶滅させないために、われわれはここで固く決意する。（在日米国大使館資料から）

日本においても、戦前戦後を通じて尾崎行雄、田中正造、永井柳太郎、河上丈太郎らをはじめとして議会での名演説でならした政治家は数多い。そのなかで、戦後政治の名演説といえば何といっても池田勇人首相の浅沼稲次郎追悼演説（一九六〇年一〇月一八日）であろう。日比谷公会堂で開催された党首演説会において、演説中に右翼少年の山口二矢に刺殺された浅沼社会党委員長を悼んでのことだが、追悼演説に首相が立つというのは珍しいケースだった。

君は、大衆のために奉仕することを、その政治的信条としておられました。文字通り東奔西走、比類なき雄弁と情熱をもって、直接国民大衆に訴え続けられたのであります。

沼は演説百姓よ
よごれた服にボロカバン
きょうは本所の公会堂
あすは京都の辻の寺

これは大正末期、日労党結成当時、浅沼君の友人がうたったものであります。委員長とな

（1）　柿本人麻呂（六六〇頃～七二〇）飛鳥時代の歌人。「歌聖」と呼ばれ、三十六歌仙の一人。
（2）　一八六三年一一月一九日、ペンシルベニア州ゲティスバーグにある国立戦没者墓地の奉献式において行われた。

――ってからも、この演説百姓の精神は、いささかも衰えをみせませんでした。全国各地で演説をおこなう君の姿は、いまなおほうふつたるものがあります。

この追悼演説は大きな反響を呼び、与野党議員から賛辞が聞かれた。「俺が（演説原稿を）読んだら、議場がシーンとしてしまう追悼文を書いてくれ」と池田から頼まれて、この原稿を書いたのは、当時の総理秘書官・伊藤昌哉だった。太った体型から「ブーチャン」との愛称で呼ばれていた伊藤は、著書『池田勇人その生と死』（至誠堂、一九六六年）のなかで、この演説原稿の裏話を披露している。(3)

後日、池田首相は「あの演説は五億円か一〇億円の価値があった」と漏らしたという。「沼は演説百姓よ」という詩を取り入れたことが大きい。当初はこの詩を二度繰り返して読む予定だったが、衆議院議院運営委員会の理事たちから「あまりにも型破りだから詩の部分は省いたほうがいい」という意見が出たと聞いて、朗読するのを一度だけにした。政治家センセイたちのセンスのなさが嘆かわしい。

筆者も、鈴木善幸元首相が二〇〇四年に亡くなったとき、宏池会の会長だった宮澤喜一元首相から依頼されて内閣・自民党葬の弔辞を書いたことがある。拙著『実写1955年体制』（第一法規、二〇一三年）でも紹介したが、鈴木善幸夫人さちさん（二〇一五年三月死去）の俳句「女ひげそりて旅立つ萩の朝」を草稿に織り込んだ。

鈴木首相は中国から帰国後、自民党総裁再選確実という情勢下で、突然、辞意を表明して政界やマスコミを騒がせたが、実は中国に出発する際、さち夫人が総裁選不出馬の覚悟を機中で俳句に託して記者団に披露していたのである。

俳人だった夫人は、筆者に「萩の朝」がよいか「萩の露」がよいかと問うた。これから北京へ向かうときに「萩の露」というのは何かいかにも縁起がよくない気がして、「萩の朝のほうがよろしいのでは」と進言した。だが、迂闊にも、それが帰国後の首相退陣を前提にした一句だったとは筆者も含めて同行の記者団はまったく気付かなかった。

弔辞を読む際、宮澤首相（当時）は追悼文案からこの部分をカットしている。公式行事での追悼文ではプライベートなことは極力避けたい、という宮澤らしい配慮であった。

このように、その場その場での言葉の選択が難しいように、職業の選択、人生の選択となるともっと難しい。筆者は、新聞記者という職業は「I字型人間」（アルファベットのIのように間口は狭いが、奥行きの深いスペシャリスト型人間）より「T字型人間」（さまざまな問題に関心をもちながら、一つの専門分野をもつマージナル人間）のほうが向いているように思う。事実、

（3）（一九一七〜二〇〇二）元西日本新聞記者で、政治評論家。政治論壇や宏池会で活動。

そのように新人記者教育もしてきた。

入社時の研修を終えた新人記者はまず地方支局に配属されるのが一般的だが、そこで地元警察の記者クラブ、そして次の新人が来れば市政や県政記者クラブに入会するのが通常のパターンである。ここで肝心なことは、記者クラブとはあくまでも取材の出発点であって、終着駅ではないということである。警察や市役所、県当局からクラブで発表されるデータは記事を書く材料のほんの一部にすぎないが、その発表をもって取材が完了したかのように錯覚している記者も多い。

日本の記者クラブ制度が欧米から批判にさらされた時期があった。一九九〇年代初めのころだったが、その内容は次のようなものだった。

- 記者クラブは閉鎖的で、日本のマーケット（市場）が外国企業の参入に消極的なのとそっくり。
- 事実上の取材制限ではないか。
- 日本の新聞がみんな、横並びの記事を書いているのは記者クラブ制度のせいではないか。

具体的なクレームをつけてきたのは、東京駅近くにオフィスを構える米国の経済通信社「ブルームバーグ・ビジネス・ニュース」だった。同社の日本代表から、「わが社はオブザーバーとして兜クラブ（東京証券取引所の記者クラブ）に入っているが、三月の決算発表期に、クラブ正会員のボックスから資料配布がはじまってオブザーバーたる当社のボックスに配られるまでに一分半の時間差がある」との抗議とともに、「イコール・アクセスの原則からしておかしい。改善策がとられないなら当社も正会員にしてもらいたい」という要請だった。[4]

この時代は、金融・証券の自由化に伴いアメリカでもトヨタやソニーなど日本企業の株を持つ人が増えていたころだから、決算報道での「一分半の遅れ」は、米国での日本株保有者の売買取引に損害をもたらすとの主張も、それなりに説得力をもっていた。

クラブ側は、部屋に余裕がないことや、同社には日本の新聞社と同様の幹事業務ができないなどの理由で「ノー」の回答を出した。しかし、ブルーム側は納得せず、結局、日本新聞協会[5]が、一九九三年一月、「記者クラブ問題に関する小委員会」を設置し、外国報道機関のクラブ入会の是非を検討することになった。

小委員会は一三社の編集幹部からなり、委員長を朝日新聞の村上吉男・東京本社編集局次長（ロッキード事件でコーチャン証言を記事にした）、副委員長を筆者（当時、東京新聞編集局次長兼経済部長）と片岡繁雄・北海道新聞東京支社編集局長が務めた。「外国報道機関に記者クラブを開放するなら国内の政党機関紙にも開放しなければならなくなるのではないか」、「英国のＢＢ

（4）　どんな報道機関でも取材源に平等に接触できる権利のこと。

（5）　日刊紙などでつくる全国組織。当時は、国内の新聞、通信、放送五七社で編集委員会を構成していた。

Cみたいな国営放送局も入ってくると、記者クラブへの日本政府の関与を強める契機になりはしないか」など、さまざまな議論が飛び交い、結論を出すまでに五か月を要した。

最終的には、①日本新聞協会に届けを出している在日記者、②二社以上の日本報道機関の推薦、を条件に、「参入を希望する外国報道機関の記者については、原則として正会員の資格でクラブへの加入を認めるべきである」との答申をまとめた。

これを受けて海外メディア八社が、「兜クラブ」にかぎらず、最大の記者クラブである「内閣記者会」（首相官邸のクラブで「永田クラブ」ともいう）を筆頭に、二〇のクラブに加盟申請を出した。それで円満解決したかというと、必ずしもそうではなかった。やはりクラブ正会員の「満場一致」という不文律が残っていて、たとえば「霞クラブ」（外務省記者クラブ）では、中国・北京で発行されている新聞〈北京日報〉の東京特派員からの入会申請には、産経新聞が「中国共産党の支配下にある新聞」との理由で反対し、入会が認められるまでに、その後もかなりの時間を要している。

日本における記者クラブの歴史は一八九〇（明治二三）年に遡る。帝国議会開設に際して「議会出入り記者団」（のちの「同盟記者倶楽部」）を結成したのが最初だった。現在は、首相官邸前にある四階建ての「国会記者会館」が国会取材のベースキャンプとして使用されている。(6)

太平洋戦争中、「大本営発表」以外の報道が禁止され、国民は誇大な戦勝報道に沸き立ち、敗戦に至るまで真実を知らされなかった。もちろん、それに加担したマスコミの責任も重い。戦後はGHQ（連合国軍総司令部）の指導もあり、記者クラブは「取材活動を通じて相互の啓発と親睦を図る」ことを主眼に活動を続けてきた。政府も「新聞や放送を通じて広報・広聴をもっと徹底する必要がある」と認識して、各省庁の記者クラブは大臣室のあるフロアに設けるなどマスコミ対策を重視するようになった。

同時に、記者会見も官庁側と記者側の共同開催という形で、取材される側（官庁）と取材する側（記者）が対等の立場で運営してきた。しかし、近年の首相会見などを見ていると、主導権を首相官邸側に完全に握られているようで、「なぜ、そこでもっと追及しないのだ」とテレビ中継を見ながら歯がゆく思う場面が多い。後輩の記者諸君、「国民の代わりに質

（6）一九六九年に衆議院事務局が五億円強の予算で建設したもので、国会記者会に加盟する新聞、通信、放送各社に提供されている。近年は、フリー記者からも使用要請が衆議院に出されている。

国会取材だけでなく幅広く政治取材に活用されている国会記者会館

問している気概をもってくれ！」、そう叱咤激励したい気持ちでいっぱいだ。

二〇一五（平成二七）年で、日本は太平洋戦争の敗戦から満七〇年を迎えた。一九五五年体制（自民党一党支配体制）以来、新聞社の政治記者・デスク、経済部長、論説主幹、編集・論説担当取締役などとポストは変わっても、半世紀以上にわたって日本の政治・経済をウオッチしてきた一ジャーナリストとして、政《まつりごと》に使われた「言葉」や流行語ともなった社会現象を通して、戦後日本の実相を読み解いてみようというのが本書の狙いである。

「吉田ワンマン」「グズ哲」「ニワトリからアヒルへ」「昔陸軍今総評」「エコノミック・アニマル」「日本列島不沈空母論」など人口《じんこう》に膾炙《かいしゃ》する言葉には、一般的な解釈とは別の意味があったり、誤訳だったりして俗説が独り歩きしている向きもある。その背景も紹介しつつ、戦後七〇年の日本を総括して、日本および日本人はいま何を「言挙《ことあ》げ」すべきなのかを読者とともに考えたい。

とくに、「総人口の一億人切れ問題」「若者の保守化」「地方の衰退」「独居老人の急増」といった国力衰退現象が目立つなかで、過去を見つめ直すことから日本の新しい未来を拓くヒントが得られるに違いないと思い、最終章において筆者なりの提言を列記させていただいた。

なお、本書では、文中敬称を省略させていただくことにする。

もくじ

第1章　焦土のなかから
——独立回復まで（一九四五年〜一九五一年）

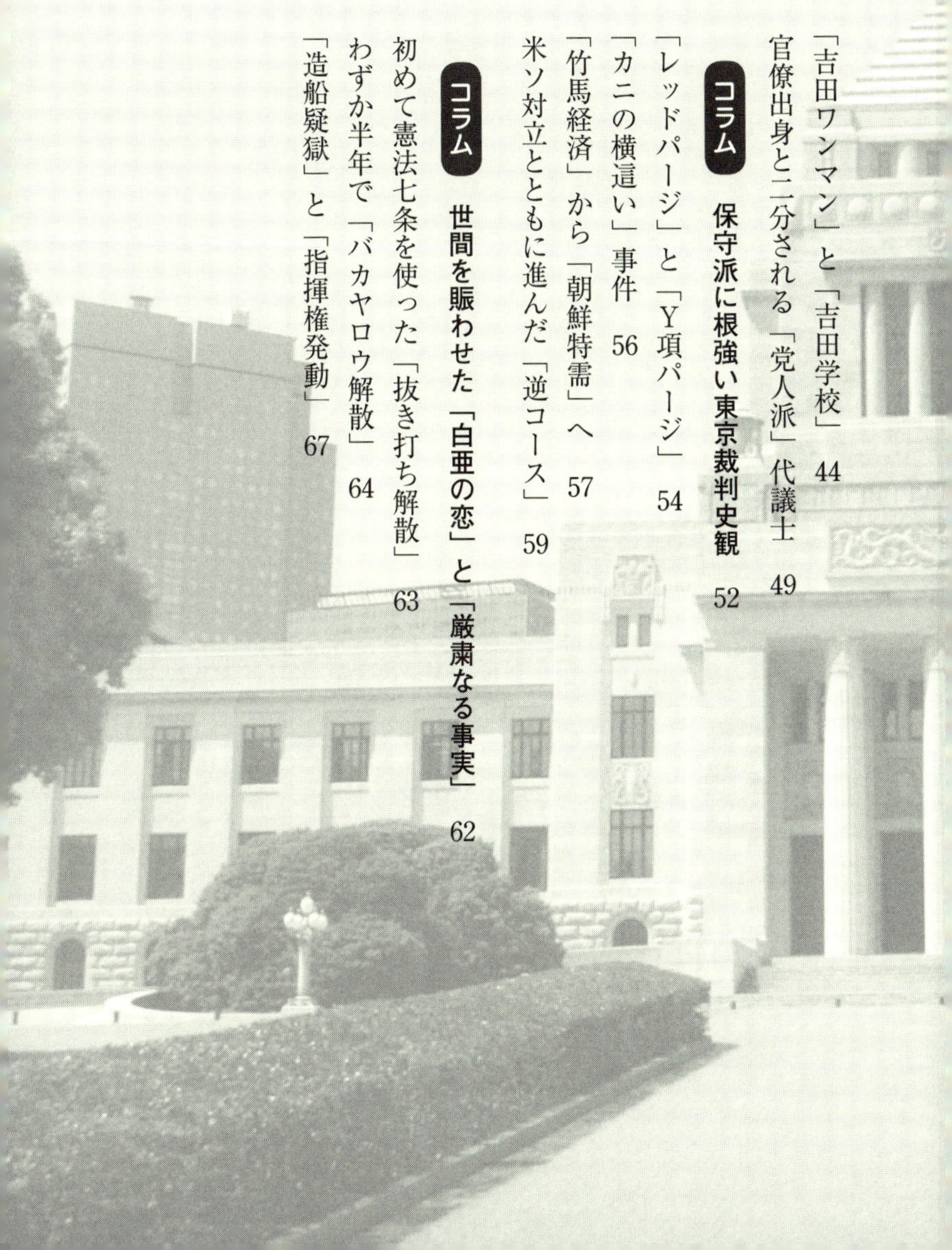

第3章　高度経済成長の光と影——所得倍増、公害多発（一九六一年～一九七二年）　115

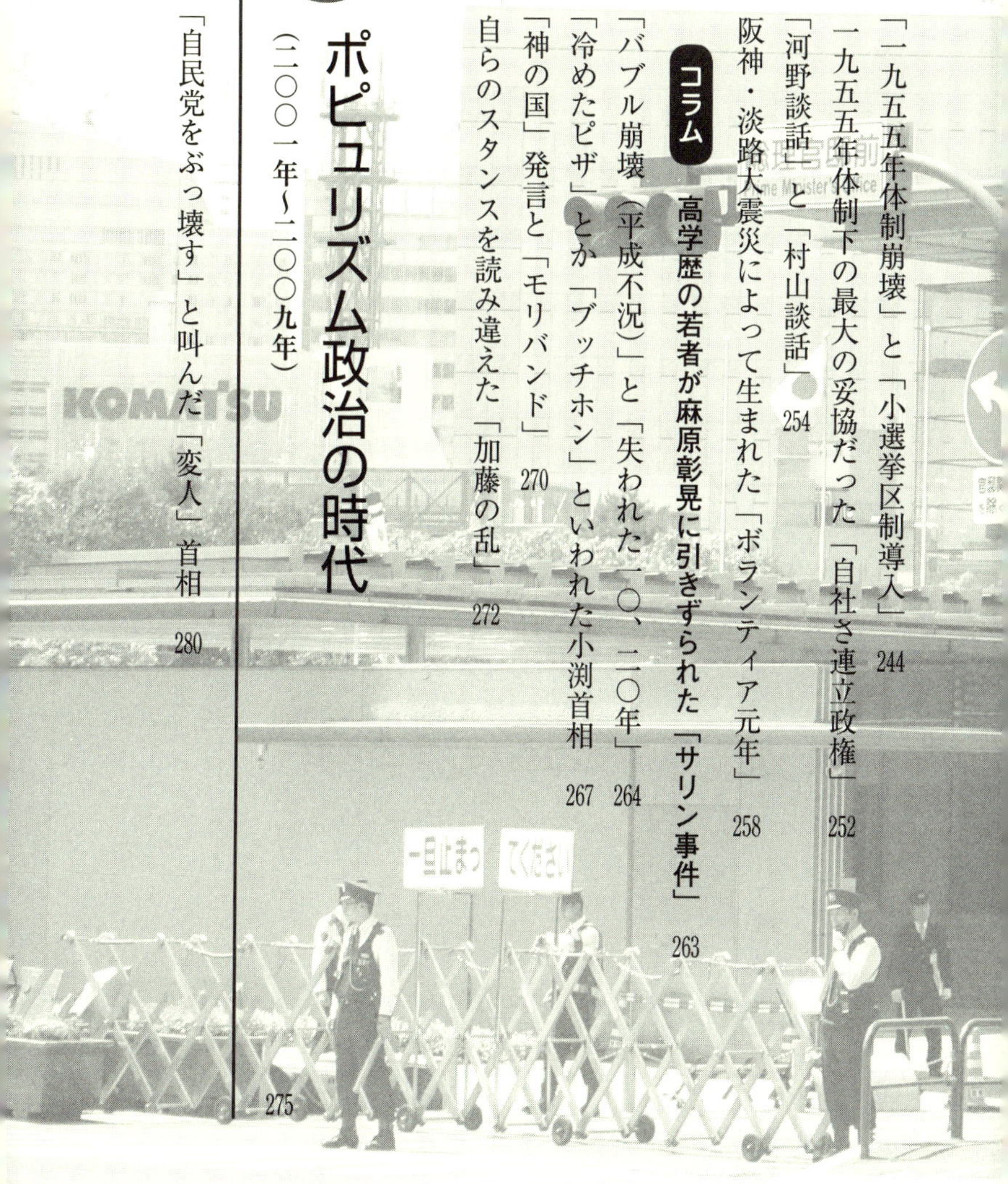
KOMATSU
一旦止まっ
てください

政《まつりごと》の言葉から読み解く戦後70年——歴史から日本の未来が見える

第1章

焦土のなかから独立回復まで

（1945年～1951年）

6月10日（木曜日） 毎日新聞

試練刻んで「昭和の時間」

歴史に探る未来への指針

民主国家への出発 21年11月3日、貴族院本会議場で行われた新憲法公布の記念式典

東京オリンピック開会式で堂々

政府は不良債務の支払いを大幅に延期し、支払い能力の回復の機会を与え、銀行のこげ付き債権を国の信用によって肩代わ

世界金融史上、例のないモラトリアム（4月22日から3週間支払い猶予）を発動、その他の救済措置を打ち出した。

▼満鉄線路爆破…戦火広がる

◇昭和6年9月18日午後10時半、奉天（瀋陽）郊外の柳条湖（柳条溝ともいわれていた）で南満州鉄道の線路が爆破され、これを中国軍によるものとした関東軍（当時満州＝中国東北＝にいた日本軍）が自衛のためと称し長春、奉天を占領、満鉄沿線や奥地に向かい進撃し続けた。

日本政府は、不拡大の方針を打ち出したが、軍部は逆に戦火をひろげ、半年足らずの間に満州の大部分を占領した。

昭和7年3月には、清の最後の皇帝だった溥儀（ふぎ）を迎えて満州国をつくり、日本が実権を握った。中国政府の訴えで国際連盟は調査の結果、日本の行動を侵略と報告し、満州国の独立を認めず、日本は軍隊の引き揚げを勧告された。

この勧告を不満とした日本

青年将校等重臣を襲撃

2・26事件を報ずる昭和11年2月27日付東京日日新聞（現・毎日新聞）

毎日新聞、1982年6月10日付

一九四五（昭和二〇）年夏、広島、長崎に落とされた二つの原子爆弾が直接のきっかけとなって、日本政府は御前会議でポツダム宣言受諾を決定し、米英など連合国軍に無条件降伏した。八月一五日昼、疎開先の静岡県富士宮市内の貴船国民学校(1)（小学校）校庭で聞いた玉音放送（昭和天皇の「戦争終結の詔書」）は、ラジオのスピーカーから発せられるガーガーという雑音がひどく、内容をまったく理解することができなかった。

当時、筆者は国民学校二年生だったから、天皇の声が聞き取れたとしても意味を解することはなかったろう。だが、雲一つない炎天下で周囲の大人たちがうなだれ、泣きじゃくる父兄がいるのを見て、「ああ、戦争に負けたんだなー」と判断することはできた。

敗戦直後、一般家庭における受け止め方は次のようなものだった。

「これで、今夜からは電球に暗幕をかぶせて灯りが外に漏れるのを心配しなくてもよくなった」

「戦地にいる父や兄弟が無事に復員（帰還）してほしい」

「長い間の戦争で食べ物に苦労してきたが、さらに食糧難がひどくなるかもしれない」

「占領軍が日本へ上陸してきたら恐ろしいことをするから、女、子どもを外へ出すな」

B29による空襲がなくなった安堵感と、当面の暮らしへの不安感が交錯していたわけである。

米軍が東京に現れたのは一か月後の九月で、実際、米兵による物取りや暴行事件が発生している。疎開先の静岡では、敗戦直前の六月一九日に約二〇〇〇人の命を奪った大空襲があったが、占領後、米兵が富士宮市内に現れることはなく、私たち子どもにとっては、教科書の指定箇所を先生の指示どおり墨で塗りつぶしたり、「デモクラシー（民主主義）」という英語を初めて聞かされたりと、目まぐるしく変わる教育環境に順応していくのに精いっぱいだった。

その後、疎開先から横須賀、横浜と転居して、小学校を卒業するまでに四つの学校を経験している。そのせいで、小学校時代の友達はあまり多くない。二歳年上の兄は、強制疎開で小学校・国民学校を六回変わっている。敗戦を境に、教育現場の混乱も大きかったといえる。

戦時中、校門脇に置かれていた二宮尊徳像を横目に、校長先生の訓示を聞くために講堂に入ると、まず天皇、皇后のご真影に最敬礼し、「三歩下がって師の影を踏まず」「男女は七歳にして席を同じゅうせず」を唱えるという毎日だった。それが、敗戦後一変し、同じ先生の口から「デモクラシー」「男女平等」「言論の自由」などの言葉を聞かされ、変わり身の早い大人たちに対して何か割り切れない矛盾を感じたものだった。

それは、天皇への絶対崇拝思想がマッカーサー

（1）一九四一年三月に「国民学校令」が公布され、同年四月からそれ以前の小学校が国民学校に改められた。初等科六年、高等科二年で、ほかに特修科一年を置くこともできた。

終戦直後に使われた中学校社会科の副読本

(Douglas MacArthur, 1880~1964) 元帥への圧倒的支持に変わっていく様子にも共通していた。「鬼畜米英」はいったいどこへ行ったのか？　原爆を落とし、多数の日本人を殺した連合国軍最高司令官を敬愛するのはなぜなのか？

近年、日中・日韓関係で中韓両国政府から「首相の靖国参拝」「尖閣」「竹島」「慰安婦」問題などにおいて日本政府への批判が高まっているのを見るにつけ、戦勝国だったという立場を差し引いても、アメリカの対日戦後処理がいかにしたたかだったかと思い知らされる。

現役記者当時、奥野誠亮（旧内務省出身、元法相）や宮澤喜一（旧大蔵省出身、元首相）のように、占領期に連合国軍総司令部（ＧＨＱ）と接する機会が多かった官僚出身の政治家たちが「あんな嫌な時代はなかった」と述懐するのを直接聞いたことがある。政治信条のうえでは「右の奥野」と「左の宮澤」二人が同意見であったことが興味深かったが、それだけ日本の統治機構の「番兵」であったエリート官僚からすれば、従来の主張が通らない「被占領」状態は腹に据えかねたのであろう。

話が横道にそれてしまった。小学校六年生（この時点では「国民学校」という名称は廃止され、「小学校」に戻っていた）のとき、音楽の時間中に友達と会話していたら担当の先生から、「おい、そこのデンスケ」と大声で叱られた。当時、浅草喜劇界で活躍していた大宮デン助[2]のことか、毎日新聞に連載されていた横山隆一の４コマ漫画『デンスケ』[3]のことかいまだに分からないが、授業中に大声で生徒を叱る先生のほうが、ホームルームといった戦後民主化教育のなかで大人しくなってしまった先生たちより「先生らしく」映ったのが不思議である。

ただ、中学時代に社会科の副読本「あたらしい憲法のはなし」（一九四七年発行）で育った筆者たちの世代（一九三七年生まれ）は、「戦争放棄」の絶対平和主義を教え込まれたせいもあって、戦前の「教育勅語暗唱世代」とも、戦後の「高度経済成長期世代」とも違う「ユートピア信奉世代」といえるかもしれない。そういえば、筆者と同年齢だった橋本龍太郎元首相は、「僕らは（戦前と戦後という）サンドイッチに挟まれた薄いハムみたいな世代だね」と生前に語っていた。

二〇一四年八月、長崎原爆の日の平和祈念式典で被爆者代表として「平和の誓い」を読み上げた城台美弥子[4]は、安倍晋三内閣が閣議決定した集団的自衛権について「日本国憲法を踏みにじる暴挙

(2)（一九一三～一九七六）浅草を中心に活躍したコメディアンで「デン助劇団」をつくったが、一九七三年に解散。
(3)一九四九年から一九五五年まで〈毎日新聞〉の朝刊に連載された。放送取材用の携帯型録音機が「デンスケ」と呼ばれるのはこの作品に由来している。
(4)元教員で、六歳のときに被爆し、後年、被爆三世の孫娘を亡くしている。

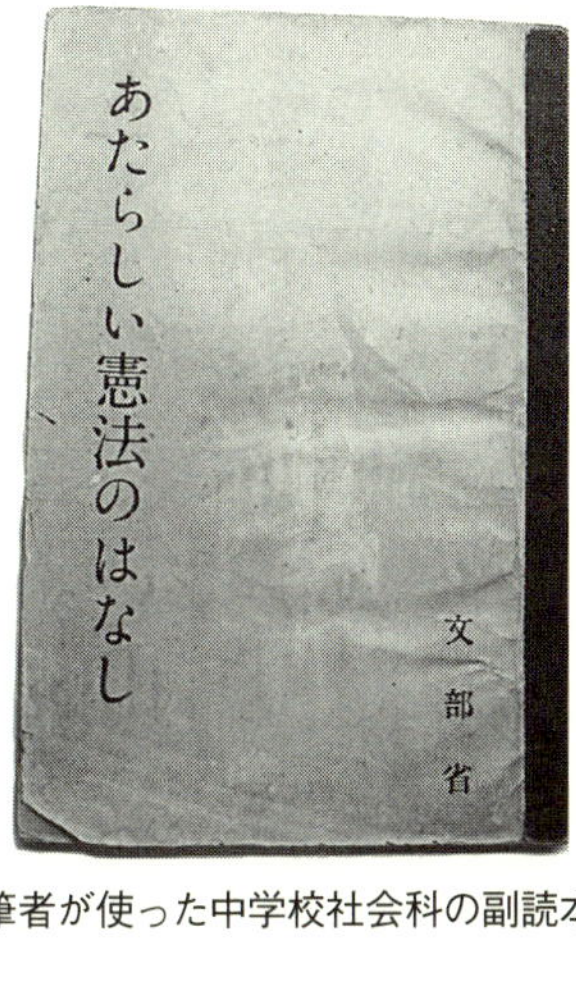

筆者が使った中学校社会科の副読本

です」と抗議した。子どものころに読んだ前掲の副読本の内容を思い出し、草稿にはなかったが、安倍首相をはじめとして参列していた政治家たちを見て急きょ付け加えたという。

絶対平和主義の「戦後」は長く続かなかった。一九五〇年に勃発した朝鮮戦争をきっかけに、米ソ間の冷戦が本格化した。対中国、対北朝鮮強硬策を提言したマッカーサー元帥をトルーマン米大統領（Harry S.Truman, 1884～1972・第三三代）が罷免する一方、米国は防共の砦として日本の再軍備化を求めた。保守陣営の「単独講和論」と進歩派の「全面講和論」が鋭く対立するなかで、吉田茂内閣は単独講和と米軍継続駐留を是認した日米安保条約を選択した。それによって日本は七年近い被占領国家から脱して、一九五二年四月二八日、独立回復へとこぎ着けた。

筆者は、現役記者時代から「なぜ、吉田首相は講和条約調印を花道に引退しなかったのだろう。あそこで辞任していたら、日本国民の吉田像も大きく違っただろうに」と思っていた。あるとき、宮澤喜一と私的に会食した際、その疑問をぶつけてみた。講和会議に随行した宮澤は、笑いながら次のように答えた。

「白洲次郎さん（吉田の側近）が帰りの飛行機で引退をすすめる手筈になっていた。ところが、機中で随行者たちが麻雀を楽しんだ際、白洲さんは九蓮宝燈《チューレンポートー》という珍しい手の役満を自摸《つも》って吉田さんへの進言を忘れちゃった」

そのいきさつは拙著『実写1955年体制』にも書いているが、必ずしも真実ではない。白洲は引退に言及したが、吉田は黙って聞いていたというのが真相に近いようだ。

独立回復を一番喜んだのは、前記のように官僚たちであった。日本統治の権限を自分たちの手に取り戻したことで、「さあ、これからは俺たちの出番だ」という気概にあふれていたであろうことは想像に難くない。だが、一般国民はどうであっただろうか。社会的にはドッジ・ライン(5)によるデフレ不況（一九四九年）、三大怪奇事件（一九四九年の下山事件、三鷹事件、松川事件(6)）、公職追放、レッドパージ(7)、血のメーデー（一九五二年）など敗戦後の混乱がまだまだ続き、食糧難、住宅難、就職難などで今日一日を生きるのに精いっぱいという時代であった。

（5）一九四九年三月七日、日本経済の自立と安定とのために、ＧＨＱ経済顧問のジョセフ＝ドッジによって立案・勧告され実施された経済引き締め政策。

（6）下山事件：国鉄総裁の下山定則が出勤途中に失踪し、一九四九年七月六日未明に轢死体となって発見された。三鷹事件：同年七月一五日、中央本線三鷹駅にて、無人列車が暴走して脱線。死者六人、負傷者二〇人を出した。松川事件：同年八月一七日、東北本線松川―金谷川駅間において、故意にレールが外され列車が脱線し、死者三人を出した。

（7）共産主義の思想・運動・政党に関係している者を公職や企業から追放すること。詳細は五四ページからを参照。

第一法規、2013年

「一億総懺悔《ざんげ》」と「天皇退位論」

戦後最初の首相である東久邇《ひがしくに》稔彦《なるひこ》が、敗戦直後の一九四五年八月二八日、記者会見で次のように述べたことが理由で「一億総懺悔」という流行語が生まれた。

「私は軍、官、民の国民全体が徹底的に反省し懺悔しなければならぬと思う。全国民総懺悔することがわが国再建の第一歩であると信ずる」

政治学者であった富田信彦（元明治大学教授）は、著書『首相列伝』（宇治敏彦編著、東京書籍、二〇〇一年）で、「これは天皇に対して国民すべてがざんげせよ、という意味合いにとれる。（中略）戦争責任をあいまいにするものであった」とし、「政軍民リーダーの責任を問う姿勢がほとんどなく『国民総ざんげ』を主張したことは弾劾されなくてはならないだろう」と書いている。

当時の一般国民の受け止め方としては、戦争は東条英樹内閣の主導で行われたものであり、敗戦で戦争責任をすべての国民に負わせて総懺悔というのは酷いじゃないか、という気持ちが強かった。富田の指摘は、そういう声を反映したものである。

一般には、日本政府はポツダム宣言を受諾して「無条件降伏した」と受け止められている。しかし、正確には八月一〇日未明の御前会議で、「天皇ノ国家統治ノ大権ヲ変更スルノ要求ヲ包含シ居ラザルコトノ了解ノ下ニ受諾ス」であった。つまり、「万世一系の天皇皇祖の神勅を奉じて永遠にこれを統治し給う」という「国体」の護持を条件とした降伏決定だった。美濃部達吉[8]の「天皇機関説」が、一九三五年、「国体に悖《もと》る」と認定され、美濃部が貴族院議員を辞任せざるを得なかったのも、天皇制は絶対無二のものという認識が当時の政府や軍を支配していたからである。

昭和天皇は、自らの戦争責任に関連して東久邇首相会見の翌日、内大臣の木戸幸一[9]に対して「戦争責任者を連合国に引き渡すは真に苦痛にして忍び難きところなるが、自分が一人引き受けて退位でもして納める訳には行かないだろうか」（『木戸幸一日記――東京裁判期』東京大学出版会、一九八〇年）という表現で「退位」に言及したといわれるが、木戸はかえって動揺をきたすとの理由で反対している。二〇一四年九月に公表された『昭和天皇実録』（全一九巻、東京書籍）では、「自らの退位により、戦争責任者の連合国への引き渡しを取り止めることができるや否やにつき御下問になる[10]」と記されている。

また、近衛文麿元首相は木戸に、「国体擁護のために天皇が退位し、天皇制存続に関して国民

---

(8)　（一八七三～一九四八）憲法学者、東京帝国大学名誉教授。長男の亮吉が東京都知事。

(9)　（一八八九～一九七七）日本の官僚、政治家。侯爵。昭和天皇の側近の一人として東條英機を首相に推薦するなど、太平洋戦争前後の政治に関与。敗戦後、ＧＨＱによって戦争犯罪容疑で逮捕され、東京裁判において終身刑となったが、のちに仮釈放された。

投票を行ってはどうか」と進言したという。国民投票に付せば「天皇制存続」が多数論と想定したからであったと思われる。

ただ、木戸も「天皇退位」をまったく考えなかったわけではない。「講和条約ができたときが一つのタイミングではないか」という意見をもっていたことを、国会図書館が一九六七年に六回にわたって木戸本人に対して行ったインタビュー「政治談話録音」(11)で明らかにしている。一九九七年に公表された録音で、「天皇退位論」に関する部分は以下のような内容になっている。

ご退位は理屈としてはその通りだけれど、僕は承知しないと。ということは今、日本はやっと少し落ち着いた。今の小さい皇太子に高松宮さんが摂政ぐらいで、この混乱状態を直してくれるわけにはいかないじゃないか。陛下としては「日本が負けたのだから私の責任だよ」と単純にお考えになるわけにはいかない。ポツダム宣言を受諾したのだから、あれを実行する責任が陛下にある。それが終わって初めて自分が責任を取ると。すぐ今、ご退位ならお気持ちのうえでは楽になるかもしれないけれど、それじゃ国が治まらない。(中略)それじゃあ、いつかというと、日本が平和国家として世界の一員に復帰するとき。講和条約が出来たときは、その時期じゃないかと。

天皇制の継続や存否をめぐってさまざまな意見が国内外で渦巻くなか、日本政府としては結局、米国首脳や連合国軍総司令官マッカーサー元帥らの判断を待つしかなかった。二〇一五年、NHKの「戦後七〇年」取材によると、「マッカーサーが天皇退位を望まなかった」旨の当時の侍従メモが残っている。

「真相ブーム」の真相

「大本営発表」という陸海軍の管制報道しか許されなかった戦時中、ほとんどの国民は日本が戦争に勝つものと信じていた。どうも様子がおかしいと国民が思いはじめたのは、B29やP51による本土空襲がはじまった一九四四年の秋以降であった。しかし、一九四五年八月に原爆が広島と長崎に落とされても、日本の敗戦を信じない（信じたくない）人々も多かった。それだけに、一九四五年八月一五日正午の玉音放送が国民に与えた衝撃は大きく、「真相が知りたい」という欲

(10)（一八九一～一九四五）第三四・三八・三九代内閣総理大臣。五摂家の近衛家の第三〇代当主。
(11)　昭和前期から戦後にかけて日本政治史で指導的な役割を果たした人物、歴史的に重要な事件にかかわった人物を対象として、公表されていない事実などを聴取することを目的に国立国会図書館が実施したオーラルヒストリー。

望が大衆のなかに湧き上がるのは当然の成り行きだった。

日本放送協会（NHK）は、一九四五年一二月九日からGHQの指令によって「真相はこうだ」（当時の表記は「眞相はかうだ」）という番組を毎週日曜日に放送した。GHQがイギリスの放送番組「今だから話せる」を模してNHKにつくらせたという説や、米国で人気があったラジオ番組「マーチ・オブ・タイム」を参考にしたという説が残っているが、放送がはじまってみると、日本人の聴取者から「あまりにも米国寄り」などという芳しくない評判が届き、しばらくして打ち切られた。

しかし、この番組がきっかけとなって新聞、出版界には「真相ブーム」が到来した。NHKの放送も『眞相はかうだ（第一・二輯）』（聯合國最高司令部民間情報教育局編、聯合プレス、一九四六年・一九四七年）として出版されたほか、『眞相箱』という本も出版されている。

筆者の手元にその『眞相箱』がある。昭和史の資料を集めていた際に神田の古本屋で求めたものだが、「聯合国最高司令部民間情報教育局編」となっており、サブタイトルに「太平洋戰爭の政治・外交・陸海空戰の眞相」とある。そして目次を見ると、「日本敗因の実相」「秘密裏に計画された初の日本空襲」「日米秘密兵器の差異」「東条（英機）大将の自殺は狂言か」「侵略という言葉の真の意味」「陸海軍の不和」「宮城の空襲被害」など、一般国民が知りたいと思われる情報が問答形式で記録されている。ちなみに、「日本敗因の実相」を要約して転載してみよう。

「ある本で日本には堅固な防備施設があったということを読みましたが、では、どうして日本は負けたのでしょう。政府の発表によれば、戦局はいつも日本に有利でした。日本は偽りをいう国でしょうか」という問いに対して、次のように答えている。

「日本は、ドイツが敗けたために敗れました。スターリングラードの戦局はドイツばかりでなく、日本の破局を意味するものであったことは、やがて歴史が明らかにするでありましょう」

「第二に、日本は生産力において連合国に匹敵することができなかったがために敗れました」

「第三に、日本は量ばかりでなく、質においても連合国に打ち勝つべき科学的方法をもたなかったがために敗れました」

「次に、日本は上方司令部の失策によって敗れました。日本の戦略戦術指導者は兵書に書かれているところをそのまままそっくり実戦に移しました。しかし、この兵書は、かつて改訂されたこともなく、苦い体験をなめて初めてその時代遅れを悟りました」

「最後に、日本兵はみな勇敢でありましたが、軍官ともにその勇敢さを聡明に活用することができなかったために敗れました」

コズモ出版社、1946年

さらに「東京大本営のことさらのごまかし」にも触れ、一九四二年五月の珊瑚海海戦などでのねつ造発表で、真相が国民に伝えられなかった軍部の責任に言及している。

この種の「真相」追求報道は、新聞、出版、放送で随時行われた。国民は「真相」に飢えていただけでなく、活字にも飢えていたのだ。一九四六年には、〈世界〉(岩波書店)、〈展望〉(筑摩書房)、〈思想の科学〉(鶴見俊輔ら)、〈群像〉(講談社)といった月刊誌が相次いで創刊され、販売日には書店に長い列ができた。新聞も随所に立ち売りスタンドができ、当時は夕刊紙だった〈東京新聞〉の即売を担当していた東京即売の臼田義弘会長(一九二五〜二〇一二)は、「池袋の駅前で新聞が飛ぶように売れた。戦前戦後を通じて、あんなに新聞が売れた時代はなかった」と述懐していた。

昭和天皇の「人間宣言」

一九四六(昭和二一)年一月元日、天皇の神格否定詔書が出された。ここでは「人間」という表現は使われていないが、「朕《ちん》ト爾等《なんじら》国民トノ紐帯《ちゅうたい》ハ、終始相互ノ信頼ト敬愛トニ依リテ結バレ、単ナル神話ト伝説トニ依リテ生ゼルモノニ非ズ。天皇ヲ以テ現御神《あらひとがみ》トシ、且《かつ》日本国民ヲ以テ他ノ民族ニ優越セル民族ニシテ、延テ世界ヲ支配スベキ運命ヲ有ストノ架空ナル観念ニ基クモノニ非ズ」などと、「天皇は神」という観念が架空であると断定している。

いったい、何のために「人間宣言」が出されたのだろうか。敗戦後、日米双方で大きなテーマになったものとして「国体の護持」と「天皇の戦争責任」があった。一九四五年九月二七日、天皇自らが米国大使館にマッカーサー元帥を訪問したことは、これらの問題を打開する大きなきっかけとなった。

マッカーサー元帥の回想によると、昭和天皇は「私は国民が戦争遂行にあたって政治、経済で行ったすべての決定と行動に対する全責任を負う者として、私自身をあなたの代表する諸国の裁決にゆだねるためおたずねした」とある。「死をともなうほどの責任、それも私の知り尽くしている諸事実に照らして、明らかに天皇に帰するべきでない責任も引き受けようとする、この勇気に満ちた態度は、私の骨のズイまでゆり動かした」（津島一夫訳『マッカーサー回想録（上・下）』朝日新聞社、一九六四年）と、マッカーサーは回想記に記している。

当時、ソ連（現ロシア）、オーストラリア、フィリピンなどは「天皇制廃止」を要求していたが、トルーマン米大統領は「天皇制の存否は日本国民の国民投票によって決せられるべきだ」と言明している。こうした空気を踏まえてマッカーサーは、「天皇が神でないことを表明すれば、立場が良くなるのでは」とのヒントを日本側に漏らした。これが「人間宣言」に発展していく直接のきっかけとなった。

昭和天皇自身も、一九四五年の暮れ近くに、昔、神様扱いされて医者にかかれず薬も飲まずに死んだ天皇がいたことを例に挙げて、天皇を神様扱いするのはとんでもないことだと幣原喜重郎《しではらきじゅうろう》首相に語っている。その天皇とは、江戸初期の後水尾《ごみずのお》天皇のことである。(12)これが幣原を「人間宣言」起草へと動かしたといわれている。

別の説もあって、学習院院長だった山梨勝之進（一八七七〜一九六七・海軍大将）が同院英語教師のブライス（Reginald Horace Blyth, 1898〜1964）とともにGHQ対策に動いた結果、具体化したのだという記述も見られる（五百旗頭真『占領期』読売新聞社、一九九七年）。

最終的に詔勅案を書いたのは幣原自身とされる。山梨、ブライスの素案を参考にしながら、同年一二月二五日の大正天皇の月命日を期して、幣原は首相官邸で書き出した。英語の得意な幣原だけに、「日本よりむしろ外国の人達に（好）印象を与えたいという気持ちが強かったものだから、まず英文で起草し、約半日かかった」（幣原平和財団編『幣原喜重郎』同財団、一九五五年）という。それを日本語に直したのは、前田多門（一八八四〜一九六二）文相と次田大三郎（一八八三〜一九六〇）内閣書記官長だった。原案を見た天皇は一つだけ注文を付けた。「五箇条の御誓文」を盛り込んでほしい、と。その理由について天皇は、後年（一九七七年八月二三日）、記者会見で次のように語っている。

「それが実はあの詔書の一番の目的で、神格とかは二の問題でした。民主主義を採用したのは明治大帝の思召しである。五箇条の御誓文が基になって明治憲法が出来たのであり、民主主義は決して輸入物ではないことを示す必要があった」

確かに、五箇条の御誓文の第一条「広く会議を興し万機公論に決すべし」の英訳（All matters decided by open discussion.）などに欧米人が接すれば、日本にも一八六八（明治元）年からデモクラシーの精神があったのだという気持ちになるだろう。

また、「人間宣言」執筆に関連して、こんなエピソードも残っている。

幣原《しではら》首相は首相官邸の小窓が開いているのも忘れて執筆に没頭していたため、翌朝、風邪を引き高熱を出して寝込んでしまった。それを救ったのは、ＧＨＱが持っていたペニシリンだった。吉田茂外相がマッカーサー元帥に幣原が急性肺炎であることを伝えたところ、元帥は幣原のもとに主治医を派遣してペニシリンを打たせた。回復した幣原は、一九四六年一月二四日、ペニシリンと医師の派遣に対して謝意を表するためマッカーサーを訪問している。このときの会談は二人だけで三時間近くに及んだが、ここで両者は「戦争の放棄」という基本認識で一致している（具体的に、憲法改正に九条という概念を持ち込んだのがどちらであるかは断定できない）。

（12）（一五九六～一六八〇）第一〇八代天皇。京都・泉涌寺の月輪陵に葬られた。

天皇責任の回避―「人間宣言」―天皇からの注文―幣原の風邪―「戦争放棄」へという発想。それらがすべてリンクしていたとすれば、歴史の流れは、まさに万物流転のようにすべてが絡みあって動いていくものだと再認識させられる。

ちなみに、日本でペニシリンが生産されるようになったのは一九四七年からで、この年三月に滋賀県の東洋レーヨン大津工場に大量生産の試験工場が設立された。開場式には、GHQ公衆保健福祉局長のサムス大佐（Crawford F. Sams, 1902～1994）も出席している。

天皇には「三種の神器」が皇位の印とされ、とくに剣璽《けんじ》は天皇の赴く所に携行されるのが常とされてきた。しかし、「人間宣言」後の一九四六年二月からはじまった全国巡幸では携行が取りやめとなっている。筆者は皇居内でお召列車の内部を参観したことがあるが、天皇が乗車される客車の窓の上には、剣璽を掛ける場所が設けられていた。そして、「人間宣言」から二八年後の一九七四年、天皇の伊勢神宮参拝では剣璽携行が復活している。

ところで、「人間宣言」以後、我こそは天皇家の血統を継ぐ者なりという自称天皇が一〇人余りも登場したことをご存じだろうか。その第一号は熊沢寛道（一八八九～一九六六）で、南朝最後の後亀山天皇の直系と名乗り、「熊沢天皇」と称して一九五一年には現天皇不適格確認訴訟を起こしたが、却下された。

思惑が絡み合った「公職追放」

ＧＨＱの指示で一九四六年から実施された「軍国主義者」「反民主主義的指導者」などの公職からの追放措置のことである。ポツダム宣言に「軍事的、超国家主義的な活動に従事していた日本人は公職からはずし、政治的影響を持ち得ないようにする」との追放条項があったことが根拠となった。当時、ＧＨＱ民政局で公職追放を担当したハンス・ベアワルド(13)によると、マッカーサー元帥は「反民主主義的人間」も対象者に追加したという（ベアワルド／袖井林二郎訳『指導者追放――占領下日本政治史の一断面』勁草書房、一九七〇年）。

この結果、一九四六年から二年余りで二〇万三六六〇人が追放指定された。また、超国家主義二七団体にも解散指令が出されている。しかし、今振り返ってみても、「対米戦争には反対していた人たちがなぜ？」と疑問に思うことが多い公職追放措置だった。ここでは、鳩山一郎、石橋湛山、市川房枝(14)という三人の政治家を例に挙げて検証してみよう。

(13)（Hans H. Beraward, 1927～2010）のちに南カルフォルニア大学政治学教授。
(14)（一八九三～一九八一）参議院議員。婦人参政権運動で活躍。

鳩山追放のきっかけの一つは、敗戦直後の一九四五年九月一五日付の朝日新聞に掲載された「新党結成の構想」という鳩山論文にあったとされる。

「〝正義は力なり〟を標榜する米国である以上、原子爆弾の使用や無垢の国民殺傷が、病院船攻撃や毒ガス使用以上の国際法違反、戦争犯罪であることを否むことは出来ぬであろう。極力米人をして罹災地の惨状を視察せしめ、彼ら自身、自らの行為に対する報償の念と復興の責任とを自覚せしむること」

戦勝国の米国からすれば、原爆使用の正当性を否定されたことで頭に来たに違いない。しかし、広島、長崎という二発の原爆投下で二〇万人を超す一般市民が殺された事実を踏まえれば、日本の政治家としては当然の思いを述べたといっていいだろう（朝日新聞はこの論文掲載で二日間の発行停止処分になった）。

もう一つの理由は、鳩山が一九三七年、約七か月間にわたって外遊した際にナチスドイツの全体主義を称賛した一文を書いたことである。だが、公表されている『鳩山一郎・薫日記（上巻）』（鳩山一郎編、中央公論新社、一九九九年）によると、一九三八年五月の欄に鳩山は、「独伊に学ぶべき点あるも独裁政治は日本に入るべからず」と書いている。このほか、鳩山が「反共声明」を出したこともソ連からの反発にあったという説がある。

追放基準は、（A）戦犯、（B）職業陸海軍職員、（C）国家主義団体などの有力分子、（D）大政翼賛会などの有力分子、（E）日本膨張主義に関係した金融機関などの役員、（F）占領地の行政長官、（G）その他軍国主義者及び極端な国家主義者――で、ベアワルドは「G項の幅広い基準を使えば、ほとんどあらゆる重要人物を追放できる」と前掲書で書いている。

一九四六年四月、旧憲法のもとで戦後初の衆議院選挙が行われた。前年の一一月に結成された自由党は一四一人が当選して第一党となり、幣原内閣は四月二二日に総辞職した。そして、五月三日には自由党総裁の鳩山に大命が下される手筈が整った。ところが翌日、GHQから公職追放命令が出て、政界は大混乱に陥った。鳩山が旧知の吉田茂を推薦して、幣原辞任後、丸一か月

5月23日（木曜日）

讀賣新聞

THE YOMIURI-SHIMBUN

天氣予報

23日　北の風晴れたり曇つたり

[redacted]

吉田内閣漸く成立

昨朝、親任式を擧行

新内閣の第一聲

食糧突破を確信

憲法案はそのまゝ提出

吉田首相

社説　和田農政はどこへゆく

食糧の共同管理

読売新聞、1946年5月23日付

の政治空白を経て、五月二二日にようやく第一次吉田内閣が発足にこぎつけた。

いったい、鳩山追放はGHQの誰が決めたのか。幣原内閣の続投を狙った陰謀という観測やマッカーサー自身が鳩山を嫌ったという説などがあるが、前記G項を「拡大解釈」しての政治的思惑が働いたことだけは間違いない。

石橋湛山の追放ケースとなると事態はもっと複雑であり、かつその背後にはGHQと日本政界の思惑が渦巻いていたといえる。

一九四六年五月、石橋は第一次吉田内閣の蔵相に就任したが、これは組閣直前の追放命令で「幻に終わった鳩山内閣」の閣僚名簿を吉田が引き継いだものである。追放の適否を審査する日本側の中央公職適否審査委員会が石橋は「非該当」としているにもかかわらず、ホイットニーGHQ民政局長は「G項該当で追放すべし」と命令した。その理由として、「石橋が社長兼編集人だった東洋経済新報はアジアにおける軍事的、経済的帝国主義を支持し、枢軸国との提携を主唱し、西洋諸国との戦争必至論を助長し、全体主義的統制を奨励し……」（『湛山回想』岩波書店、一九八五年）などと、まるで根拠のない主張が盛り込まれていた。

石橋が戦争中から植民地拡大に反対する「小日本主義」を提唱していたことは周知の事実であり、石橋を追放するなら吉田首相も公職追放の該当者に相当したといっても過言ではないだろう。石橋は、全面的反論を中央公職適否審査委員会に提出した。しかし、それは採用されないまま、翌一九四七年四月の衆議院選挙において静岡県二区から最高点で当選して間もなくの五月一七日、公職追放になった。

追放理由としては、ホイットニー命令のほかに「マッカーサーが戦後日本のインフレ原因をつくったのは石橋蔵相だと批判した」、「石橋蔵相が占領軍の冗費削減に積極的だった」などの点が挙げられる。

石橋湛山の追放期間は四年余りに及んでいる。解除が遅れた背景について作家の小島直記（一九一九～二〇〇八）は、「吉田は、自分のライバル的存在になった石橋をうとましくおもい、パージの工作をしなかったままでも、訴願による追放解除に対しては、自分の腹心をして徹底的に妨害させたのではないか、と推測させるのである」（『異端の言説・石橋湛山（下巻）』新潮社、一九七八年）と書き、日本側の七人の委員からなる適否審査訴願委員会のなかに、石橋の追放解除に強硬に反対する吉田側近の人物がいたことを明記している。

このようにＧＨＱ主導ではじまった公職追放措置も、その背景では、日米権力者の思惑が絡んでいたことは否定できない。

「婦人参政権運動」や「カネを使わない理想選挙」で知られた市川房枝も、一九四七年から二年間、公職追放になっている。戦争中に大日本報国言論会理事として戦争遂行に協力したことが理由だった。しかし、ＧＨＱで市川の追放にタッチしたハンス・ベアワルドは、後年、筆者との懇談のなかで「彼女を追放処分にしたのは、私の民政局時代の最大のミステイクだった」と苦笑いしながら漏らしていた。

一九五二年四月二八日、対日講和条約の発効に伴って公職追放令は廃止となった。

マッカーサー三原則（マッカーサー・ノート）

マッカーサー三原則とは、一九四六年二月三日、マッカーサー元帥が日本国憲法草案に関してコートニー・ホイットニー（Courtney Whitney, 1897～1969・陸軍の将官）GHQ民政局長に示した三つの方針、いわゆる「マッカーサー・ノート」のことである。

第一は天皇制。「天皇は国の元首の地位にあり、皇位は世襲される。職務と権限は憲法に従って行使され、憲法に示された国民の基本的意思に応えるものとする」

第二は戦争放棄。「国権の発動たる戦争は廃止する。日本は、紛争解決の手段としての戦争、さらには自己の安全を保持するための手段としての戦争をも、放棄する。日本は、その防衛と保護を、今や世界を動かしつつある崇高な理想に委ねる。日本が陸海空軍を持つ権能は、将来も与えられることはなく、交戦権が日本軍に与えられることもない」

第三は封建制度の廃止。「日本の封建制度は廃止される。貴族の権利は、皇族を除き一代以上に及ばない。華族の地位は、今後どのような国民的または市民的な政治権力を伴うものではない。予算の型は、イギリスの制度にならうこと」（大友一郎編「日本国憲法　制定経過に関する年表と主要な文書」私家版）

松本烝治《じょうじ》(15)国務相を中心にまとめた日本側の憲法改正要綱に、マッカーサー元帥が「現状維持にすぎない」と強い不満を表明した結果だった。

二月一三日、ホイットニーは吉田外相と松本国務相を訪ね、松本案は承認できないとして、マッカーサー・ノートに肉付けした11章92条からなる憲法改正案（マッカーサー草案）を日本側に提示した。幣原《しではら》内閣は、同二六日の閣議でマッカーサー草案に沿って起草することを決め、三月二日には脱稿してGHQに提出している。そして六日、憲法改正草案要綱が日本政府とGHQから同時に発表された。松本国務相らがまとめた日本案は見る影もなかったが、ただ一つ、立法府の一院制については、松本からの根強い反対を踏

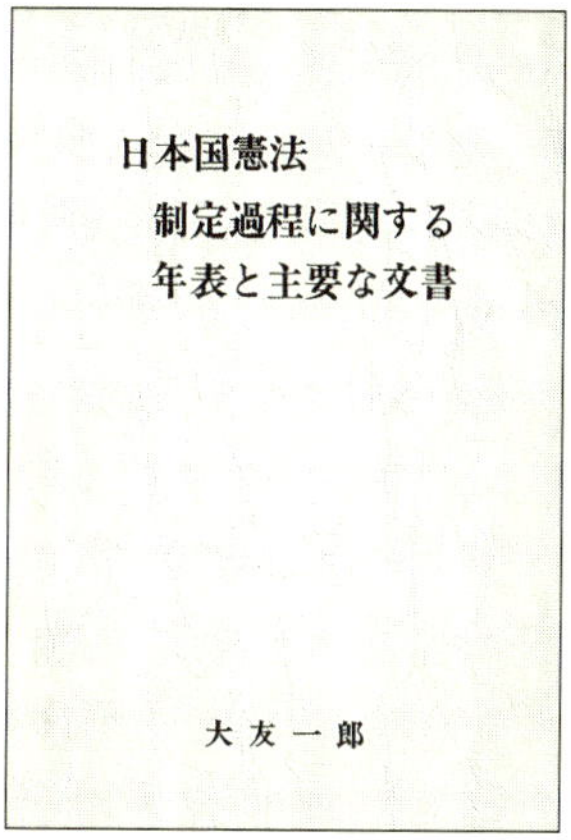
日本国憲法
制定過程に関する
年表と主要な文書

大友一郎

(15)（一八七七〜一九五四）商法学者、満鉄副社長。

まえてGHQも二院制採用に譲歩した。

日本側でもっとも議論があったのは第九条（戦争の放棄）で、一九四六年六月からはじまった芦田均（第四七代総理大臣）を委員長とする憲法改正小委員会の審議では、何回にもわたって修正が行われている。

「日本国民は、正義と秩序を基調とする国際平和を誠実に希求し、国権の発動たる戦争と、武力による威嚇又は武力の行使は、国際紛争を解決する手段としては、永久にこれを放棄する。前項の目的を達するため、陸海空軍その他の戦力は、これを保持しない。国の交戦権は、これを認めない」

ご存じのとおり、これが現行の憲法九条だが、審議の途中で「芦田修正」が加えられている。事実、第二項の「前項の目的を達するため」という文言が芦田の提案で付加された。

芦田はその経緯について、後年（一九五七年一二月）、憲法調査会（高柳賢三会長）で「ひとつの含意をもって」提案したと証言した。その含意とは、「自衛のためであれば陸海空軍その他の戦力を保持できる」と解釈できるようにしたということである。だが、一九九五年に公表された芦田小委員会の秘密議事録には「含意」の説明は記録されていない。したがって吉田首相などは、一九四六年六月、国会で「自衛権の発動としての戦争も、交戦権も放棄した」と答弁している。「戦力なき軍隊」という吉田の国会答弁は流行語にもなったが、吉田は細川隆元《たかちか》(16)との対談で、「戦力なき軍隊」の真意について次のように説明している。

「実際、日本はそうあるべきもんだと思うんですよ。今日ね、再軍備しようったって、それは非常な金ですわね。（中略）イギリスだって、イギリスの真ん中にアメリカの航空隊がいるんですしね。ドイツ、フランスはもちろんのこと、一国をもって独立を守るなんてしゃれたことを言ったって、今日はもう時代が違って、それは出来ない話だと思うんですね。共同防衛といいますかね。コレクティブ・ディフェンスというのが原則であると思うんです。他国の援助を加えて、初めてここに戦力ある軍隊が出来るんで、一国だけではイギリスといえども、フランスといえども、あるいはドイツ、アメリカまでも含めて、戦力なき軍隊といったほうが正しくありませんかね。日本ばかしじゃなくて。ですから戦力なき軍隊を持っているからといって、不名誉でも何でもないとあたしは思うんです。時代が違うんですからね」（細川隆元『隆元のわが宰相論』山手書房、一九七八年）

吉田の考えが実によく出ている。要するに、「戦力なき軍隊」論とは自衛隊違憲論をかわすための強弁（詭弁？）と同時に、一国単独主義の安保・防衛政策は時代遅れという外交官的な感覚

---

(16)（一九〇〇～一九九四）政治評論家。朝日新聞社で政治部長、編集局長。一九四七年から衆議院議員。

からくる持論でもあった。

　ＧＨＱは、芦田修正に強い関心と懸念を示した。自衛のためといえ軍隊が復活し、戦前のように日本政治をコントロールするようになることは危険であると感じたのであろう。軍の責任者が閣僚になることを禁止する、すなわち「文民統制《シビリアン・コントロール》」条項を新憲法に追加するよう日本に迫った。それが、現憲法六六条での「内閣総理大臣その他の国務大臣は、文民でなければならない」という規定である。憲法学者の西修駒沢大教授は、「芦田修正は日本側の思惑をはるかに超えて、文民条項の新たな誕生という大きな副産物を生み出した」（読売新聞、一九九五年九月三〇日付朝刊）と評価している。

　こうした経過を経て誕生した日本国憲法（一九四六年一一月三日公布、一九四七年五月三日施行）を、ＧＨＱからの「押しつけ」と見るかどうかの論議が長く続いている。また、自民党など保守政党の自主憲法制定論の根拠の一つにもなっている。

「押しつけ」という表現を使ったのは岸信介、松本烝治らで、松本は一九五四年七月、自民党憲法調査会総会に出席して憲法草案作成の経過について口述した。このときの速記録によると、憲法全体についてではなく、第九条に関して「押しつけ」という表現を使っている。

「軍の廃止は最初向こうからこしらえて押、し、つ、けて来たので、それに対してこちらは相当反抗したのでありますが、それをこちらの意思で何か軍の廃止をしたいからと言ったからマッカーサーがそういうことを書いたのだろうと言われるのは、前後まったく転倒している。はなはだしい間違いだと思います」

第九条の発想は幣原首相の提案ではなく、マッカーサー元帥側からの「押しつけ」だというのだ。日本国憲法の制定経過を調べてみると、松本が中心になって取りまとめた日本案はマッカーサー元帥およびGHQ側から「保守的」としてことごとく退けられたほか、「戦争の放棄」に関しては、幣原《しではら》首相がマッカーサー元帥との会談において基本認識で一致した経緯などを十分承知していなかったこともあって、松本の怒りやいら立ちが随所から伝ってくる。そのため、松本は「押しつけ」という表現を使ったのであろう。

この「押しつけ」かどうかについては、当時、内閣法制局参事官として憲法改正作業にかかわった佐藤功（一九一五〜二〇〇六・上智大学名誉教授）成蹊大教授が新聞へのインタビューで次のように語っている。

「確かにGHQが原案をつくり、修正も、全部その承認が必要だった。それをけしからんというなら、戦争をやらなければよかった。しかし、その枠の中で、相当多数の条項が自発的に修正された。それを、司令部は承認した。日本側が何もできなかったということではない」（朝日新聞、一九九五年九月三〇日付朝刊）

手続き的には、マッカーサー草案を受けて幣原《しではら》内閣がGHQと修正協議を行い、一九四六年三

Column　NHKのど自慢と終戦直後の流行歌

NHKのど自慢は、1946年1月19日、「のど自慢素人音楽会」という名称ではじまり、今日まで続いている超長寿番組。

終戦直後にはやった流行歌には、「明るい歌・元気な歌」と「暗い歌・悲しい歌」の2種類がある。明るい歌の代表例は『リンゴの唄』（1945年、並木路子）、『東京ブギウギ』（1947年、笠置シズ子）、『銀座カンカン娘』（1949年、高峰秀子）、『青い山脈』（1949年、藤山一郎、奈良光枝）など。暗い歌の代表は、『かえり船』（1946年、田端義夫）、『異国の丘』（1948年、竹山逸郎、中村耕造）、『長崎の鐘』（1949年、藤山一郎）などである。

『異国の丘』は、シベリア帰還兵だった中村がのど自慢に出て歌ったことがきっかけで大流行。『りんごの唄』は映画『そよかぜ』（1945年10月封切、佐々木康監督、松竹）の主題歌で、「赤いりんごに　くちびるよせて〜」という歌詞で人気を博したが、引き揚げ児童だった作詞家のなかにし礼は、この歌のもつ明るさが敗戦という暗い世相とマッチせず「嫌いだった」と語っている。

月、憲法改正草案として発表している。そして、同年七月から衆議院、貴族院での約一〇〇日審議を経て成立し、一一月三日に公布された。したがって、立法手続き上から「押しつけ」と断定するのには無理がある。

問題は、何をもって「押しつけ」と見るかであり、日本側が最初からGHQ案的な内容の草案を提出していたら、松本が指摘するような「押しつけ」はなかったであろう。だが、それほどの大改革という認識は当時の日本側指導者にはまったくなかった、いやできなかったというのが正確なところだろう。新右翼団体「一水会」の鈴木邦男顧問は、安倍晋三首相が示している憲法改正への意欲について「自由のない自主憲法になるよりは、自由のある押し付け憲法の方がいい。形じゃない」（毎日新聞、二〇一四年三月一日付朝刊）とコメントしている。

筆者は現役記者時代に内閣の憲法調査会（高柳賢三会長）を答申まで取材したが、今でも一番印象に残っているのは、事務局で参事官を務めていた大友一郎[17]が、筆者のインタビューに答えた次の言葉である。

「マッカーサー・ノートなどで示された『戦争放棄』の表現は最終的条文になるまでさまざまに変化しているが、最初は『戦争の放棄（renounce）』ではなく『戦争は廃止する（is abolished）』と受動形だった。なぜ受動形なのか。私は長く考え続けた。原子爆弾といった人類を破滅に導く新兵器の誕生に伴い、もはや戦争は廃止される時代になった、との時代認識からではないか」

それは、一九四六年一月二四日の幣原・マッカーサー会談で両者が一致した「戦争放棄」の認識をそのまま表現した英語ではないか、というのが大友の結論だった。一九九八年、憲法九条制定経過の再検証を東京新聞、中日新聞に掲載するため、大友と第一生命ビルの「マッカーサー執

---

(17)（一九一五〜一九九九）二七ページに掲載した「日本国憲法　制定経過に関する年表と主要な文書」の編者。のちに日本大学教授。三四ページ中日新聞の左上に本人の写真が掲載されている。

務室」で会った。そのとき、大友は次のような感想を筆者に漏らした。

「日本のイニシアチブでできた憲法ではないが、第九条については、日本の首相の提案を米側が取り入れたことを若者たちに分かってもらいたい。私も米側の草案を見たときはおやっと思った記憶があるが、九条に背く行為はすべきでない。九条の精神を生かす国連の成長が待たれますね」

現在、安倍政権下で集団的自衛権の立法化作業が進んでいるが、日本も含めて世界各国首脳に求められているのは「war is abolished」という時代認識ではないかと思う。

(7) 12版 1998年(平成10年)4月27日(月曜日) 中日新聞

100億人の20世紀

幣原首相の病中に芽生…

⑫時代を先取りした憲法第9条

マ元帥に「戦争放棄」の決意表明 ■「戦争は"廃止"され…

■松本案に軍規定

■米側も驚いた

理想と現実 はざまで揺れた解釈

マッカーサー元帥の胸像がある第一生命ビルの「マッカーサーの部屋」で元帥が使っていたいすと向かい合う大友一郎氏

マッカーサー元帥との記念撮影に応じられた昭和天皇＝昭和20年9月

中日新聞、1998年４月27日付

「不逞《ふてい》の輩《やから》」と「曲学阿世《きょくがくあせい》の徒」

この二つの言葉、いずれも吉田茂首相の問題発言である。一九四七年の年頭放送で吉田は、前年から高まりを見せた労働運動の指導者たちを「不逞の輩」と決めつけて問題化した。同年二月一日には官公労働者を中心として「祖国再建」「生活権獲得」をスローガンとする２・１ゼネストが計画されていただけに、吉田としては社会的混乱をあおる労組幹部はけしからんという認識が底流にあったのだろう。

「いわゆる労働攻勢、波状攻勢と称し、デモを行い、社会不安を醸成させて顧みざるものがあるのは心外にたえないところである。しかし私は、かかる不逞の輩が我が国民に多数いるとは信じない」（一九四七年一月一日のラジオ放送）

この年頭放送の草稿は、吉田のブレーンであった有沢広巳[18]がつくった。もちろん、草稿段階では「不逞の輩」はなかった。猪木正道[19]は『評伝吉田茂』（読売新聞社、一九八一年）で、吉田が

(18)（一八九六～一九八八）東京大学名誉教授。法政大学名誉教授。
(19)（一九一四～二〇一二）京都大学名誉教授。第三代防衛大学校長。

外務官僚として中国勤務中に覚えた「浮浪輩」（大陸浪人を排撃する言葉）を想起して、労組幹部を「不逞の輩」と攻撃したのではないかと推測している。吉田の死後、有沢は「『不逞の輩』のナゾ」として次のような一文を残している。

「当方で原稿をつくった。しかし途中で原稿にない、あのようなことばが飛び出し、ラジオを聞いていたわたくしはびっくりして官邸にかけつけた。ところが吉田さんは『原稿にあったので、なかなかいいことばと思い、特に力を入れて読んだ』と平然としていて、誰がその文字を入れたのか、ナゾのままになってしまった」（「アサヒグラフ」臨時増刊「吉田茂の生涯」一九六七年）

一方、「曲学阿世《きょくがくあせい》」という発言は、一九五一年、吉田が単独講和を模索する過程で飛び出したものである。「曲学阿世」とは、「学を曲げ、世におもねる」（『史記』）という意味である。老賢人が少壮学者に「曲学阿世の徒になるな」と諭したという。

一九四九年秋の臨時国会で吉田首相は、講和に対する姿勢として「早期締結」「全面講和の前提としての多数講和」「再軍備はしない」の三点を示した。これに対して東京大学の南原繁（一八八九〜一九七四）総長は、同年一二月、ワシントンでの講演で「アメリカ並びに他のすべての連合国が一致して日本との講和条約締結を早められんことを切望する」と、ソ連（現ロシア）など社会主義国も含めた全面講和論を展開した。さらに南原は、一九五〇年三月二八日の東大卒業式において、「わが国の政府並びに一部の間に昨秋以来唱えられてきた単独講和説ぐらい速断的なものはあるまい」と、吉田を痛烈に批判している。

それに対して吉田は、同五月三日、自由党議員総会において南原発言をとらえて、「全面講和を唱えた南原総長は、国際問題を知らぬ曲学阿世の徒である。全面講和は学者の空論にすぎない」と東大総長を罵倒している。翌日、南原は所信を発表し、「かかる極印は満州事変以来、美濃部達吉博士をはじめ学者たちに軍部とその一派が押し付けてきたものである。学問の冒涜、学者に対する弾圧以外の何物でもない」と反論した。

筆者が「曲学阿世」の経緯について新聞に書いたところ、二〇一三年夏、南原総長の次男であり、旧知の南原晃（一九三三～・元日銀理事）から次のような手紙をもらったので紹介しておこう。


父はあくまで政治学者の立場から昭和二一年八月の「凡そ戦力なき国家は国家ではない」と発言、憲法九条について同じ反軍国主義の吉田首相をとっちめたことがあり、これが伏線になって曲学阿世の発言になったのです。父は勿論ソ連との講和など無理と思っていたのですが、中国とは出来ればと思っていたようです。新聞紙上では対立がかっこうな記事となりましたが、吉田さんと父は年賀状の交換は絶やさず、同じく命がけで終戦工作をした吉田さんとは反軍国主義として親しみを感じていたようです。現実問題として安保条約についても反対していませんでした。

短命に終わった「グズ哲」内閣

これは、戦後初の社会党首相・片山哲の政治的決断や行動が愚図愚図していることを皮肉った言葉である。日本国憲法制定後、最初の衆議院選挙（一九四七年四月二五日）で日本社会党は一四三議席を獲得し、自由党（一三一議席）、民主党（一二一議席）などを抜いて比較第一党に躍り出た。当時の同党書記長・西尾末広が、その報を東京駅頭で新聞記者から聞いて「えらいこっちゃ」と叫んだことはよく知られている。[20][21]

連立政権づくりは難航し、自由党の吉田茂総裁は、「共産党と関係の深い社会党左派を切らないことには協力できない」と言って入閣を拒否した。結局、民主党（芦田均総裁）、国民協同党（三木武夫書記長）との三党連立政権として片山内閣はスタートした。

「片山首相が首相官邸に初登庁したときは玄関脇では官邸クラブの記者団やカメラマンから一斉に拍手が起きた」と、当時読売新聞の政治記者だった宮崎吉政（一九一五～二〇〇六）は『宮崎吉政日記』（行研、一九八九年）に書いている。なかには万歳を叫んだ者もいた、という別の長老記者の証言もある。

戦後の歴代内閣の組閣風景を半世紀以上にわたって記者として見てきた筆者も、こうした場面には遭遇したことがない。あえていえば、池田勇人内閣から佐藤栄作内閣に代わったとき、全閣僚再任のなかでただ一人、鈴木善幸官房長官が辞任会見をした際、記者団から一斉に拍手が起きたのに接したぐらいだ。それだけ国民は、片山内閣の誕生を歓迎したということであろう。

暗い戦争時代の世相に嫌気を感じていた世論が、戦後初めて見せた民主主義歓迎への証しともいえる社会党政権のスタートだった。マッカーサー元帥も声明を発表し、「史上初めて日本はキリスト教徒[22]たる指導者によって指導されることになった」、「日本国民は共産主義的指導を断固として排除し、圧倒的に中道を選んだ」（GHQ発表）とコメントしている。

だが、西尾が慌てたように、「社会主義政党の政権準備不足」が災いして片山内閣は短時日のうちに行き詰まってしまった。事実、一九四八年一月の第三回社会党大会で左右両派の対立が激化した。左派は、政府の補正予算案（官公庁職員の生活補給金の財源を郵便料金などの引き上げに求めるなど）に猛反対して、鈴木茂三郎[23]が委員長を務める衆議院予算委員会で否決してしまった。これが直接のきっかけとなり、二月一〇日に総辞職。わずか九か月の短命に終わっている。

(20) 過半数には達していないが、議席数がもっとも多い政党のこと。
(21) （一八九一～一九八一）副総理、民社党委員長を歴任。
(22) 片山は母親の影響でクリスチャンの洗礼を受けている。
(23) （一八九三～一九七〇）第二代社会党委員長。ジャーナリスト。

唯一、社会党政権らしいことをしたのは、臨時石炭鉱業管理法を野党であった自由党の猛反対を受けながら成立させたことである。だが、終始慎重な片山の政治的言動が「グズ哲」とのあだ名にもなった。別の説もある。ある老記者の記録によると、当時、物資不足で屑鉄回収が盛んに行われており、「屑鉄」の語感から「グズ哲」につながったというのである。家族によれば、片山は「グズ哲」と言われるのを一番嫌がっていたという。

「僕がぐずぐずしてなかったら党はすぐ分解してしまう。何回も何回も執行委員会を開いて、ここだという時にパッと決めるとまとまるんだ」と片山本人は言っていた（読売新聞、二〇〇〇年五月二九日付朝刊、片山元首相の子息・清水純の証言）。

筆者は、首相退陣後の片山が憲法擁護運動に取り組んでいたとき、東京都港区の伊皿子《いさらご》にあった彼の事務所に取材に行った。帰り際、「おい、そこの若い新聞記者」と大声で呼び止められ、「君のような若い記者が憲法擁護に頑張ってもらわなくては困る。しっかりやってくれ」と説教された。このときには、「グズ哲」というイメージは微塵も感じられなかった。

当時、巷《ちまた》では村田英雄の『王将』という歌が大ヒットしており、憲法問題担当の記者たちは「吹けば飛ぶような憲法の記事に、賭けた命を笑えば笑え――」と自嘲気味に歌っていた。昨今は笑い事ではすまない。戦後の平和日本を象徴していた「第九条（戦争放棄）」が存立の危機に立たされている。

「昭電疑獄」と「山崎首班」事件

芦田均内閣当時の一九四八年六月、昭和電工社長の日野原節三（一九〇三～一九九一）らが復興金融公庫から巨額融資を引き出すために行った贈収賄事件があった。同年六月の日野原逮捕に続き、九月には栗栖赳夫[24]経済安定本部長官、一〇月には西尾末広（三九ページの注参照）前国務相が逮捕され、芦田内閣総辞職後の一二月には芦田も逮捕されるなど、起訴者数六四人という戦後の大疑獄事件に発展した。[25]

昭電疑獄の背景にはGHQ内部の対立も絡んでいた。革新派のGS（Government Section・民政局）と保守派のG２（General Staff Section 2・参謀第二部）との抗争である。ホイットニー准将、ケーディス（Charles Louis Kades, 1906～1996）次長らを中心とするGSはニューディール政策を推進し、芦田の民主党や西尾の社会党と近かった。一方、ウィロビー（Charles Andrew Willoughby, 1892～1972）少佐などG２は保守派の牙城で吉田の自由党支持だった。日野原から

(24)　（一八九五～一九六六）片山内閣で蔵相。
(25)　芦田グループは、一〇年後に東京高裁判決で無罪確定。一九六二年、最高裁で日野原に懲役一年執行猶予五年の罪が確定。栗栖は、懲役八か月執行猶予一年、追徴金一五〇万円が確定。栗栖以外の政治家はみな無罪になった。

ケーディスらにも数億円単位のカネが流れたとされ、GSの主要メンバーは一新された。ちなみに、ケーディスは楢橋渡《ならはしわたる》(26)夫人の紹介で知り合った元子爵夫人・鳥尾鶴代(27)と愛人関係にあったと取り沙汰されている。

さらに、日本の経済改革のために来日したドッジ（Joseph Morrell Dodge, 1890～1964）特使からGSのニューディール政策が批判され、社会主義的革新を志向したGSは急速に力を失っていった。そのことが、日本の政局にも大きく影響したのである。

芦田連立内閣（民主、社会連立）の要《かなめ》だった西尾副総理の逮捕を契機に、同内閣は七か月で崩壊した。普通なら野党第一党である吉田民主自由党総裁におはちがすんなりと回ってくるところだが、吉田嫌いのGSが最後の巻き返しに出た。それが「山崎首班」事件である。

GS次長のケーディス、国会対策課長のウイリアムズ（Justin Williams, 1906～2002）が民自党の山口喜久一郎（一八九七～一九八一）副幹事長や星島二郎（一八八七～一九八〇）に働きかけて、吉田総裁ではなく山崎猛（一八八六～一九五七）幹事長を首班候補にするよう強く働きかけた。

GSとしては、G2と近い吉田を毛嫌いすると同時に、自分たちが力を失うことを恐れたのであろう。しかも、民自党内の動きに呼応して民主党内でも、吉田総裁でなく山崎幹事長に投票しようとの動きが出て芦田総裁を突き上げた。

当時、民主党副幹事長だった保利《ほり》茂(28)は、当初、芦田総裁が「山崎君はそんなこと（総理総裁）ができる器じゃない」と消極的だったにもかかわらず、肝心な場面で民主党内をまとめきれなかったことに業を煮やして副幹事長を辞任している（保利茂『戦後政治の覚書』毎日新聞社、一九七五年）。結局、民自党内で長老格の益谷秀次(29)が山崎幹事長を説得し、山崎が議員辞職することでGSからの「誘惑」を拒絶したわけである。保利は、「いまから考えるとGHQの総意でなく、GSの政治担当の小物の陰謀だった」と同著で断定している。

だが、片山内閣、芦田内閣と戦後リベラルないし中道の連立政権がいずれも七か月前後の短命に終わったのは、それぞれの統治能力不足ももちろんあるが、GHQを巻き込んだ政治的陰謀（昭和電工事件、山崎首班事件など）も渦巻いて、マッカーサーの占領政策が日本の民主化改革から米ソ対立を受けての日本反共砦論に切り替わることと二重写しになっていたといえる。

---

(26)（一九〇二～一九七三）書記官長、運輸相を務める。「怪物」という異名。
(27)（一九一二～一九九一）祖父は日本画家で貴族院議員。
(28)（一九〇一～一九七九）第五九代衆議院議長。労相、農相を歴任。
(29)（一八八八～一九七三）第四六代衆議院議長。副総理、建設相を歴任。

「吉田ワンマン」と「吉田学校」

「ワンマン」という言葉からは「わがまま」とか「独裁的人物」というイメージが浮かんでくる。戦前、戦後を通じて、「ワンマン」というニックネームがついた内閣総理大臣は吉田茂をおいてほかにない。初代首相の伊藤博文（一八四一～一九〇九）は若いころは血気盛んだったといわれているが、明治天皇との信頼関係を築くのに腐心したというし、太平洋戦争開戦に踏み切った東条英機（一八八四～一九四八・陸軍大将）首相（第四〇代）も「カミソリおやじ」とはいわれたが、決して「ワンマン」とは呼ばれなかった。

この「吉田ワンマン」の名づけ親は、朝日新聞の政治部記者で、吉田の外遊に同行してロンドンで単独会見という特ダネをものにした吉武信(30)という説が有力である。

ワンマンぶりを発揮した典型は、第二次吉田内閣の組閣（一九四八年一〇月）でノーバッジ（非議員）の佐藤栄作（元運輸次官）を内閣官房長官に登用し、第三次吉田内閣の組閣（一九四九年二月）では、当選ほやほやの池田勇人（元大蔵事務次官）をいきなり大蔵大臣に据えたことである。民主自由党内で、有志の代議士が「一年生議員は入閣させるべからず」と決議したほどだったが、吉田の耳には入らなかった。

一九四九年一月の第二四回衆議院選挙では、池田、佐藤を筆頭に岡崎勝男、福田篤泰（外務省）、前尾繁三郎、橋本龍伍（大蔵省）、遠藤三郎（農林省）、西村英一（運輸省）、西村直己、藤枝泉介（内務省）、小金義照（通産省）、福井勇（文部省）、吉武恵市（労働省）など高級官僚経験者が三〇人以上当選している。その大半は吉田直系となり、のちに「吉田学校」とも呼ばれるようになった。吉田内閣（通算六年二か月）、池田内閣（四年四か月）、佐藤内閣（七年八か月）と、吉田人脈の政権は合計すると約一九年二か月にも及ぶ。まさに、戦後復興から高度成長期までは「吉田学校」政権そのものだったと言っても過言ではない。

吉田茂が「ワンマン」といわれるようになったのはいつごろからだろうか。吉田と親しかった柴田敏夫（元朝日新聞政治部長）は、インタビューに対して次のように答えている。

柴田　これはやっぱり第三次内閣ですね。つまり絶対多数三〇〇名の大自由党になったでしょう。それで、なおかつ、その初期には古い代議士が追放されたままだった。古い代議士がみな追放が解けて出てきたのは、昭和二七年一〇月の総選挙です。そのころになって、はじめて吉田派と鳩山派とに分かれてたむろするようになった。

---

(30)　（一九〇九～一九九六）朝日論説副主幹ののちＮＨＫ経営委員長。

――それまでは名実ともにワンマンですね。

柴田　それはそうです。だんだん力が強くなって、気にいらなきゃ、どんどん首をすげかえちゃってね。しかし、ワンマンといわれることは嫌いではなかったらしい。というのは戸塚の辺から大磯に向かう最初の高速道路ができたでしょう。あれができて、しばらくして、ぼくは大磯へよばれたときに、いい道路ができましたね、と言ったら「うん、あれは君、ワンマン道路といってね」と、ニコニコして自分で言ってました。

――まんざら、いやでもなかった。

柴田　いやでもなかった。しかしワンマンじゃいかんのだ、という考え方はあったと思いますよ。みんなの意見は意見できかなきゃいかんけれども、総理総裁は最後に責任をもって自分で決めなきゃいかんということでしょうね。（三国一朗編『昭和史探訪（全六巻）』第五巻、番町書房、一九七五年）

神奈川・戸塚有料道路が完全に開通したのは吉田首相退陣後の一九五六（昭和三一）年三月一四日だが、首相在任中に神奈川県大磯町から東京に通う吉田首相のために一部が開通し、別名「ワンマン道路」と称された。

しかし、これとは別に、「吉田ワンマン」は「ワンマンバス」がきっかけという説もある。元東京新聞論説主幹の楓元夫は、「東京でもワンマンカーのバスが走り出したころに、その運転手を見ていて、僕が吉田首相のことを皮肉って表現した」と筆者に言っていた。

戦後、ワンマンバスの運行がはじまったのは大阪が最初で、一九五一年六月一日のことだった。やがて東京でもワンマンバスが運行されるようになり、権勢盛んな吉田政治と重なった時期だったのだろう。ただ、楓もすでに故人で、それ以上確かめることができない。

「吉田ワンマン」には、悪い面と良い面の両方があった。悪い面というのは、彼が幼少時に吉田姓を継いでから膨大な資産を掌中にしたために、貴族趣味、尊大、プライドの高い外交官として育ち、それが首相に就任してからも独断専行型の政治をもたらす素地となっていったことである。

マスコミ嫌いで、カメラマンにコップの水を投げかけたり（一九五二年九月、京都遊説中）、東大総長を「曲学阿世《きょくがくあせい》の徒」と批判したり（三五ページ参照）、衆議院予算委員会の審議で質問者の西村栄一(31)に「バカヤロウ」とつぶやいて衆議院解散を誘発したり、果てには造船疑獄事件で佐藤栄作自由党幹事長を守るために犬養健(32)法相に指揮権発動を求めるなど、傲慢な指導者というイメージを国民に抱かせた。

(31)（一九〇四～一九七一）右派社会党。第二代民社党委員長。
(32)（一八九六～一九六〇）小説家。犬養毅の三男。

しかし、その一方で、連合国軍の占領期（GHQ支配）におけるさまざまな困難をマッカーサー元帥とのトップ交渉で打開しているし、サンフランシスコ講和条約調印と同時に行われた日米安保条約の調印では、米軍に基地を提供しても米軍は日本防衛義務を負わないという片務的条約への自責の念から、「将来のある政治家たちに迷惑をかけてはならない」と吉田一人が署名する男気を発揮している。

公職追放にあった鳩山一郎らと違って政治家としてデビューしたのは戦後であり、太平洋戦争開戦に直接かかわらなかったことが戦後政治家、吉田茂の最大の強みであり、それが「ワンマン」ぶりをフルに発揮できた背景だったといえるだろう。第一次吉田内閣で総理大臣秘書官を務めた松野頼三(33)は、吉田のワンマンぶりを次のように評している。

「吉田政治は、いまよりもっと官僚的な政治だった。ワンマンといえば、これほどのワンマンはいなかった。強烈な個性で、好き嫌いも激しかった。政権が弱くなると、老人にリウマチが出るようにいろいろなものが噴き出して、最後には、大衆政治家から追放された。目まぐるしい時の流れの中で、華々しく討ち死にしたということだろう。落差の大きな滝だった」（『保守本流の思想と行動　松野頼三覚書』朝日出版社、一九八五年）

官僚出身と二分される「党人派」代議士

官僚出身ではない国会議員のことを「党人派」という。戦後保守政党で活躍した政治家たちは「党人派」と「官僚出身」に二分される。たとえば、一九五五年体制下（七五ページから参照）の三八年間における首相の前歴を見ると、「党人派」が鳩山一郎、石橋湛山、田中角栄、三木武夫、鈴木善幸、竹下登、宇野宗佑、海部俊樹の八人となる。

一方「官僚出身」は、岸信介、池田勇人、佐藤栄作、福田赳夫、大平正芳、中曽根康弘、宮澤喜一の七人で、党人派と拮抗している。近年は、そこへ「二世議員」や「三世議員」が加わって一大勢力なっている。それだけ「戦後七〇年」という長い時間の経過を感じるとともに、政治家という職業が世襲制でよいのかという疑問を抱かせる（巻末の「付表1」参照）。

そもそも政党という組織は、イデオロギー、価値観や志、あるいは使命感や具体的政策などを共有する人々が糾合してでき上がるグループであって、官庁や大手企業のように最初から組織ががっちり完成しているわけではない。「国民と政治とを結ぶ架け橋のような存在が政党だ」とい

（33）（一九一七～二〇〇六）労相、農相、防衛庁長官を務める。

う表現もあるように、政党が国家組織下の一機関となると、それは中国や北朝鮮のような全体主義国家における政党と同等になってしまう。ある程度、「公的機関」から距離を置いた存在のほうが自由度もあり、国民の多様な価値観を反映できる。日本国憲法のもとで「政党法」がいまだ制定されないのは、政党の自由な活動を保証するためであるといってもいいだろう。

したがって、本来なら政党活動費も政党助成金といった「税金」ではなく、それぞれの党が趣旨に賛同してくれる支持者から集めた浄財で賄うべきである。小選挙区制の導入と同時に政党助成金制度が取り入れられたが、これによって政治の金権腐敗スキャンダルが減少した半面、政党と政治家が政党助成金（税金）頼りになって、「おとなしい」「物分かりのよい」「国家権力に翼賛的な」存在に変質していることも見逃すことはできない。

戦後保守政治を二分していた「党人派代議士」の代表格としては、先に挙げた歴代首相以外に緒方竹虎（一八八八〜一九六五）、大野伴睦《ばんぼく》（一八九〇〜一九六四）、三木武吉《ぶきち》（一八八四〜一九五六）、河野一郎（一八九八〜一九六五）、川島正次郎（一八九〇〜一九七〇）などがいるが、ここでは大野伴睦に焦点をあててみよう。

一九一三（大正二）年、明治大学を中退後、政友会の院外団員となった大野は東京市議会議員を経て、一九三〇年、岐阜県三区から衆議院議員に初当選した。一九六四年に亡くなるまで当選一三回を重ね、自民党副総裁を六期務めている。

大野の最大の功績は、長年の「政敵」であった三木武吉（民主党）から「救国の大業にひと肌脱いでくれ」と頼まれて、大野の属する自由党（緒方竹虎総裁）と鳩山一郎総裁率いる民主党との統一、いわゆる「保守合同」を一九五五（昭和三〇）年に達成したことであろう。戦前は東京市会議員時代、片や政友会（大野）、片や憲政会（三木）所属で三〇年以上の政敵だった二人が、左右両社会党の統一機運に危機感を強めて「保守合同」に向けて手を握るあたりが、いかにも党人派代議士同士でなければできない名人芸の大業であった。

難航した日韓基本条約交渉についても、右翼の児玉誉士夫(34)が「大野先生こそ第一の功労者」と、こんな秘話を語っている。

私は先ず岸先生を説き、河野先生を説き、次に大野先生を説いた。その折、先生は話半ばに、急に腹を立て「君、よく聞けよ、僕のこの歯は前が全部入れ歯だが、これは誰の所為だと思う（中略）。終戦後、韓国人が日本でうんと暴れたんだ。そこで俺は国会で韓国人の取り締まりについて発言したんだ。ところが、それを恨まれ、名古屋の旅行先で若い多数の韓国人に突然部屋に暴れ込まれ、俺は殴られて歯を折られてしまったんだ、若い者が大勢で、

(34)（一九一一〜一九八四）暴力団・錦政会顧問。「政財界の黒幕」、「フィクサー」と呼ばれた。

Column　保守派に根強い東京裁判史観

1948年12月23日、午前0時すぎから東京裁判で絞首刑の判決を受けた東条英機（開戦時の総理大臣）ら7人のA級戦犯が、スガモ・プリズン（巣鴨拘置所。現在のサンシャインビル）で順次処刑された。12月23日といえば今上天皇の誕生日である。昭和天皇も深くかかわった太平洋戦争の開戦、敗戦の経緯を皇太子として見てきた今上天皇は、子ども心にも複雑な思いで東京裁判を眺めていたにちがいない。

また、昭和天皇の崩御で「平成」と時代が代わり、自らが日本国の象徴という地位に就いてからも、終始「憲法順守、平和志向」の言動をとられてきたのは、父昭和天皇の責を少しでも背負いたいとの思いからと受け止めることができよう。

さて東京裁判だが、事後法（行為がなされてから犯罪と法で定めて裁く行為）による不当な裁判ではなかったかという批判や、東京裁判によって日本人は自虐史観にとらわれているのではないかといった「東京裁判史観」が、いまだに保守系の人たちの間に根強く残っている。東京裁判は、明らかにナチスドイツの罪を裁いたニュルンベルグ裁判を継承した米国主導の連合国による裁きだった。

振り返ってみると、日本がドイツ、イタリアとの枢軸に走り、英米と断絶し、国際連盟も脱退したあの頃から、日本はひたすら「鬼畜米英」の方向に進んでいった。そして、日中戦争の泥沼化に続いて超大国アメリカとの戦争に突っ込んだ。その戦争原因と責任の所在はどこにあったのか。本来は、そのことを日本政府および日本人が自ら裁くべきではなかっただろうか。

東京裁判には様々な問題点がある。特に、BC級戦犯の裁きには疑問を感じる点も多い。今からでも遅くない。日本が中国や韓国などに犯した行為を含めて、日本人自身で「過去を裁く」ことが東京裁判史観を克服することになるのではないだろうか。

この老人を殴ったんだよ。その俺が、今更なんで韓国の問題に協力せねばならんのだ」。こういった調子で自分の話に全然乗ってくれない。そこで自分が「先生、韓国は日本に数十年取られておりました。それを正しい事だと言えるでしょうか。日本は又、大正一二年の大震災の折、韓国人にどんなひどい事をしたかご記憶でしょう。先生の恨みは数本の歯にすぎません。然し、韓国人の日本に対する恨みは、関東大震災の時のことだけでも、先生の歯に比較しようもないほど深いものだと思います」。（中略）

先生は突然、胡坐をかかれていたのをピタリと正座になおされ、膝に手をおいて、食い入るような目で、私を見つめていたが、「児玉君、勘弁しろ、僕は少し間違っていた。日韓問題は大野伴睦が引き受けたぞ」。（『大野伴睦――小伝と追想記』大野伴睦先生追想録刊行会、一九七〇年、非売品）

日韓交渉における大野の活躍ぶりはここで記すまでもないが、こうした浪速節的な言動が大野の持ち味であり、それは官僚出身の政治家には見られない党人派の特徴だった。「伴ちゃん」（大野伴睦）、「角さん」（田中角栄）といった具合に一般大衆から愛称で呼ばれたのも党人派で、佐藤栄作（元運輸官僚）は総理大臣のとき、「私も栄ちゃんと呼ばれたい」と大野の追悼会で語ったことがある。自民党全盛期に大野派に集った国会議員は、その大半が党人派だった。

「レッドパージ」と「Y項パージ」

一九四九年七月、CIE（民間情報教育局というGHQの一部門）のW・C・イールズ（Walter Crosby Eells, 1886～1963）教育顧問が新潟大学の開学式で「赤い教授追放」と発言したのがレッドパージ（「まえがき」参照）の前触れであった。前述した「公職追放」（二一ページからを参照）該当者のなかで、社会主義・共産主義信奉者はとくに「レッドパージ」という名称で呼ばれた。また、レッドパージのように左寄りの人物ではないが、吉田ワンマンににらまれて飛ばされた人物を吉田首相のイニシャルをとって「Y項パージ」と呼んだ。

一九五〇年六月、マッカーサーは吉田首相に書簡を届け、日本共産党の徳田球一書記長[35]ら同党中央委員二四人を公職追放にするよう指令した。吉田は緊急閣議で徳田らの追放を決定した。徳田には団体等規正令によって出頭命令が出たが、拒否したため逮捕状に切り替わった。徳田は地下に潜行し、同年一〇月には成立一年後の中華人民共和国に亡命し、そこから党員に武装闘争を指示した（一九五三年に北京で死去）。

また、共産党の機関紙〈アカハタ〉（名称が〈赤旗〉となったのは一九六六年）は一九五〇年七月に停刊させられたが、そのトバッチリは一般紙にも及んだ。マッカーサー元帥が新聞協会に共産党員と同調者の追放を勧告したため、新聞社、通信社五〇社で約七〇〇〇人の従業員が解雇されている。最終的には一万数千人が追放され、「レッドパージ」は「赤狩り」ともいわれた。

共産党員ではないが、松本治一郎[36]もレッドパージにあっている。次項の「カニの横這い」事件で名をはせた人物だが、「臣茂」を自称する吉田首相から再度の追放処分を受けている。

さらに、曽禰益《そねえき》[37]の場合は、レッドパージではなく明らかにＹ項パージであった。戦前の外務官僚だった曽禰は、敗戦後、連合国軍に対する日本側の窓口としてできた終戦連絡事務局の政治部長に就任した。松本治一郎の公職追放をめぐって当時の吉田外相と喧嘩し、九州に左遷されている。また、戦争中にも終戦工作をめぐって吉田が曽禰を怒鳴りつけるという場面があったようだ。これらが理由であろうか、曾禰は外務官僚としての出世をあきらめ、片山内閣の官房次長になった。吉田からＹ項パージを食らったことが、曽禰の人生航路を大きく変えることになったのである。

---

(35)（一八九四～一九五三）「徳球」というニックネームで知られる。
(36)（一八八七～一九六六）参院初代副議長。部落解放の父。
(37)（一九〇三～一九八〇）元民社党書記長。

「カニの横這い」事件

一九四八年一月二一日、参院の初代副議長・松本治一郎（社会党）が国会開会式で、臨席の昭和天皇に対して従来の形式である「カニの横這い」スタイルの拝謁を拒否した事件があった。

登院された天皇は、専用の部屋で中央より右寄りの場所に着席された。拝謁するときは左から横向きに進み、終わったら横向きで引き揚げることになっている。松本は、「人間が真っすぐ歩くことができないで、カニの横這いのように横に歩いたら一体どんな格好になるのか」と言って、拝謁を断った。

松本は前年の参議院選挙で部落解放同盟関係の支持を得て、全国区の第四位で当選を果たし、副議長に選ばれた。その際にも、「自分は広田弘毅内閣のとき、貴族院の廃止を主張した。その広田はいま巣鴨の獄舎につながれ、私は参議院議員になった。国体は変革された」と挨拶し、議場が騒然となっている。

「カニの横這い」事件で、野党・自由党の吉田茂総裁らは民主党、緑風会らに働きかけて懲罰問題にしようとしたが、緑風会から「松本の男をあげるだけ」との声も出て沙汰やみとなった。[38] これに類似したニュースとしては、一九八五年一月、自民党出身の福永健司衆議院議長（第六三代）が、国会開会式リハーサルで本会議場の玉座から後ろ向きで階段を下りる所作（「右進退左」という）が体力の衰えでできないことを理由に辞任するということもあった。

「竹馬経済」から「朝鮮特需」へ

敗戦後の日本経済は、悪性インフレと悪戦苦闘していた。国民は一日二合一勺（二九七グラム）の主食配給量で飢えに苦しみ、餓死者が続出した。闇米《やみまい》を求めることを断って餓死した検事もいたぐらいである。

新円への切り替えで超インフレが進行した。ＧＨＱの財政顧問としてデトロイト銀行頭取のジョセフ・ドッジ（四二ページ参照）が一九四九年二月来日するや、「日本経済は両足を地につけていない。『米国の援助』と『日本政府の補助金制度』という竹馬に乗っているようなものだ。この足をあまり高くすると、転んで歯や首を折る危険がある。足を低くして竹馬経済から脱却する必要がある」と述べて、「ドッジ・ライン（Dodge Line・経済安定九原則）」を明らかにした。

(38)（一九一〇〜一九八八）労相、厚相、運輸相などを歴任。

その内容は、①赤字財政の停止、②徴税強化、③中小企業への融資制限、④賃金くぎ付け、⑤物価統制の強化、⑥外国為替管理の統制強化、⑦輸出増加のための物資配給制の改善、⑧重要国産品の増加、⑨食糧供給制度の増加、であった。要するに、健全財政主義を徹底しろということである。そして、同年四月には、為替レートが「一ドル＝三六〇円」と設定された。

さらに、ドッジ・ラインを税制面から促進するため米コロンビア大学のシャウプ（Carl Sumner Shoup, 1902～2000）教授を団長とする使節団が五月に来日し、翌一九五〇年の八月、九月の二回にわたって、「直接税中心主義の確立と間接税の合理化」「固定資産の再評価」「地方税源の拡充」「青色申告制度の導入」などを提言した。俗にいう「シャウプ勧告」である。

ドッジ・ラインやシャウプ勧告は日本の経済構造に対する荒療治であり、吉田首相は米側の内政干渉に耐えきれないと、古島《こじま》一雄(39)に政権投げ出しの決意を伝えたほどだった。古島は吉田を押しとどめ、「むしろ辞任の決意をバネに、司令部の圧力を緩めるよう工作しては」と進言したといわれている。

ドッジ・ラインを受けて、編成された一九四九（昭和二四）年度予算は超緊縮予算になった。その結果、超インフレは収まったが、国民負担の増加に伴いデフレ不況が深刻化していった。こうした背景のもと、「亭主の小遣いを減らす。それがわが家のドッジ・ライン」という言葉も生まれている。それを救ったのが「朝鮮特需」であった。

一九五〇年六月に朝鮮戦争がはじまると、米軍を中心とする国連軍の軍需物資調達で「特需」が発生した。日本の輸出は、一九四九年の五億九七〇〇万ドルから一九五〇年には八億二〇一〇万ドルに急増した。造船ブームをはじめとしてさまざまな分野で景気が好転し、「特需景気」「糸へん景気」「金へん景気」などといった流行語が生まれた。

米ソ対立とともに進んだ「逆コース」

戦後の民主化政策が統制型政治に逆行していくことを懸念して使われた言葉、それが「逆コース」で、第三次吉田内閣の一九五一年後半ごろからマスコミで使われるようになった。一九五一(昭和二六)年という年は、サンフランシスコ講和条約、日米安保条約が調印され、一連の公職追放が解除された年でもあった。全面講和を主張していた社会党が左右の両社会党に分裂し、連合国軍司令長官、米極東軍司令官としてのマッカーサー元帥が罷免され、後任にリッジウェー(Matthew Bunker Ridgway, 1895~1993)中将が就任した年でもある。着任した中将は、「日本

(39)　(一八六五～一九五二)吉田の政治指南役といわれた。ジャーナリスト、衆議院議員。

の独立に備えるため、日本政府に対して司令部の指示に基づいて制定された各法令を再審査する権限を与える」と声明した。

この年から、メーデー会場として皇居前広場の使用が禁止されている。一九五二年には「血のメーデー事件」が起き、破壊活動防止法、公安調査庁設置法の公布など反政府行動への監視、取り締まりが強化されていった。こうした一連の動きから、「民主化政策が逆行するのではないか」という心配が庶民の間で広がりはじめていた。「逆コース」という活字が躍った各新聞紙面は、そうした空気を伝えたものである。

しかし、本当は一九五一年より三年前の片山内閣末期、つまり一九四八年初めから「逆コース」がはじまっていたのである。そのきっかけとなったのは、一九四八年一月六日、米サンフランシスコのコモンウェルズ・クラブで行われたロイヤル陸軍長官（Kenneth Claiborne Royall, 1894～1971）の演説だった。

「日本の非軍事化と日本を自立しうる国家たらしめるという二つの目的の間には避けがたい対立が表れてきた。陸軍、国務両省とも被占領地（日本）救済のため、いつまでもアメリカが巨額な金をつぎ込めないことを痛感しており、この支出は被占領国自体が生活必需品を国内生産し、輸出貿易で賄う時に、停止しうることを認識している」

「日本内部の問題だが、思想傾向や能力からみてぐらぐらしており、極東に全体主義的脅威が生じたとき、これに対する防壁の役割を演じられそうにない人物が政権を握り続けるようなことがあるのは危険だ」

ともに当時の新聞報道によるものだが、これは明らかに社会主義政党中心の片山連立内閣に対する批判であった。ただ、ロイヤル演説に対して出席者から「侵略に対する防壁として日本に制限された軍備を与える可能性があるか」という質問が出ると、同長官は「侵略に対する防壁には政治的なものと軍事的なものがあるが、私の知るかぎり軍備を許すという政策は存在しない」と答えている。つまり、政治的に防共の壁になる政権が日本に誕生すべきだと注文をつけているところがミソだった。

当時の北東アジアでは、一九四八年九月に朝鮮民主主義人民共和国（北朝鮮）、翌年一〇月に中華人民共和国が誕生し、ソ連（現ロシア）とともに社会主義、共産主義の風圧が強まっていた。一九五〇年に勃発した朝鮮戦争への強硬策を提言したマッカーサー元帥を交代させたものの、アメリカ政府は「防共の砦」としての日本の役割強化を真剣に模索していたのである。言ってみれば、ロイヤル演説はその先駆けとなったもので、「逆コース」とはその具体策のことを意味するマスコミ用語であった。

『マッカーサーの二千日』（中央公論新社、一九七四年）を書いた評論家の袖井林二郎（一九三二～）によると、「逆コース（reverse course）」は和製英語的な側面があって、米側の占領関係

Column　世間を賑わせた「白亜の恋」と「厳粛なる事実」

1949年12月10日、民主党野党派副幹事長・園田直《すなお》（1913～1984・当時37歳）と労働者農民党（労農党）所属代議士・松谷天光光《てんこうこう》（1919～2015・当時31歳）が結婚した。党派が違う代議士同士、しかも園田は妻帯者（天光光とは三度目の結婚）だったから、白亜の殿堂（国会議事堂）をもじった「白亜の恋」として大きな話題になった。しかも天光光は、そのとき園田の子を身ごもっていた。現職国会議員の妊娠・出産は天光光が初めてである。天光光の友人、堤ツルヨ社会党代議士が「二人の間に『厳粛なる事実』があったから結婚に踏み切らざるを得なかった」と語り、これも流行語になっている。

1947年に行われた第23回衆議院選挙で、園田は熊本２区（定員５人）から民主党で立候補し、初当選した。東京・目黒の碑文谷にあった園田邸に夜回りすると、玄関から応接間まで模型飛行機が天井から紐でいっぱい下げてあった。

琴欧洲（元大関、ブルガリア出身）の化粧まわし以来、すっかり有名になったブルガリア・ヨーグルトだが、天光光は1960年代から在日ブルガリア大使夫人にヨーグルトの製造法を習って、普及に努めた功績で、ブルガリアから2009年に外国人への最高勲章（スタラ・プラニア）を贈られている。

「園田と天光光が出会うきっかけをつくったのは私なんだ」と、岡田春夫（1914～1991・元衆議院副議長）は、かつて筆者に語ってくれた。岡田（当時労農党）と園田（民主党野党派）は共に議院運営委員会のメンバーで、岡田が欠席の時、代わって出ていた天光光が園田と仲良くなったからだという。

園田直の死去（1984年）後、1986年の衆議院選挙では、同じ熊本２区で天光光と前妻の息子である園田博之（1942～）が「骨肉の争い」を演じて話題になった。敗れた天光光は各種のNPO法人活動に励み、2015年１月、96歳で亡くなった。大往生といえよう。

者は民主化路線で一貫しており、車でいえば、ギア・シフトはあってもギアをリバース（バック）に入れたことはないと主張していたという。

初めて憲法七条を使った「抜き打ち解散」

吉田首相が自由党内の鳩山グループの勢力拡大を抑えるため、一九五二年八月二八日、抜き打ち的に衆議院を解散した。第一四回通常国会が召集され、大野伴睦を衆院議長に選出した翌々日のことで、ほとんどの代議士が国会解散など想定していなかった。

衆議院の解散は、内閣不信任決議案の上程を前提に行われる（憲法六九条解散）ものか、「内閣の助言と承認による天皇の国事行為」としても行える（憲法七条解散）ものなのかは、占領当時から解釈が分かれていた。言ってみれば、「抜き打ち解散」は後者も可能ということを初めて実証したケースである。

後年、中曽根康弘内閣のもとで一九八六年に行われた「寝たふり解散」（「死んだふり解散」ともいう）などは、「抜き打ち解散」に類似した憲法七条解散である。

吉田の「抜き打ち解散」に対して、河上丈太郎は[40]「内閣に無制限の解散権を付与するもので民主主義の実体を否定することになる」と、国会質問で吉田を鋭く批判した。これに対して吉田は、「その判定は社会党がするものでなく国民がするものだ。現に、総選挙で自由党はいまだかってない得票数を得た。すなわち国民は、憲法七条解散を正当と認めたのである」と切り返している。

抜き打ち解散を受けて一九五二年一〇月一日に実施された第二五回衆議院選挙では、自由二四〇、改進八五、右社五七、左社五四議席を獲得し、共産党は全員落選した。鳩山一郎、石橋湛山、三木武吉、河野一郎など追放解除組が大量に復帰した選挙でもあった。以後、自由党内では吉田と鳩山の確執が深まっていくことになった。

わずか半年で「バカヤロウ解散」

翌年の一九五三年には、衆議院予算委員会で吉田首相が質問者の西村栄一（右派社会党。四七ページの注参照）に「バカヤロウ」と暴言を吐いたことがきっかけで国会解散に発展している。その質疑の概要を、国会議事録から抜粋して紹介しよう。

西村　過日（吉田）総理大臣が「国際情勢はいま楽観すべき状態にある」との施政方針演説をな

さった。その根拠は一体どこにお求めになりましたか。

吉田　私は「国際情勢は楽観すべし」と述べたのではなくして、「戦争の危機が遠ざかりつつある」ということをイギリスの総理大臣、あるいはアイゼンハワー米大統領も言われたと思いますが、英米の首脳が言われておるから、私もそう信じたのであります。

西村　私は日本国総理大臣に見通しを承っておる。イギリスの総理大臣の翻訳を承っておるのではない。なるほどヨーロッパ情勢は一応の危機は緩和したかもしれません。しかし、危機の険悪な焦点は朝鮮に移って来ておる。その中に立って一体我々はどうするのだということを日本の総理大臣に問おうとしておるのでありますから、国際情勢の見通しと対策をお述べになることが当然ではないか、こう思うのであります。

吉田　ただいま私の答弁は、日本の総理大臣としてご答弁いたしたのであります。私は確信するのであります。

西村　総理大臣は興奮しないほうがよろしい。別に興奮する必要はないじゃないか。

吉田　――（無礼）じゃないか。

西村　質問しているのに何が――（無礼）だ。答弁できないのか、君は。

---

(40)　（一八八九〜一九六五）右派社会党委員長、日本社会党委員長。

吉田　――（バカヤロウ）

西村　何が――（バカヤロウ）だ。――（バカヤロウ）とは何事だ。取り消しなさい。

吉田　私の言葉は不穏当でありましたから、はっきり取り消します。

三月一日、右派社会党は吉田首相を懲罰委員会に付す動議を提出した。自民党の広川弘禅《こうぜん》（一九〇二～一九六七・僧侶）農相グループなどが本会議を欠席したことで、動議が可決された。しかも、同一四日には野党提出の内閣不信任案に反吉田の分党派自由党（鳩山自由党）グループが賛成に回ったため、同決議も可決された。吉田は直ちに衆院解散に打って出た。前年一〇月の衆議院選挙以来、わずか半年でまた総選挙という異例の事態となったわけである。

四月一九日に行われた第二六回衆議院選挙の結果は、自由党一九九、改進党七六、左社七二、右社六六、分党派自由党三五、労農党五、共産党一で、左派社会党の躍進が目立った。また、その五日後に行われた第三回参議院選挙では、自由四六、左社一八、緑風会一六、右社一〇、改進八、諸派一、無所属二九となり、五月には第五次吉田内閣が成立した。

しかし、このころには、公職追放に伴い組閣を吉田に託したほど仲がよかった鳩山と吉田の関係は完全に冷え切っていた。よく知られているように、一九四六年五月、鳩山が後事を吉田に託す際、吉田が「自分は金（選挙資金）はつくれない（あるいは「つくらない」とも）」「人事に干渉してくれるな」「嫌になったらいつでも辞める」という三条件を出している。

ただ、鳩山側に言わせると、「正確にはもう一つあって、鳩山が追放解除になったらいつでも譲る」という約束だったという。吉田がその約束を守らないのはけしからんと、鳩山グループは激怒した。一方、吉田は、鳩山が追放解除の直前に脳梗塞で倒れ、総理大臣の激務に耐えられないと判断したほか、戦後復興の仕上げは自分の手でやるのだという自負をもっていた。

「造船疑獄」と「指揮権発動」

先に挙げた「昭電疑獄」と並ぶ戦後混乱期の大疑獄事件、それが「造船疑獄」である。「金融王」といわれた高利貸業者の森脇将光[41]からの告訴をもとに、一九五四年一月、山下汽船の横田愛三郎社長が贈賄容疑で東京地検特捜部に逮捕された。

造船業界は、朝鮮戦争の休戦以後、経営不振に陥っていた。吉田内閣は、利子補給して造船業界を支えざるを得なかった。その政府融資をめぐって造船会社が政界への裏工作を行った実態が

(41)（一九〇〇～一九九一）一九四八年は長者番付の一位であった。

「森脇メモ」や「横田メモ」（横田愛三郎山下汽船社長のメモ）などから明らかになり、利子補給法の成立にかかわった運輸官僚や有田二郎[42]自民党代議士の逮捕に発展した。

さらに、飯野海運の俣野健輔社長、三盃一太郎副社長（タンカー協会会長）も逮捕され、政界工作の核心として佐藤栄作自由党幹事長と池田勇人政調会長の二人に東京地検の手が伸びてきた。とくに佐藤には、造船工業会、船主協会からそれぞれ一〇〇〇万円の大口献金がなされたなどの容疑が固まってきた。

国会開会中の議員逮捕には所属院の承認が必要であり、すでに関谷勝利（一九〇四～一九八七）、岡田五郎（一九〇一～一九六五）両自由党代議士には衆議院、加藤武徳参議院議員（一九一五～二〇〇〇・自由党）には参議院の逮捕許諾が認められ、直ちに逮捕されている。

同年四月二〇日、最高検は佐藤栄作幹事長の逮捕許諾請求をする方針を固めた。ところが、犬養健法相（四七ページの注参照）は同日、吉田首相と会談したのち、佐藤藤佐《とうすけ》（一八九四～一九八五）検事総長、清原邦一《くにかず》（一八九九～一九六七）法務事務次官に「国会における防衛関係二法案、警察法改正案など重要案件の審議が終わるまで、許諾請求を延期できないだろうか」と打診したふしがある。だが、検察側の同意は得られず、翌二一日の朝、吉田首相、緒方竹虎（五〇ページ参照）副総理、佐藤幹事長、松野鶴平《つるへい》[43]の四者会談で検察庁法第一四条による法相の指揮権発動で、佐藤逮捕にストップをかけることを決めた。

犬養法相は午前一一時から記者会見し、「重要法案審議の状況にかんがみ、法案通過の見通しを得るまで暫時逮捕請求を見合わせ、任意捜査を継続するよう指示した」との談話を発表した。このあと、犬養法相は首相官邸に緒方を訪ねて辞表を提出している。これが、戦後唯一の指揮権発動である。

のちに、ロッキード事件の際にも田中角栄逮捕に関連して指揮権発動が論議の対象になったが、同事件の真相究明に全力を挙げていた三木武夫首相、稲葉修（一九〇九～一九九二）法相はまったく問題にしなかった。そのことが、椎名悦三郎(44)副総裁や大平正芳蔵相らから「惻隠の情なし」として「三木おろし」の政争に発展していくきっかけになっている。

ともあれ、造船疑獄での指揮権発動を契機に吉田内閣は急速に死に体になっていった。衆議院決算委員会は、吉田首相の喚問を決議するなど世論の「反吉田」ムードの高まりに呼応して国会内でも吉田退陣要求が加速した。九月一九日には鳩山一郎、重光葵《まもる》（一八八七～一九五七）らが反吉田新党の結成で合意し、一〇月七日には財界首脳五人が吉田の引退と保守合同を提案した。そして一一月二四日、鳩山を総裁とする民主党が結成された。翌二五日、自由党は吉田総裁の引

(42)（一九〇四～一九八〇）名村汽船取締役。
(43)（一八八三～一九六二）吉田指南役。権謀術数に 長けたことから「松野ズル平」とあだ名された。
(44)（一八九八～一九七九）戦前は岸信介の腹心として活躍。

退、緒方の総裁就任を決め、民主党に「同時解党」「総裁公選による保守合同」を申し入れたが、民主党に拒否されている。

民主党は、左右両社会党とともに吉田内閣不信任案を国会に出す合意を取り付けた。それでもなお解散・総選挙を主張する吉田だったが、池田ら側近が必死に諫《いさ》めた結果、吉田もとうとう内閣を投げ出した。在任期間は、通算して二六一六日、約七年二か月に及んだ。

「吉田政治を総括すれば、日本が敗戦で無一物となった占領時代に、とにもかくにも国民を飢餓から救うための経済復興に尽力し、マッカーサーという『戦後の神』（天皇を『戦前の神』とするならば）の力を借りて象徴天皇制、国民主権、基本的人権、平和主義の新生国家像を構築したことは、大きな功績であろう。マッカーサーとの個人的信頼関係を築いたことが、吉田のリーダーシップ発揮に多分に影響したといえるわけで、その点は外交官としての経験がプラスに作用したのであろう」（宇治敏彦編著『首相列伝』東京書籍、二〇〇一年）

筆者はこのように拙著で書いたが、この評価は今も変わらない。しかし、「軽軍備」「経済優先」「対米依存」という吉田的「保守本流」政治が、現在の安倍晋三政権のもとで大きく変更されようとしているのも事実である。それも、七〇年を経過した「戦後」の変質なのだろうか。

第2章

独立を回復したものの

——「1955年体制」スタートから「60年安保」へ

（1952年～1960年）

産経新聞　平成12年(2000年)　7月27日　木曜日　12版

1960年　新日米安保条約調印

1901　1950　2000

20世紀 かく語りき ㉕

「デモに屈せず」と岸首相

「声なき声に耳を」

一九六〇年（昭和三十五年）五月二十日未明、「日本国とアメリカ合衆国との間の相互協力および安全保障条約」いわゆる新日米安保条約が衆院で可決、承認された。

前日の十九日夜、警察官が導入され、議長室と本会議場との間に座り込んだ社会党の議員らをごぼう抜きするなどして会期延長を強行採決、その後野党欠席のまま承認したのだった。

新安保条約はこの年の一月十九日、ワシントンで調印された。昭和二十六年、サンフランシスコ講和条約と同時に日米間で結ばれた旧安保条約を改定したものである。

旧条約が、日本とその周辺における米軍の駐留を認めるだけで、日本を守る義務を明記していないという片務性を解消し、米国に日本防衛を義務づけているのが特徴になっていた。

これに対し、社会党などは、条文にある「極東」の範囲が明確でない点などから、「米国のアジア戦略に組み込まれ、戦争に巻き込まれる恐れがある」として強く反対、国会承認を実力で阻止しようとしていた。このため、岸信介首相や自民党は強行採決に踏み切ったのである。

しかし、この強行採決によって「アンポ反対」の渦は、一気に国会の中から外にまで広がった。

連日、労働組合、全学連などの学生、それに学者・知識人、一般市民までが加わったデモ隊が国会周辺を取り囲んだ。

■

そうした中で五月二十八日朝、岸首相の記者会見が開かれた。

この中で記者団からは岸の力ずくとも思える政治手法を疑問視、「デモ隊に対する世論の見方も変わり、理解してきている。首相のやり方は力に対し力で報いるようなものではないか」との質問が出た。

だが、岸は胸をはってこう答えた。

「今（デモ隊に）屈したら日本は危機に陥る。私は〝声なき声〟に耳を傾けねばならないと思う。今あるのは〝声ある声〟だけだ」

だが、この「声なき声」発言は火に油を注ぐようなもので、マスコミや革新陣営の反発を強めた。

政府が参議院での審議をあきらめたことによる六月十九日の自然承認が近づくと、デモはいっそう激しくなった。アメリカのアイゼンハワー大統領が来日して批准書を交わすことにもなっていたため、安保反対だけでなく「アイク訪日反対」も加わった。

そして六月十五日夜には、全学連主流派の学生たちが国会内に突入、警官隊との衝突で東大の女子学生が死亡するという深刻な事態にまでなった。

それでも岸は十六日、「国民が大きな社会不安を持っている。人心刷新が必要ではないか」という記者団の質問にこう答えた。

「私と諸君とは見方が違う。デモも参加者は限られている。都内の野球場や映画館は満員で、銀座通りもいつもと変わりがない」

これがいつの間にか「それでも後楽園球場は満員だ」と言ったことになり、またまた反発を買うことになる。

この時点で「安保反対」を叫ぶ世論や学生デモ隊が安保問題の本質をどの程度つかんでいたかどうかは疑問だ。

■

むしろ、秀才の官僚出身で開戦時の閣僚、戦犯ともなった岸の高圧的で官僚的ともいえる姿勢への反発、終戦後十年余りで強まってきた反米感情などが、「安

国会を包囲するアンポ反対のデモ隊。しかし、安保条約改定の本質はあまり理解されてはいなかった　＝昭和35年6月

産経新聞、2000年７月27日付

サンフランシスコ講和条約による日本の独立回復、「吉田ワンマン」政治の終焉を境に、戦後日本は大きく変わろうとしていた。しかし、それは新生日本を模索する直線的な道程ではなく、公職追放解除に象徴される「復古調」と、連合国軍から米国駐留軍に変わった「対米依存」、そして血のメーデーや米軍基地反対闘争といった「反権力・反米」とが複雑に入り混じって、活路探しにもがく新生日本の姿であった。

この時期に中学・高校時代を過ごした筆者自身も、中学校副読本『あたらしい憲法のはなし』（七ページ参照）に象徴される絶対平和主義や「日本は東洋のスイスたれ」というマッカーサー元帥発言の影響からか「非武装中立論」に夢を託していた。と同時に、同窓生の間で「何事もアメリカ」という米国かぶれの風潮が広がることには素直に同調する気分にはなれなかった。

一九五七年二月、岸信介首相（第五七代）の誕生で若者の政治不信はさらに強まった。「昭和の妖怪」「東京裁判にかけられた戦犯」が日本のトップリーダーの座に就いたことで、戦前の大日本帝国的な風潮が強まるのではないか、と警戒する空気が生まれたのである。日教組の「勤評闘争」や「警職法改悪反対闘争」（ともに一九五八年）が盛り上がり、当時は早稲田大学の学生であった筆者も仲間とプラカードを掲げて国会周辺でのデモに参加した。それは、新安保条約の批准問題でピークに達し、「総資本対総労働」の三井三池闘争（一九五三年、一九五九～一九六〇年）とともに「六〇年安保」として岸退陣要求へと加速していった。

一九六〇年四月に東京新聞の記者になった筆者は、研修期間を経て群馬県前橋支局に赴任するまでの間、連日のように国会周辺で繰り返される学生たちのデモを目の当たりにして、「岸内閣はデモを鎮圧するのにどんな強硬策をとるのだろうか」と気がかりだった。

昭和四〇年代の大学紛争やベトナム反戦行動で、機動隊が黄色や赤のカラー放水攻撃によってデモ隊を蹴散らす場面にも遭遇しているが、「六〇年安保」では機動隊もまだそこまでは巧妙でなかった。とはいえ、国会周辺から日比谷にかけての道路がデモ隊で完全に占拠され、歩道も歩けない凄さだった。そのため、デモのピーク時には樺美智子（一九三七～一九六〇・九〇ページ参照）の死をはじめとしてさまざまなトラブルが発生した。岸首相は自衛隊の治安出動を要請したが、当時の赤城宗徳（一九〇四～一九九三）防衛庁長官は、「日本人同士の殺し合いは避けたい。自衛隊が国民鎮圧に出動するのは歴史を汚す」と要請を拒絶している。

東京新聞の社屋は、そのころ国会坂下の日比谷公園脇にあった（現在の日本プレスセンタービル）が、当時、その近くにはＮＨＫ（日本放送協会）もあった。後年、ＮＨＫ出身の黒柳徹子から次のようなエピソードを聞いている。

「日比谷から国会に向かうデモ隊を撮影していた新聞社のカメラマンが、脚立から落ちて怪我をしたのよ。誰かと思って近づいたら、おたくの三本さんじゃないの」

三本和彦（一九三一～）は、当時、東京新聞写真部のカメラマンだったが、のちに自動車評論家としても活躍している。ちなみに黒柳は、三本と小学校の同窓生で顔見知りだった。私たち東京新聞の記者は夜になると、ＮＨＫ脇に出る屋台のラーメン屋によく食べに行ったが、黒柳は「東京新聞の社員食堂によくお昼ご飯を食べに行った」という。

研修を終えると、筆者は直ちに前橋に赴いた。ここでは、記事を書き、写真を撮る一年生記者として国労や日教組の安保反対闘争を取材することになった。ちょうど群馬大学でも「反安保」機運が強まった時期である。「国会周辺でのデモでバリケードを破って真っ先に議事堂内に突入したのは群大の学生だ」と、先輩記者から聞いたこともある。「かかあ天下に空っ風」という言葉があるように、群馬の男性は空っ風のように威勢よく、そそっかしい気風があるようだ。

後年、政治記者になってからのことだが、福田赳夫元首相から「かかあ天下」の解釈について、「あれは女性上位ということじゃなくて、来客があると恥ずかしがって奥に引っ込んでいる奥方に向かって『おい恥ずかしがってないで、出てこいよ。かかあ出んか』と呼びかける言葉なんだ。いわば女房自慢さ」という説明を聞いている。黄門様（福田の愛称）一流のギャグと思うが。

下宿先の弁護士から「小学校で女性教員が生徒を通じて安保反対の署名を父兄に依頼する行為をしている」と聞いて、父兄の証言を集めたうえでその小学校へ取材に行ったことがある。ご本人のほか教頭も出てきて、「新聞には書かないで」と頼まれたが、支局長とも相談して、群馬県版のトップ記事として掲載した。イデオロギーの問題ではなく、教職公務員の順守規定という観点から問題を提起してみたのだ。女性教員は注意処分を受けたが、男性にかぎらず女性も群馬では威勢よく、そそっかしい一面があるように思えた。こんな取材を続けるうちに、岸内閣は退陣することになった。

疑似二大政党の「一九五五年体制」がはじまった

先にも述べたように、「一九五五年体制」とは、保守合同、左右社会党の統一によって実現した二大政治勢力の体制を表現する言葉である。一九五五（昭和三〇）年の出来事だったことから「五五年体制」と言われている。

最初にこの表現を使ったのは、政治学者の升味《ますみ》準之輔（一九二六〜二〇一〇・東京都立大名誉教授）とされている。ほかにも「自分が最初にこの表現を使った」という人物が複数いるが、一九六四年に「一九五五年の政治体制」という論文を発表している升味を名づけ親とみるのが妥当であろう。俗に「二大政党時代のはじまり」という表現もされるが、正確には自民、社会両党の議席比率からして「$1\frac{1}{2}$の疑似二大政党」であった。

それでは、なぜ保守合同や左右社会党の統一が行われたのだろうか。社会党サイドの事情でいえば、「保守反動の吉田ワンマン」政治を打倒するため鳩山政権の誕生に手を貸したものの、鳩山内閣が「小選挙区制」「憲法改正」など右寄りの政策を打ち出してきたので、国会内での改憲発議を阻止するため「三分の一以上」を維持する必要性を痛感したからである。つまり、一九五五年二月の衆議院選挙で左派社会党八九議席、右派社会党六七議席を獲得し、その統一によって改憲阻止の壁を築こうとしたのである。

こうした革新陣営の動きに触発されて、民主党の三木武吉が自由党の大野伴睦に「保守結集のためなら鳩山内閣が総辞職してもよい」と猛アタックをかけた。また、財界も保守陣営にプレッシャーをかけ続けた。その結果、社会党の統一大会（一九五五年一〇月一三日）から遅れること一か月足らずで保守合同が実現し、自由民主党の結成にこぎつけたわけである（五一ページも参照）。

当時、三木は「これで半永久保守政権だ」と言ったと伝えられるが、三木も大野も本音では「一〇年もてばよし」と思っていたという見方もある。結果的には、一九九三年の宮澤喜一内閣まで三八年間にわたってこの体制が続いた。いや、「三八年間ももった」というほうが正確かもしれない。なぜ、こんなにも長期間、自民党の一党支配体制が続いたのだろうか。その理由として、次の四つが挙げられる。

❶中選挙区制という選挙制度が自民党に有利に働き、派閥政治によって一選挙区で複数の有力候補を擁立できたこと。

❷社会党が改憲を阻止するための三分の一の議席確保に終始して、衆議院で過半数を取るための努力を怠ったこと。

❸「官僚無謬神話」（官僚は過ちを犯さないという伝説）や「経済は一流、政治は三流」という流行語に象徴されるように、官僚や経済界がしっかりしていたので、それらに支えられた自民党も「族議員」という農林族、建設族など専門議員を育て、官界―経済界―政界（自民党）という相互助け合い（もたれ合い）の構図の上に胡坐《あぐら》をかいていられたこと。

❹米ソ対立という東西冷戦状態が続き、日米基軸を外交政策の中心に据えておけば米国の「核の傘」に守られて平和が保たれ、自民党政権はもっぱら国内繁栄のための政策に専心しておればよかったこと。

朝日新聞

岸内閣の改造成る　昨夜認証式

藤山外務　一万田大蔵

河野経企庁長官・愛知官房長官

防衛庁長官は津島氏

岸改造内閣の閣僚

岸・河野色強まる

政策の変化考えら

池田・松村氏

第１次岸内閣の改造を伝える朝日新聞（1957年７月11日付）

一九五五年体制の特徴は、「東西冷戦」「族議員」「鉄の三角同盟（アイアン・トライアングル）」「政・官・業癒着」「護送船団方式」「官僚無謬神話」「総中流」などの言葉に代表される。ただ、一口に「五五年体制」といっても三八年間で時代の変化に応じた特徴があり、大きく分けて次のように分類できる。

❶戦後処理の時代（鳩山、岸政権の一九五五年から一九六〇年までの五年間）
❷高度経済成長の時代（池田、佐藤政権の一九六〇年から一九七二年までの一二年間）
❸派閥全盛・金権政治の時代（田中、三木、福田、大平、鈴木政権の一九七二年から一九八二年までの一〇年間）
❹グローバル化の時代（中曽根、竹下、宇野、海部、宮澤政権の一九八二年から一九九三年までの一一年間）

それぞれに特徴はあるが、東京オリンピックや大阪万博に沸き、「今日よりは明日」「明日よりは明後日」に希望を見た❷の高度経済成長期が戦後において一番勢いがあった時代だったといえる。逆に、❸の「三角大福中」の自民党派閥の全盛期は、リクルート事件を筆頭に国民の政治不信をあおる金権腐敗政治の時代だった。

結局、自民党は金権体質のなかで自縄自縛の形で国民の信任を失い、一九九三年、第一五代の宮澤喜一自民党総裁のときに長期一党支配にピリオドを打たざるを得なくなった。当時、宮澤は、大政奉還した徳川幕府の第一五代将軍徳川慶喜（一八三七～一九一三）になぞらえて、「自民一党支配最後の総裁」と報道された。

一九五五年体制が崩れた直接のきっかけは、一九九三年六月、自民党の改革派を名乗って小沢一郎(1)、羽田孜《つとむ》らが野党提出の内閣不信任案に同調し、その直後に行われた衆議院選挙で自民が過半数を維持できなかったことにある。離党した小沢らは「新生党」を結成し、選挙後に、非自民非共産の八党会派による細川護熙《もりひろ》政権を誕生させた。そこからは、「小沢政局」という言葉も生まれたように、陰に陽に小沢の意向に左右される政治状況がしばらく続いた。

小沢らの売りは「政治改革」で、それに抵抗する自民党議員は「守旧派」とレッテルが貼られた。改革を目指す姿勢そのものは間違っていなかったと思うが、問題は「政治改革」イコール「選挙制度改革（小選挙区制の導入）」と単純化されたことであった。細川内閣当時に導入された小選挙区比例代表並立制は、金権政治スキャンダルを減らした半面、政治家の矮小化、二世三世議員の増加、総与党化現象などをもたらし、政治から活力や緊張感を奪っていった。

（1）（一九四二～）二〇一五年現在は、「生活の党と山本太郎となかまたち」の共同代表を務めている。

遅れてやって来た「鳩山ブーム」

話を先に進めすぎてしまった。一九五五年当時に戻ろう。

一九五四年一二月、延べ七年に及んだ吉田政権が野党からの不信任案で総辞職に追い込まれたあと、満を持したかのように鳩山一郎が総理大臣の座に就いた。それまで鳩山は、「悲運の政治家」とか「悲劇の政治家」と見られていた。戦後初の総選挙（一九四六年四月）で鳩山率いる自由党が第一党となり、組閣まで事実上終えていた時点で、突如、公職追放となって後事を吉田茂に託さざるを得なかったことは先にも述べた。

追放解除を目前にして、いよいよ政権取りへと活動をはじめたときに今度は脳溢血で倒れてしまった。それにもめげず宰相の座にチャレンジし続けられたのは、もち前の明るい性格と薫子夫人のサポート、そして三木武吉、河野一郎ら鳩山系の党人派政治家たちの結束があったからである。終戦直後、幣原《しではら》喜重郎が首相になったときは七三歳で、マッカーサーは「いやに年寄りだな」との感想を吉田茂に漏らしたというが、鳩山が首相になったのは七一歳で、幣原同様に「遅すぎた春」だったといえよう。

しかし、吉田ワンマンの長期政権に飽き飽きしていた国民は鳩山の登板を大歓迎した。一九五五年二月の第二七回衆議院選挙では、この「鳩山ブーム」が爆発して、民主党一八五議席と、吉田・緒方竹虎の自由党（一一二議席）を大きく引き離して勝利した。鳩山ブームの背景には、「吉田政治への反発」という国民感情と同時に鳩山がもって生まれた大衆性で、「四〇万戸の住宅建設の促進」「公務員の部外者とのゴルフ・麻雀の禁止」「国務大臣の公邸や護衛の廃止」「官庁公用車は国産車に切り替え」など、市民に分かりやすい政策を連発したということもある。

「どこへ行っても、停車場から、何千という人が集まって、バンザイ、バンザイと押し合いへし合い、自動車に乗っても、とても走れたものではない。その車を十重二十重に取り巻いて、誰彼の差別なく、握手を求めてくる」、「（演説会場では）あれだけの人が入ると、演壇に立っても、それだけ張りが出る。四〇年の政治生活のうち、私自身も、あの時ほどエキサイトして演説したことはない」と、鳩山も喜びを『鳩山一郎回顧録』（文藝春秋、一九五七年）に残している。彼にしてみれば、長年の憂さが一挙に晴らされる思いだったに違いない。

とはいえ、鳩山ブームもそう長続きはしなかった。それは、社会党の再統一、保守合同を経て鳩山政権の基盤がようやく固まってきたところで、鳩山が「憲法改正」「小選挙区制の導入」「日ソ交渉」という三つの大課題にチャレンジしたからである。「憲法改正」についていえば、一九五六年一月三一日、鳩山は参議院本会議で軍備を持たない現憲法には反対と答弁したのだが、その二日後の二月二日には取り消している。

また、この年の国会に提出された小選挙区制法案は衆議院で紛糾し、審議未了で廃案になっている。鳩山首相が憲法改正への下地づくりとして考えた小選挙区制法案のなかで、鳩山自民党に有利な区割り案を考えていたことから「ハトマンダー」と批判された。

一八一二年にアメリカのマサチューセッツ州でエルブリッジ・ゲリー（Elbridge Thomas Gerry, 1744〜1814）知事が自らの政党に有利な区割りをつくった結果、その一つがギリシャ神話に出てくるサラマンダー（火を噴く龍）の形に似ていたため、それをもじって「ゲリマンダー（Gerrymander）」と皮肉られることになった。そこから、地域を恣意的に線引きする選挙区割りを「〇〇マンダー」と呼ぶようになり、鳩山内閣の区割り案は「ハトマンダー」と称された。さらに、国防会議構成法案、新教育委員会法案といった対決法案も、再統一して間もない社会党をはじめ野党を刺激する事態となった。

鳩山自身も年齢や健康状態を考慮してか、日ソ交渉を打開したら辞めてもよいとの決意を固め、八月一〇日には軽井沢で、自民党首脳に対して「なるべく早く後継者を決めて退陣したい」との意向を漏らした。経済界も人心一新が望ましいとの空気で、石坂泰三（一八八六〜一九七五）経団連会長、藤山愛一郎（一八九七〜一九八五）日商会頭は、九月六日、自民党三役に「後継首班の決定と庶政一新」を申し入れた。

「吉田が対日講和なら自分はソ連との国交回復だ」という思いが鳩山にはあったのだろう。不自由な体を押して鳩山自身も訪ソし、フルシチョフ（Никита Сергеевич Хрущёв, 1894～1971）第一書記と河野一郎農相との激しい応酬を経て、一〇月一九日、日ソ共同宣言、通商議定書の調印を成し遂げた。さらに一二月一八日には、国連総会において満場一致で日本が八〇番目の加盟国として承認された。これを花道に、鳩山一郎は首相を辞任した。

「戦後」から「もはや戦後ではない」

「もはや戦後ではない」という表現を最初に使ったのは中野好夫（一九〇三～一九八五・評論家）といわれるが、人口に膾炙《かいしゃ》する流行語になったのは、一九五六年版の『経済白書』（正式名称は「経済年次報告」）における次のような結語がきっかけだった。

「戦後日本経済の回復の速やかさには誠に万人の意表外にでるものがあった。それは日本国民の勤勉な努力によって培われ、世界情勢の好都合な発展によって育まれた」

「もはや『戦後』ではない。われわれはいまや異なった事態に直面しようとしている。回復を通じての成長は終わった。今後の成長は近代化によって支えられる」

こうした表現は、白書の責任者だった官庁エコノミスト、後藤誉之助《よのすけ》（一九一六～一九六〇）

の筆によるものである。後藤は二十山親方の長男で、一九四一年に東京大学工学部を卒業後、大東亜省に入ったが、戦後は経済安定本部（のちの経済企画庁）に転じて『経済白書』の生みの親である大来《おおきた》佐武郎（一九一四〜一九九三・元外相）のもとエコノミストとして活躍したという変わり種である。

さて、「もはや戦後ではない」の「戦後」とは何を意味するかといえば、敗戦後の物不足から猛烈なインフレ経済になった「闇市経済」の状況を指している。同じ「戦後」という用語でも、使い方で異なった意味をもっていることを紹介しておきたい。

①「**戦後民主主義**」「**戦後改革**」**などという場合の**「**戦後**」——「主権在民」「自由主義」「民主主義」「平和主義」など、一九四七年五月三日に施行された日本国憲法に盛り込まれた諸原則を指す。

②「**沖縄の本土復帰なくして日本の戦後は終わらない**」**という場合の**「**戦後**」—これは、佐藤栄作首相が一九六五年八月、沖縄を訪問したときのステートメントであるが、GHQの支配下にあって日本が被占領下にある状態を指す。

③「**もはや戦後ではない**」の「**戦後**」——前述したような「闇市経済」を指す。

④「**戦後**（**政治**）**の総決算**」**という場合の**「**戦後**」——大平正芳、中曽根康弘らが使った言葉だが、「経済中心主義」「対米依存」型の政治から脱皮することを意味する。

⑤「**戦後七〇年**」**という場合の**「**戦後**」——時系列的に使うニュートラルな表現。

頻繁に使われる政界用語は「政界、一寸先は闇」

これは自民党副総裁だった川島正次郎（一八九〇～一九七〇）が述べた言葉で、今日に至るまで日本の政界を分析するときに必ず使われるといっていい流行語である。川島がどの場面を指して最初に使ったのかは明らかではないが、読売新聞の渡邊恒雄（一九二〇～）が川島から直接聞いた解説では、「政界は六か月以上先のことは予測すべきではない。六か月以内に思いがけないことが起こって、どっちの方向に向かってしまうかわからない。もし、六か月以上後を正確に予測するヤツがいたら、ホラ吹きか、まぐれあたりだ」（渡邊編『永田町見聞録』東洋経済新報社、一九八〇年）という。

とくに、総裁選挙、内閣改造、衆議院解散の時期などビッグイベントをめぐって虚虚実実の駆け引きが展開され、必ずといっていいほど予想外の事態が起きてくる。川島派を担当していた海老沢勝二（一九三四～・元ＮＨＫ会長）は次のように述懐している。

（２）（一八八七～一九四三）第二代小錦八十吉。本名は後藤鶴松。
（３）一九四二年から一九四五年にかけて設置されていた日本の省庁。委任統治領、および占領地域の統治を業務とした。

「総論の政治家・川島副総裁は肝心なことになると『政界は一寸先は闇だよ』という格言を持ち出した。特に権力闘争の場である政界ではいつ何が起こるか分からない、人間も心の奥底まで見通すことは難しい。したがって物事は最後の土壇場まで、つまり下駄をはくまで、札《ふだ》をあけるまで分からないものだ。だから、これは思い込みや希望的観測、予断を持って判断せず、慎重に対処したほうがよいという意味だと私はみていた」（日本記者クラブ会員報、二〇〇六年一二月）

この流行語が頻繁に使われるようになったのは、岸退陣後の新総裁選びのころからではないと思う。一九六〇年七月の自民総裁選は、大蔵官僚OBの池田勇人に対して、大野伴睦、石井光次郎（一八八九～一九八一）、松村謙三（一八八三～一九七一）といった党人派が闘いを挑む構図だった。党人派は二・三位連合(4)を盟約したが、川島幹事長らが石井に一本化しないと党人連合の票が池田に流れる可能性があると主張したことを受けて大野が途中で降りている。

ところが川島は、「大野が降りたなら」と今度は池田支持に回った。この結果、池田総裁が誕生し、川島は「寝業師」とか「江戸前のフーシェ」などと評された。池田内閣では、大野のあと

に川島が副総裁となり、病気退陣する池田の後継問題で佐藤栄作への指名を根回しして佐藤内閣を誕生させた。まさに、ナポレオン時代のフーシェ（Joseph Fouché, 1759～1820）を連想させる寝業師ぶりだが、「政界、一寸先は闇」だからこそ全体情勢を冷徹に分析し、土壇場まで予断をもたずに行動して、自らの立ち居振る舞いを決めるというのが川島流の政界遊泳術だった。

「六〇年安保」が生んだ「声なき声」

戦後最大の反体制運動であった一九六〇年の安保闘争は、どうしてあれほど盛りあがったのだろうか。社会党、総評、中立労連、原水協など一三八団体（のちに約三〇〇団体）で「安保条約改定阻止国民会議」が結成されたのは一九五九（昭和三四）年三月二八日だった。この前後の国際情勢は、米ソ両大国の対立で緊張の度合いを強めていた。

一九五七年八月には米ソ両国が大陸間弾道弾（ＩＣＢＭ）の実験に相次いで成功し、ソ連（現ロシア）は同一〇月に人工衛星スプートニク1号の打ち上げに成功している。米国も負けじと一

（4）第一回投票で過半数を獲得する候補が出なかった場合、第二、第三位の候補が手を結んで、逆転を図る作戦。

九五八年一月、人工衛星エクスプローラ1号を打ち上げた。同年五月にはレバノン内乱、翌年一月にはキューバ革命でカストロ（Fidel Alejandro Castro Ruz, 1926～）政権誕生、同年三月はチベット内乱、そして同年九月には中ソ対立が激化し、一九六〇年五月には米U２型機（黒いジェット機）が領空侵犯を犯した理由でソ連の地対空ミサイルに撃墜されるという「黒いジェット機事件」も起きている。

こうした東西冷戦のエスカレート状況のなかで岸首相は、占領下で締結された旧安保条約については「日本が基地提供義務を負うが、在日米軍は日本防衛の任務を負わない」といった日本側に不平等な規定が多いとの理由から安保改定に意欲を燃やした。

一九六〇年一月一九日に署名された新日米安保条約は、「日本国の安全並びに極東の平和及び安全の維持に寄与するため米国軍隊は日本の施設、区域の使用が許される」（第六条）など一〇条からなっている。駐日米軍の行動に関して日本側が事前に意思表示できる規定がないので、別途、岸首相とハーター（Christian Archibald Herter, 1895～1966）米国務長官との間で「条約第六条の実施に関する交換公文」を取り交わし、①米国軍隊の日本への配置の重要な変更、②同軍隊の装備の重要な変更（核兵器の持ち込み）などに関しては米軍が事前に日本政府と協議すること、を義務づけた。

国会論戦では、野党側から「極東の範囲」や「核持ち込み」問題などをめぐって追及が行われ、後年、核持ち込みの密約文書の存在も明らかになった。国民の間では、新条約によって「日本が戦争に巻き込まれる」危険性が増すのではないかとの不安が高まり、それが安保闘争を盛り上げるエネルギーになった（余談だが、近年は米国の識者間に「日本の集団的自衛権問題に米国が巻き込まれるのではないか」との危惧が出ていると側聞して、変われば変わるものだと思った）。

四月には全学連のデモ隊が国会突入を図り、警官隊との衝突を繰り返した。五月一四日、安保改定反対の国会請願者署名が一三五〇万を超えたと社会党が発表。安保共闘会議は「非常事態宣言」を行い、同日だけで一〇万人以上が国会包囲デモに参加した。同一九日深更《しんこう》、野党議員らが議事堂内の廊下に座り込むなかで、自民党は衆院安保特別委員会の質疑を打ち切って採決を強行した。

そして、二〇日午前〇時六分、自民党単独で衆議院本会議を開会し、審議なしで安保改定を採決した。あまりの強行突破策に同党内からも欠席者が出て、石橋湛山、河野一郎、松村謙三、三木武夫らが岸内閣の退陣を要求した（一方、岸支持は、川島正次郎幹事長、大野伴睦副総裁、石井光次郎総務会長、佐藤栄作蔵相らであった）。

在京七新聞社は、二一日朝刊一面に「暴力を排し、議会主義を守れ」と題する共同宣言を掲載し、事実上の岸退陣要求を明らかにした。だが、事態はますますひどくなっていく。六月一〇日にはアイゼンハワー（Dwight David Eisenhower, 1890~1969・第三四代）米大統領秘書のハガチー（James Campbell Hagerty, 1909～1981）が同大統領来日の打ち合わせのため羽田空港に到着したものの、全学連のデモ隊に包囲されて身動きがとれず、米海兵隊のヘリで脱出するといった有様だった。

同一五日の安保改定阻止第二次実力行使には全国で六〇〇万人近い人々が参加し、本章の冒頭でも述べたように、全学連の国会デモに参加した東京大学文学部四年生の樺美智子（当時二二歳）が圧死した。岸の長女・洋子（安倍晋太郎元外相夫人）の証言によると、岸は「非常にショックを受けて、深夜、ひとり自室でトランプのカードをめくっていた」という（読売新聞、二〇〇〇年九月二五日付朝刊、「六〇年安保」特集記事）。

まだ小学生になる前だった孫の安倍晋三が遊びに来ていたとき、当時デモ隊が叫んでいた「アンポ　ハンタイ」を安倍が真似ても笑い流していた岸であるが、さすがにこの夜ばかりは神妙になったのだろう。

一七日、東京・日暮里の善性寺で営まれた樺美智子の葬儀には、「声なき声」と書かれた花輪も飾られた。これは、岸の「声なき声」発言を痛烈に皮肉った行為である。岸は五月二八日、内閣記者会との会見において、「政局転換も私自身の退陣も考えない」と強気の姿勢で次のように述べていた。

「いま屈したら日本は非常な危機に陥る。認識の違いかもしれないが、私は『声なき声』に耳を傾けなければならない。デモにたくさん参加しているといっても、神宮球場は野球を観戦する人でいっぱいだし、銀座通りもいつもの賑わいだ。国民の不安が増大しているとは思わない。私はそういう『声なき声』に耳を傾ける。いま騒いでいるのは『声ある声』である。私は決して総辞職も解散もしない」（会見より）

この発言がきっかけになって「誰デモ入れる声なき声の会」が結成されたり、銀座でのデモが組織されたりした。

条約の批准・承認案件は、衆議院での可決後、参議院での審議・採決がなくとも一か月後には「自然承認」という規定があるが、当時このことは一般国民にはあまり知られていなかった。だから反体制派は、自然承認前日の六月一八日、岸内閣の退陣、国会解散によって条約成立を阻止しようと根こそぎ動員をかけた。約三三万人という空前のデモ隊が胸に喪章をつけて、国会周辺でデモと座り込みを続け、都内の国鉄は国労のスト決行で三時間にわたってストップした。

結局、一九日午前零時を期して新安保条約は自然承認され、潮が引くようにデモや抗議活動も鎮まっていった。岸は、デモ隊排除に自衛隊の出動を検討したが、前記のように、赤城から猛反対されて断念している。アイゼンハワー米大統領の訪日中止も決定し、六月二三日、新安保条約の批准書交換、発効を確認したあと、岸内閣は総辞職した。

エネルギー革命の下で深刻化した「三池争議」

六〇年安保闘争と並行して社会的に大きな話題になった労働争議、それが「三池争議」である。「炭主油従」という表現が関係者の間で使われたように戦後のエネルギー事情は石炭が中心で、石油は石炭を補佐する位置でしかなかった。しかし、通産省（現・経済産業省）が一九五五年に「石油化学工業の育成対策」を決め、次第に「油主炭従」へと行政指導を強めたこともあってエネルギー革命が急速に進んだ。

政府の石炭鉱業審議会は、一九五八年度末から九万四〇〇〇人～一一万五〇〇〇人の職員整理を答申し、石炭大手企業は一九五九年一〇月、七万人の首切り方針を決めた。こうしたなかで三井炭鉱は、砂川、芦別、美唄（以上北海道）、田川、山野（以上九州）の五山で労働者の希望退職を募って収拾を図ったが、三池労組は首切り反対闘争を続けた。

その背景には、九州大学教授で社会主義協会のリーダーだった向坂逸郎《さきさかいつろう》（一八九七～一九八五）が三池労組で「向坂教室」と呼ばれる学習会を組織し、一九五三年の首切り反対闘争に勝利するなど、四〇万労働者で組織する炭労を最強組合に育てたという経緯があった。

一九五九年三月、経営側は第一次合理化提案として六〇〇〇人の解雇を提示したが、希望退職に応じたのは約一三〇〇人にとどまった。経営側が労組員の切り崩しに動き、これを支援する「三田村学校」も誕生している。「向坂教室」に対抗して、三田村四郎(5)という戦前の共産党幹部による労組指導で、三池闘争では第二組合づくりの役目を果たした。

太田薫（一九一二〜一九九八）総評議長は、『わが三池闘争記』（労働教育センター、一九七八年）で三田村のことを次のように評している。

「三田村は、戦前左翼労働運動の第一級の指導者だったというが、没落後、転向した人物である」「戦後は資本の側に身を寄せ争議破りの専門家になった」「三田村の場合のごときは例外中の例外だが、そうした人物をつくり、つかいこなすところに、資本の残酷な性格と力量があるともいえる」

安保闘争と並行して三池闘争が盛り上がり、一九六〇年に入ると労組側が正月早々から毎週火・金曜日の二四時間ストを決行した。これに対して、会社側は全面ロックアウトの挙に出た。そして、三月には三池新労が結成され、団結を誇った三池労組もついに分裂した。炭労は争議の早期決着を目指して四月一日以降、無期限ストに突入する方針を決めたが、会社側は新労組合員

（5）（一八九六〜一九六四）戦後は労使協調・反共の労働運動家として活動した人物。

にかぎってロックアウトを解除した。

そんななか、三月二九日に不幸な事件が起きた。「灯をともす会」という会社側がつくった組織が三池労組のピケ隊と衝突し、組合員の久保清（当時三二歳）が暴力団から心臓をアイクチで刺されて死亡したほか、二〇人程度の負傷者を出した。

深刻な事態に中労委は、藤林敬三会長の職権斡旋案（会社側は指名解雇を撤回、解雇該当者は自発退職とし、退職金一万円加給と就職斡旋に努める、との内容）を提示した。だが、炭労はこれを拒否し、最後の「ホッパー決戦」(6)へと移っていった。組合側がホッパーを抑えていたので、石炭輸送がストップしていたのである。

会社側の仮処分申請を受けた福岡地裁は、五月四日、「三池労組と支援団体は三川鉱ホッパー付近に立ち入ってはならない」とする仮処分決定を出した。会社側の意向を反映した地裁の判断に労組側は「ホッパー決戦やむなし」と判断したが、そこへ新たな政治情勢が発生した。新安保条約の発効を受けて岸内閣が七月一五日に総辞職し、一九日には「寛容と忍耐」をキャッチフレーズにした池田勇人内閣が誕生したのである。労働大臣には、労政通で、第一次岸内閣でも労相を務めた石田博英《ひろひで》（一九一四〜一九九三・あだ名はバクエイ）が起用された。

石田は労使双方に、「中労委に職権あっせんを要請するので労使ともホッパー決戦を避けてほしい」と要請した。当時、三池闘争では、「がんばろう」（作詞：森田ヤエ子、作曲：荒木栄。一九六〇年）という労働歌とともに「去るも地獄、残るも地獄」という言葉が日常的に聞かれていた。

警察の実力行使が迫った二〇日の午前三時半、中労委は「組合はピケを解く」「会社は仮処分申請を取り下げる」「双方とも中労委に白紙一任する」「斡旋案の期限は一週間とする」と労使双方に申し入れた。「あと三〇分か一時間遅れていたら、ホッパー前は確実に血の海と化していたであろう。間一髪の回避だった」と、総評議長だった太田薫は述懐している。

――――――――

収拾と決まって、組合員はもちろん主婦たちも、みんな目を真っ赤にはらして泣いた。（中略）主婦たちは一年近く総評と炭労のカンパに支えられながら一万円生活で耐えてきたのだ。当時、三池坑内夫二万七〇〇〇円、坑外夫一万八〇〇〇円くらい、全国労働者の平均賃金は

――――――――

（6）　ホッパーとは、採掘された石炭が商品として搬出される前に一時貯蔵される「貯炭槽」のこと。三池労組はここを押さえれば労働争議に有利として、ピケ隊を配して占拠した。そして、三池闘争の終盤、ホッパー前に労働者二万人が結集して決戦へと突き進んだ。これに対して一万人の警官隊は、「二四時間以内に撤退しなければ、二〇日の早朝に実力行使に出る」として警告し、お互い死傷者が出ることも覚悟をするなど、一挙に緊張感が高まった。一九六〇年七月のことである。

約二万円程度だったから、ほぼ世間の半分、生活保護に近かったといえる。（塚田義彦、太田正史編『太田薫』労働教育センター、一九九九年）

六〇年安保、三池争議の収束は、この時代の「明暗の分岐点」だったと筆者は見ている。

どちらが本当？「昔陸軍今総評」

戦後の労働界を牽引したのは一九五〇（昭和二五）年七月に結成された日本労働組合総評議会（総評）だったが、「昔陸軍今総評」といわれるほど社会的影響力を行使するようになったのは太田薫議長と岩井章（一九二二〜一九九七）事務局長のゴールデンコンビで「春闘」を本格化させた一九五八年以降のことである。

もともと総評の誕生は、民同路線（共産党の主義主張から脱する民主化路線）といわれ、GHQや吉田内閣からも「反共の砦」として期待された一面があった。だが、高野実（一九〇一〜一九七四）事務局長のもとで、「全面講和、中立堅持、軍事基地反対、再軍備反対」の平和四原則を打ち出したことから「ニワトリがアヒルになった」と冷やかされたりもした。「親米的」なニワトリになることを期待して卵をかえしてみたら「反米的」なアヒルだったというわけだ。

この言葉も流行語になった。ただ、これは通訳の誤訳という説が強い。当時、GHQの労働課にいたブラッティ（Burati Valery, 1907〜1988）という人物が高野事務局長ら総評幹部に、「国際自由労連に加盟するのは世界の趨勢である。足を痛めたアヒルのように隊列の落伍者になるべきではない」と言ったのが誤訳されたようだ。

しかし、皮肉にも「高野総評」は誤訳のほうのアヒル路線で、共産党的な地域ぐるみ闘争・統一戦線へと傾斜し、民同路線の太田や岩井と対立を深めていく。太田は、当時の高野の心境を次のように分析している。

「高野さんは当初、アメリカ側についていく態度をとった」

総評のゴールデンコンビだった太田薫議長（左）と岩井章事務局長（東京新聞提供）

「高野さんとしては朝鮮事変が第三次大戦に発展するかもしれないという見通しをもったのであろう。そうなれば当然に日本の労働組合が弾圧されるから、アメリカ側について合法的な労働組合を残し、とくに統一を守って将来に備えようと考えたのが、彼の本心だったのではないか」「そのように理解しないと、高野さんのその後の行動はわからないものになってしまう」（以上、『ひびけラッパ』日本経済新聞社、一九七四年）

高野は一九五三年から急速に社共共闘の統一戦線に走り、同年七月の総評第四回定期大会では、従来の総評方針である米ソからの等距離という「第三勢力論」からソ連寄りの「平和勢力論」に傾斜していった。革新陣営や労働界では、「統一戦線」と「戦線統一」は明確に区別されている。一般人からすれば大差ない表現に見えるが、「統一戦線」とは共産党系の用語で、「戦線統一」は旧社会党・総評系の使い方である。

当時、高野は労働界では「神様」的な存在だったが、共産党系の「革同」派に反発する社会党系の「民同」派は一九五四年の総評大会で合化労連委員長の太田を事務局長選挙に立て、高野と争った。その結果、高野一四〇、太田一〇七と三三票差で高野の四選に終わった。翌一九五五年七月の第六回定期大会では、太田に代わって国労企画部長の岩井章が事務局長選に出馬した。古い労働記者・村上寛治（朝日新聞）らによると、「両派の代議員獲得合戦は激烈をきわめた。新聞記者も両陣営に分かれて票読みにかけずりまわるほどで、両派とも事前に一四〇〜一三八票は獲得できると強気であった」（村上寛治ほか『総評労働運動三〇年の軌跡』労働教育センター、一九八〇年）という。

しかし、いずれも過半数に達せず、岩井一二八、高野一二三、白票八という接戦のなかで再投票の運びになった。その瞬間、高野の支持母体だった全国金属から高野辞退の表明があり、岩井事務局長が誕生した。そのとき、岩井は三三歳という若さだった。右は公職追放、左はレッドパージで長老やベテランが一線から退き、若い世代が一挙に台頭してきたのも、戦後のこの時期の大きな特徴といえよう。

一九五八年の大会で太田議長が誕生し、そこから太田―岩井コンビの総評黄金期が到来することになる。「昔陸軍今総評」といわれた所以でもある。

だが、この流行語には、毎日新聞記者の個人的な感慨を述べた言葉だという異説がある。戦前からの同社記者が戦後、知人から「いま如何しているの？」と聞かれ、「昔は陸軍省詰めだったが、今は総評を担当している」と答えたところ、その言葉が独り歩きしたというのだ。このエピソードは、毎日新聞朝刊のコラム「余禄」（一九八八年七月三一日付）でも紹介されている。

「戦時中、陸軍省詰めだったA記者は、戦後、労働担当になった。『かつて軍旗は進むという記事を書いていた身が、いまはストライキを筆にする。人間の運命はわからぬものだ。この感慨を記して述べたのが、いつの間にか、あんな用法で広まった』と、生前述べている」

「春闘」は「春談」へと変質した？

一九五五年、「春の8単産共闘（春季賃上げ共闘会議）」の成立をもってはじまった春の賃上げ闘争のことを「春闘」という。高野実との総評事務局長選挙に敗れた太田薫合化労連委員長を中心に、最初は炭労、私鉄、合化、紙パ、電産の5単産、さらに高野の出身組合・全国金属や化学同盟、中立労連の電機労連、合計8単産の約七〇万人に上る労働者が、一九五五年二月二日、8単産共闘を組織した。

前年からのデフレの嵐のなかで、日経連は賃金ストップを打ち出していた。公労委も人事院もゼロ調停のなかで炭労は三六〇〇円、私鉄は一〇パーセント＋α、合化は一五〇〇円＋αなどの賃上げ要求を会社側に提出し、三月から四月にかけて三波のストを決行した。その成果、炭労が二二〇〇円＋一時金六五〇〇円、私鉄が八〇〇円（四・七五パーセント）、合化が七〇〇円〜二〇〇〇円と必ずしも成果は上がらなかったが、それでも経営側の賃上げゼロ方針を打ち破ったことは労組側に自信を与えることになった。

ちなみに、この年は8単産共闘の解散後に高野が主導する総評本体が第二次春闘を組織し、鳩山内閣に対する予算組み替えや政策転換の要求を高野流の「地域闘争」と結び付けて展開している。つまり、太田主導と高野主導の二つの春闘が共存した年だったのだ。

翌一九五六年からは、三月をヤマ場に私鉄、炭労、合化といった民間単産のストが先行し、国労を中心とした官公労の闘いが続くという「スケジュール春闘」のスタイルが定着していった。のちの、田中角栄内閣当時の一九七四年春闘では、賃上げ率三二・九パーセント（金額で二万八九八一円）と最高のベア率を記録した。「終身雇用」「年功序列賃金」「企業別労働組合」が戦後高度成長を支えた「三種の神器」といわれたが、着実な成長は「春闘」という労働組合運動によって定着していくことになった。

総評が一九八九年一一月、連合に移行してからも春闘は続いているが、組織労働者が減っているなかで、定期昇給を確保するのがやっとという状況も生まれ、一九六〇年代、一九七〇年代ほどの活気は今の労働界にはない。生産労働人口の四人に一人が非正規社員という現状は、労働組合の役割は何かという命題を連合に突き付けている。春闘のマンネリ化を受けて、生みの親である太田自身も、一九七五年に『春闘の終焉』（経済社）という本をすでに出版している。

筆者は、労働担当記者という立場より、一人の人間として憎めないユニオンリーダーの太田と親しく付き合った。東京・つつじヶ丘にあった太田邸一階の応接室には経済書を中心に蔵書がびっし詰まっており、勉強家、読書家の一面をうかがわせた。「おとうちゃん、宇治さんの前では法螺《ほら》吹いちゃ駄目よ」と、芳子夫人が筆者の取材を助けてくれた。

Column　社党分裂を誘発した「太田ラッパ」の「下呂談話」

太田薫総評議長といえば、「太田ラッパ」といわれるほど新聞記事になるニュースネタを提供するのが得意だった。「神武景気」という流行語は評論家の大宅壮一（1900～1970）の命名という説が有力だが、太田は「別に先祖争いするわけではないが、56春闘を組織するにあたって、わたしは『神武以来のゼネストを組織する』と記者会見でぶちあげたことのほうが早かったと思っている」（塚田義彦・太田正史編『太田薫』労働教育センター、1999年）と主張している。

代表的な「太田ラッパ」として彼自身が列記しているのは、「神武以来のスト」以外に「ヨーロッパ並みの賃金」「青年よハッスルせよ」「大幅一律」「誰でも一万円」などである（太田薫『ひびけラッパ』日本経済新聞社、1974年）。

「私の吹き鳴らすラッパに対して、あれはハッタリだとかホラ吹きだとか、いろいろいわれるが、むろんそういう意味のものではない。春闘が労使の間の最大の闘いであるからには、進軍ラッパを吹き鳴らしながら、全軍の仲間をはげまし、同時に相手には何らかの恐怖感を与えることによって、弱いストを強めていかなくてはいけない」（前掲書）

太田はよく、「これは左肩五段だな」と記者会見のあと言っていた。新聞の一面や政治面で左側に五段ぐらいで掲載されるだろう、というのである。不思議と当たることが多かった。

革新陣営内で大騒ぎになる問題発言もあった。代表例が「下呂談話」である。1959年６月、岐阜県下呂で開催された合化労連定期大会中に岩井総評事務局長とともに記者会見した太田は、安保闘争に関して「共産党とは正しい政策を提案しあって共通の立場から時によっては共闘、時によっては競争し合うという方向が正しい」と述べている。

「共産党寄り」の太田ラッパが、西尾末広ら社会党右派や全労など右派系組合を刺激した。「下呂談話が社会党分裂のきっかけになった」と、太田自身も認めている。

「ストライキをやらない労働組合なんて組合じゃないよ」と切って捨てるとともに、「資本と癒着しちゃ駄目だ。資本から独立した気持ちが大事だ」と繰り返し、一九七〇年代後半の賃上げ闘争は「春闘」でなく「春談」だと嘆いていた。こんな彼は大阪大学を卒業後に宇部興産に入り、一九四六年に宇部窒素の労組を立ち上げたとき、先輩の鶴五三《つるいつみ》（一九〇五〜一九六五）から「経営側とは決して癒着しない」という考えをたたき込まれた。太田は、この労働運動理念を終始大事にしたユニオンリーダーだった。

社会党の「左翼バネ」VS自民党の「振り子の論理」

革新陣営、とくに「社会党・総評ブロック」（この言葉は、鉄鋼労連の初代書記長で労働評論家・清水慎三の造語といわれる）内部で右翼的な傾向が生まれるたびに、それを跳ね返そうとして左翼的な力が働くことを「左翼バネ」という。

一方、保守陣営では、右寄り政権が安保・外交政策で極端に走って退陣すると、次は経済重視の政権が誕生し、金権腐敗が目立つ政権が退陣を余儀なくされると、次はクリーンを売り物にした政権に引き継いで国民を目くらましするといった「振り子の原理」が作用した。

少し時代を遡るが、「左翼バネ」の代表例としては、鈴木茂三郎《もさぶろう》（一八九三～一九七〇）社会党委員長の「青年よ銃をとるな」発言が挙げられる。朝鮮戦争の最中のことだが、一九五一年一月、早稲田大学の大隈講堂で開催された社会党大会で委員長に選ばれた鈴木は次のように挨拶している。

「資本家階級は、朝鮮の事変によって利得をあげて資本主義的な体制を支えようとしており、再軍備を主張しておるではありませんか。再武装を主張する当年六〇余歳の芦田均氏が鉄砲を持ったり、背嚢《はいのう》を背負うことはない。青年諸君はこの大会の決定を生かすために、断じて銃を持ってはならない。断じて背嚢をしょってはならない」（新聞報道の要約）

社会党は前年の第六回大会で「平和三原則」（全面講和、中立堅持、軍事基地提供反対）を採択したが、鈴木演説のあった第七回大会では「再軍備反対」も加えた四原則を採択している。また、日教組は「教え子を再び戦場に送るな」とのスローガンを打ち出し、社会党・総評ブロックは左旋回を強めていった。一九五一年一〇月、先にも述べたように、同党は単独講和・日米安保条約の承認をめぐって左右に分裂するが、常に「左翼バネ」が社会党の活力源のように見られていた。

一九五九年三月、訪中した浅沼稲次郎（一八九八～一九六〇）同党委員長が「米帝国主義は日中人民共同の敵」と発言したことも六〇年安保闘争の盛り上げに一役買い、同年一〇月、日比谷公会堂での三党首演説会で右翼少年・山口二矢《おとや》によって刺殺された。「沼さん」の愛称で親しまれた浅沼は生来右派の指導者だったが、中国人民外交学会での発言は社会党内で「左翼バネ」の役割を果たしたわけである。このほか、「構造改革論」を提唱した江田三郎（一九〇七〜一九七七）に対する社会主義協会など左派の攻撃や、美濃部革新都政を誕生させた社共共闘なども「左翼バネ」の代表例といえるだろう。

だが、もはやこの言葉は死語になっている。筆者は、一九九四年九月一五日付の東京新聞朝刊のコラムに「政治の世界の死語」と題して、次のように書いた。

　言葉は社会生活に欠かせない道具だが、その事態が不必要になったときに死語となる。「既成左翼」「社会党・総評ブロック」「反独占」「総資本対総労働」「民同」などの言葉が死語と化しているのは、その事実が既に歴史の世界のものになったからであろう。「日本社会党」も、独自性をアピールできなければ、死語になる日がそう遠くないかもしれない。

社会党は、一九九六年一月、「社会民主党（社民党）」と党名を変更し、一九五五年体制の一翼を担った日本社会党という党名も「死語」になった。一方、保守陣営における「振り子の論理」も、

①「安保の岸信介」（タカ派）から「所得倍増の池田勇人」（ハト派）へ、②「二つの中国」論の佐藤栄作から「一つの中国」論の田中角栄へ、③「金権腐敗」の田中から「クリーン」な三木武夫へ、④「全員野球」型の鈴木善幸から「大統領」型の中曽根康弘へ――といったあたりまでは確かに「振り子現象」が見られたが、一九五五年体制の末期になると、そのバランスを取る力量もなくなった。この背景には、次の二つの理由が挙げられる。

第一は、人材の枯渇。戦後の動乱期には、硬軟とりわけてさまざまな人材が代議士に当選してきた。外交問題でいえば、自民党内にはアジア・アフリカ問題研究会、俗にAA研という宇都宮徳馬（一九〇六～二〇

中選挙区制時代には、幅広い人材が議員に選ばれた。真ん中は、自民党で「うるさ型」といわれた野中広務元幹事長（撮影：久保田富弘）

Column　戦後民主主義の象徴的な出来事、ミッチーブーム

安保闘争、三池闘争と暗い話題が続くなかで、世の中を明るくしたのは1958年11月27日に発表された皇太子殿下（現天皇陛下）と正田美智子（日清製粉社長・正田英三郎の長女。聖心女子大英文科卒で24歳）のご婚約発表だった。初めての民間からの皇太子妃というニュース性だけでなく、美智子妃の清楚な美しさや品性、学部首席卒業といった頭脳明晰さ、さらには軽井沢でのテニス・ロマンスという話題性も加わって、日本国内は一挙にミッチーブームに沸いた。

デパートは歳末商戦に向けて二人の写真や「ミッチー・スタイル」のドレスを飾り、家電販売店では結婚式や成婚パレードを前にテレビの売り上げが急増した。10円と30円のご成婚記念切手が発売されたり、「美智子さま塗り絵」なども登場した。

当時、大学生だった筆者は、1959年４月10日に行われた結婚パレードを見るために青山通りまで出掛けていった。沿道には50万人を超す人々が詰めかけ、馬車行列に手を振った。その一人だった筆者の目には、元慶応義塾塾長の小泉信三から厳しく帝王学を教わった皇太子と才色兼備な民間女性との結婚が「戦後民主主義の象徴的な出来事」と映った。

1960年、東京新聞に入社して前橋支局に赴任した筆者は、皇太子妃誕生後の余波で館林まで話題ネタの取材に出掛けたりしていた。

「館林は人口３万たらずの小さな町だが、皇太子妃が戦時中疎開したことと彼女の親戚筋が営む醤油工場があることで三年前から一躍クローズアップされ、駅前の土産物屋に『ミッチー煎餅』という得体のしれないものが並びはじめていた」

当時、同人雑誌〈埴輪〉に書いた文章のひとこまだが、ミッチーブームという現象は、まさに戦後民主主義の明るさそのものであると同時に、その陰では安保闘争での東大生・樺美智子の死に象徴される戦後政治の暗部も内包していた。「二人の美智子」が、この時期の「明」と「暗」をそれぞれ代表していた。

〇〇）を代表する組織とアジア調査会、俗に「A研」という千葉三郎（一八九四〜一九七九）を代表とする組織があった。前者は社会党より社会党的な側面もあって、「軍縮」「北朝鮮」「中国」「ソ連」などと親しかったが、後者は「台湾」「韓国」に通じたウルトラ保守派だった。とても同じ党とは思えない幅広さ、ある意味では無原則性が自民党の強みでもあった。

第二は、選挙制度が中選挙区制で、幅広い人材が同一政党から赤絨毯の上に登場できる素地があった。それが、二〇〇〇年前後から後藤田正晴（一九一四〜二〇〇五）、野中広務《ひろむ》（一九二五〜）、古賀誠（一九四〇〜）といった「うるさ型」や「野人派」も順次姿を消し、すべて総裁派というか「総与党」になったことで「振り子の原理」も死語になってしまった。

高度成長への道――「神武景気」「なべ底不況」「岩戸景気」

直接的な政治の世界からは外れるが、経済面の話もしておこう。

一九五五（昭和三〇）年半ばから急上昇した景気好転を一般に「神武景気」と呼んでいるが、言いだしっぺは、一〇二ページのコラムのところでも触れたように、大宅壮一だとも太田薫だともいわれている。戦後の日本経済が復調へのきっかけをつくったのは朝鮮戦争に伴う日本への

「特需」だったわけだが、一九五五年体制や春闘のスタートと軌を一にするように景気は好転し、一九五七年には戦前水準と比較して鉱工業生産が三〇パーセントも上昇した。

それは、主として設備投資の増大によるものだった。鉄鋼、造船、石油化学、電気機械などの分野でエネルギー革命（石炭から石油へ）と並行して大規模な設備投資が活発化し、のちに「日本株式会社」と呼ばれるようになる大資本を原動力とした官民一体の経済活動が本格的に稼働しはじめた。

ただ、一九五八年は世界的な不況で、日本も「なべ底不況」に陥っている。しかし、一九五九年から一九六一年にかけての二年間は、「神武景気」を上回る好景気が到来した。有史以前から見ても記録的な好況だというので、それは「岩戸景気」と呼ばれた。

この好況の最大の特徴は、「神武景気」と同様に民間設備投資の増大に加えて、人手（とくに若年労働力）不足—賃上げ—完全雇用—消費ブーム—流通革命といった具合に日本経済全体が好循環で推移した点にあった。実質経済成長率は、一九五九年度が前年比一一・一パーセント増、一九六〇年度が同一二・一パーセントと二年連続の二桁成長だった。ちなみに、一九五九年度の国民総生産（ＧＮＰ）は、前年比一七・五パーセントと戦後最高を記録している。

神武景気の到来などにつれて家電製品の売れ行きが急増した。一九五六年ごろから電気洗濯機を筆頭に、電気掃除機、電気冷蔵庫といった「シロモノ家電」が好調な業績を上げ、マスコミはこの三つを「三種の神器」といってもてはやすようになった。神武景気にひっかけた言葉で、すぐさま流行語になったことはご存じのとおりである。

ただ、「三種の神器」の中身については、掃除機に代わってテレビを入れる説もある。とくに、一〇七ページのコラムで記したように、皇太子ご成婚パレードを前に家電メーカーやテレビ局が「パレードをお茶の間で」と宣伝したこともあって、テレビ本放送開始（一九五三年）当時は庶民にとって高値の花だったものが、急激に一般家庭へ普及していった。

それが一九六〇年代に入ると、三種の神器は「３Ｃ（カー、カラーテレビ、クーラー）」へと変化していった。一九六〇年代半ばには、セントラル・ヒーティング、クッカー（電子レンジ）、コテージ（別荘）という「新３Ｃ」なる表現も生まれたが、こちらのほうはあまり一般には浸透しなかった。

こうした電化製品、耐久消費財の普及は、日本社会に二つの現象をもたらした。一つは「隣の家がカラーテレビを買ったならうちも買おう」といった横並び意識が働いて生活面での中流意識が急速に浸透していったことである。

「国民生活に関する世論調査」（総理府、一九八二年）によると、昭和三〇年代半ばでは自分の生活程度を「中の中」と考えた層が三七～四一パーセントだったが、一九六四（昭和三九）年には五〇パーセント、一九七三（昭和四八）年には六〇パーセントをそれぞれ超えた。それとは対照的に、「中の下」意識は昭和三〇年代半ばの三〇パーセント台から昭和四〇年代には二〇パーセント台へと下がっている。総体的には八割を超す中流意識のなかでも、経済発展に伴い、中流意識のなかでのかさ上げ傾向が見られたわけである。

もう一つは、電化製品の普及で女性の家事時間が短縮化され、外に働きに出る女性を増やすことに大きく貢献したことである。「戦後強くなったものは女性と靴下」といわれた背景には、女性の経済力向上があり、それを並行的にサポートしたのが家電製品の普及であった。

日本人のダブルスタンダード

六〇年安保闘争、三池闘争と日本を二分した政治闘争・労使対決にもかかわらず日本経済は順調な躍進を遂げて、岸首相が退陣したあとの池田、佐藤両内閣での「高度経済成長」「奇跡的な日本戦後復興」に直結していく（次章参照）。その意味では、安保騒動中に岸が言った「都内を見てごらん。野球場は一杯だし、銀座通りも人でにぎわっている」との指摘は間違っていなかったといえよう。いわば、「政治への不満」「経済への希望」という二面性が当時の日本人に共通する心理だったのだ。もっといえば、それは敗戦直後の「控えめな天皇批判」「旧敵国のマッカーサー信奉」という二面性にも共通する心理かもしれない。

外国人から、「日本人は何を考えているのか分からない」という批評を聞くことがある。戦争中の「命を惜しまぬ特攻隊」「捕虜になったら常に自決を考える日本兵」「沖縄県民の玉砕行動」、そして戦後では「奇跡的なGHQの無血日本上陸」「鬼畜米英からギブ・ミー・チョコレートへ」「皇居遥拝からデモクラシーへ」などが理由である。純粋無垢な民族と思っていたが、実はダブルスタンダード（二重基準）の民族ではないか、というのが彼らの偽らざる感想であるようだ。

優れた日本分析をなしたルース・ベネディクト（Ruth Benedict, 1887～1948）は、名著『菊と刀』（長谷川松治訳、社会思想社、一九七二年）でこのダブルスタンダードに言及している。

すべての矛盾が、日本に関する書物のたて糸と横糸になるのである。それらはいずれも真実である。刀も菊も共に一つの絵の部分である。日本人は最高度に、喧嘩好きであると共におとなしく、軍国主義であると共に耽美的であり、不遜であると共に礼儀正しく、頑固であると共に順応性に富み、従順であると共にうるさくこづき回されることを憤り、忠実であると共に不忠実であり、勇敢であると共に臆病であり、保守的であると共に新しいものを喜んで受け入れる。（前掲書、六ページ）

日本人の「二つの顔」は国語政策にもあてはまる。元衆議院議員で歌人・俳人・書家の滝沢幸助（一九二五〜）が、「占領政策と国語政策」という興味深い一文を書いている。（雑誌「国語国字」二〇〇〇年一一月号）

宇野精一先生等が、国語審議会委員として日本語を守るために懸命に努められました。ところが、中には、困った人がいます。『路傍の石』の作者山本有三、この人は日本の文字は簡単なのがよい、などと言っています。私は短歌を作りますが、土岐善麿という人、自分の歌をローマ字で書いている。それは勝手です。この人は、日本は漢字、仮名を全部やめにして、ローマ字にすべきだと主張しているのです。また、これに呼応する人たちがいるのです。たとえば羽仁五郎、この人などは国語審議会の中で、ローマ字にしようと言って頑張る。

こうした考え方は幕末における前島密《ひそか》(7)の漢字廃止論ともつながっているかもしれないし、太平洋戦争に敗れたとき、「日本をハワイにつぐアメリカ合衆国の一州にしてはどうか」と提案した

(7)（一八三五〜一九一九）日本の官僚、政治家。日本の近代郵便制度の創設者の一人で、１円切手の肖像で知られる。

著名人の考えにも共通するに違いない。

筆者も一九九六年から国語審議会（現在は文化審議会）の委員を二年間務めたが、そのときの諮問事項は日本人の姓名をローマ字表記する際に、「名―姓」の順がよいか、「姓―名」の順がよいかというものであった。明治の欧化主義につれて姓名のローマ字表記も「名―姓」（Haruo Yamada）が次第に定着していったが、漢字表記では中国、韓国、ベトナムなど「姓―名」表記がなされていることもあり、日本の場合もローマ字表記は漢字表記と同様に「姓―名」（Yamada Haruo）にしてはどうかという答申になった。

このときの文部大臣は町村信孝（一九四四〜、前衆議院議長）で、答申を受けてすぐさま「Machimura Nobutaka」と名刺に印刷していた。だが、一般的にはどうであろうか。まだ「名―姓」でローマ字表記している人のほうが多いように思われる。文字の表記から国民性に至るまで、「伝統的な日本精神」と「国際感覚」が混在しているところに日本および日本人の大きな特徴がある。悪く言えば「いいかげん」、良く言えば「柔軟性に富んでいる」というのが、日本人の特性であろう。

第3章

高度経済成長の光と影

——所得倍増、公害多発

（1961年～1972年）

昭和39年11月10日　火曜日

東京新聞　夕刊

佐藤新首相が記者会見

所信を語る佐藤新首相＝首相官邸で

調和のある政治を
社会開発でひずみ是正

解散する必要はない

国際的発言
日韓、中共の

憲法、国民の立

東京新聞、1964年11月10日付

三井三池闘争、六〇年安保闘争という「対立の時代」が岸信介内閣の退陣とともに幕を下ろし、それ以後日本は、「低姿勢」「寛容と忍耐」（池田勇人首相）、「社会開発」「寛容と調和」（佐藤栄作首相）をキャッチフレーズとした「吉田学校」の優等生である池田、佐藤両内閣のもとで「経済中心」の「高度成長」へとひた走った。つまり、この時期は、「所得倍増論」「総中流意識」「日本株式会社」などといわれた時代である。

前述したように、一九六〇年に大学を卒業して新聞記者になった筆者は、一年間を群馬県前橋支局でカケダシ記者生活を送ったのち、一九六一年に社会部を経て政治部配属になった。池田内閣が発足して一年が経ったころで、信濃町にあった池田邸に毎日のように通って、終日にわたって内閣総理大臣の動静を追いかけるというのが主な仕事だった。

「池田邸に通う」といっても、先輩の派閥記者のように応接間や居間に通されて池田と直に懇談するというのではなく、庭の一角に建てられた木造二階建ての番小屋に待機して、訪問客の出入りをチェックするというのが新米政治記者の主な仕事だった。

「君たち、若い記者はもっと経済を勉強しろよ」

「俺のところに日経新聞の綴じ込みがある。それを届けるから経済知識を増やせよ」

池田は、時間があるときには番小屋に顔を出し、機嫌がよいと記者たちを池田邸の食堂に招き入れて懇談し、酒杯をかざしながらこのようにお説教をした。あぶった河豚《ふぐ》の干物などを肴に、ビール、日本酒、ウイスキー、ブランデーと次々に飲み干す池田の姿に、「さすが造り酒屋生まれは酒に強いなー」と妙なところに感心しながら、総理大臣の独演を聞いていた。ぎすぎすした六〇年安保時代の雰囲気が薄れ、豊かさを希求する気持ちが日本国内にじわじわと広がっていくことがトップリーダーの言動からも実感された。

一九六一年六月に行われた池田首相の訪米。ケネディ（John Fitzgerald Kennedy, 1917〜1963）米大統領とのヨット会談で貿易経済、教育文化、科学の三分野に関する日米合同委員会の設置が決まるなど、従来は防衛・安保に偏りがちだった日米関係が幅広い連携へ動き出すことを強く印象づけた。そして一一月には、日米貿易経済合同委員会の初会合が箱根で開催された。両国の閣僚たちが一緒に温泉に浸かって、友好を深めるという場

お酒の強かった池田勇人（写真提供：宏池会）

面も見られた。

下ネタになって恐縮だが、福永健司（一九一〇～一九八八）労相がホッジス（Luther H. Hodges, 1898～1974）商務長官と一緒に温泉に入ったあと、「彼のは驚くほどで大きかった」と漏らし、記者団の間では「ホッジズ・サイズ」という言葉がしばらく話題になった。当時は、政治家やジャーナリストの間でもこの種の話が日常会話のなかでもよく交わされていたが、なかでも読売新聞の渡邊恒雄は猥談の筆頭格だった。

下ネタ以外では、「池（池田勇人）は冷たい。向こう岸（岸信介）へ行きたい」と高橋等が入閣漏れしたとき、赤坂・弁慶橋にあった料亭「清水」の池に飛び込んで嘆いた話はうまくできすぎだが、政界関係者の間では長く伝わっているエピソードである。また、国会議事堂の廊下で、「まず鼻から見えたら成田知己《ともみ》（一九一二～一九七九・社会党）、歯から見えたら岸信介（自民党）、腹から見えたら綱島正興（一八九〇～一九六八・自民党）」などと口の悪い先輩記者から教わったこともある。

政治ジャーナリストとしての体験を積むにつれて内閣総理大臣の役割について思ったことの一つは、「時代の空気を変えて、国民に希望を与えることの大変さ」だった。人気取りの政策だけをやっていても、国家財政が破綻《はたん》すれば人気は帳消しになる。では、財布の紐を締めていれば国家は安泰かというと、そうでもない。ご存じのとおり、緊縮財政政策には国民のブーイングが集中する。

どんな総理大臣も、聴衆から何回ものアンコールやスタンディングオベーションをもらう名指揮者になろうと内心では思っているはずだが、そうやすやすなれるものではない。戦後日本の基礎を築いた吉田茂でも、最後は国民、野党だけでなく、与党の側近からも強まった批判・攻撃のなかで「勝手にしろ」といわんばかりにヤケくそになって退場した。また、発足当初は「今太閤」ともてはやされた田中角栄首相も、末期は金権・女性問題で集中豪雨的な批判にあい、本人は内心でカムバックを誓いつつ不完全燃焼のまま辞任している。

そんななか、時代の空気をガラッと変えて、引き際においても強いブーイングにあわなかった幸運な首相といえば池田勇人などごく少数である。それに比べると、佐藤栄作首相は在任七年八か月と最長不倒を記録したが、記者から見るとあまり面白味のある政権ではなかった。「沖縄返還」は確かに誇りうる実績だが、その背後では、日米繊維交渉とのバーターで「糸（繊維産業）を売って縄（沖縄返還）を買った」といわれた日米裏交渉が存在しているし、就任時の公約としてもっとも重視した「社会開発」も、公害の多発、高度成長に伴うひずみなどで看板倒れに終わった。にもかかわらず長期政権を維持できたのは、「早耳の佐藤」「待ちの政治」「秘密主義」と

（1）（一九〇三〜一九六五）第三次池田内閣、第一次佐藤内閣で法務大臣。

いわれた佐藤自身の政治スタイルと、ライバルだった池田勇人、河野一郎、大野伴睦といった実力者の相次ぐ死去、および民社党、公明党といった中間政党の側面援助があったからであろう。

退陣後に非核三原則の功績などでノーベル平和賞を授与されたが（一九七四年）、マスコミは終始、冷めた目で佐藤長期政権を報道していた。

池田内閣における「寛容と忍耐」と「低姿勢」

戦後の歴代内閣が「○○政権」といったようにキャッチフレーズを付けたり、付けられたりするようになったのは、一九六〇（昭和三五）年七月に発足した池田内閣が最初である。「寛容と忍耐」と「低姿勢」は、いずれも池田の側近であった前尾繁三郎（一九〇五～一九八一）、大平正芳、宮澤喜一と池田の秘書であった伊藤昌哉（愛称はブーちゃん・ⅳページ参照）らによって考案されたもので、池田自身が言いはじめたわけではない。

それまでの池田のイメージといえば、「貧乏人は麦飯を食え」「中小企業の一つや二つつぶれてもやむを得ない」（巻末の「付表2」参照）などの舌禍事件を起こした〝上から目線〟の政治家という印象だった。それだけに、六〇年安保闘争で「高姿勢」「対決姿勢」をむき出しにした岸前内閣のイメージを払拭《ふっしょく》するために、あえて「寛容と忍耐」と「低姿勢」を打ち出す必要があると大平官房長官（当時）らは考えたわけである。

加えて首相在任中は、①料亭には行かない、②ゴルフはしない、③昼飯はカレーライス、という決まりを自らに課しているが、これも大平の進言によるものだった。池田自身は、当初、こうしたキャッチフレーズや約束事が気に食わなかったようで、毎週末に出掛けた静養先の箱根・仙石原の近藤別邸（娘婿の別荘）では、ゴルフクラブを持ち出して庭で「バカヤロウ」と叫びながらボールを打っていた。また、池田の趣味だった庭石集めにおいては、東京・信濃町にあった私邸の庭で、どの石をどこへ配置するかなどと考えながら憂さ晴らしをしていた。

番記者たちは、首相になってからの池田を「伝書鳩」と呼んでいた。昼飯に官邸や国会記者会館に入っていた洋食店「スイス」のカレーライスを大平官房長官らと食べながら打ち合わせするときは別として、日程に隙間ができると、すぐに満枝夫人のいる信濃町の私邸に戻ってしまうからだ。そんな池田も、大平やブーチャン（秘書官）からの進言が次第に効いてきたのか、国会や記者会見では「私は嘘は申しません」と連発したり、首相官邸の記者クラブと毎月、炉辺談話《ろへんだんわ》風の記者会見に応じるようになるなど、「低姿勢」ぶりが板についてきた。

高度経済成長と相まって、六〇年安保当時の刺々しい世相は次第に影を潜め、岩戸景気による労働力不足で中学卒の若者たちが「金の卵」と呼ばれる時代になった。一九五六年からはじまった集団就職列車は一九六三年にピークを迎え、七万八〇〇〇人の中卒者が地方から都会に出て就職している。もちろん、大学卒業予定者への求人合戦も活発化し、一九六二年には「青田狩り」(各業界間の申し合わせに反して早めに入社試験を行う企業)という言葉が流行語にもなっている。

まさに、映画『ALWAYS　三丁目の夕日』(山崎貴監督、東宝、二〇〇五年)の風景である。また、老齢人口の増加に伴い一九六三年には老人福祉法が公布され、「老人の日」(一九六七年には「敬老の日」として国民の祝日になった)が設けられるなど、人口構造の変化に伴う施策もとられはじめた。

計画より早く達成された「所得倍増計画」

一〇年間で国民の実質所得を二倍にするという池田内閣の目玉政策、それが「所得倍増計画」であった。俗に「月給二倍論」という呼ばれ方もした。下村治(一九一〇〜一九八九・日本開発銀行理事)、高橋亀吉(一八九四〜一九七七・経済評論家)ら池田の経済政策ブレーンが立案した計画で、年間成長率を七・二パーセントと設定し、一〇年で国民総生産(GNP)を倍増させるという内容であった。[2] かつて、岸内閣当時(一九五九年)に経済企画庁計画局で構想され、経済審議会に諮問された同種の計画もあった。それが、一九六〇年七月の池田内閣発足直後に一体化されたわけである。

ちなみに、一九五九（昭和三四）年度の名目GNPは一三兆六〇〇〇億円で、国民一人当たりの所得は一二万円、実質成長率は一一・二パーセントであった。GNPという言葉自体がまだ一般大衆にはなじみがなかったときのことである。その意味では、「月給二倍論」といったほうが分かりやすいが、池田政権側には「単に月給だけでなく日本経済全体の規模を倍増したい」という思惑があって「所得倍増論」という表現になった。

堺屋太一(3)は次のように論評している。

「月給倍増」と「所得倍増」は、詳しくいうと内容が異なる。「月給倍増計画」は、個人所得を倍にするという身近な話であり、より大衆的である。だが、それだけに政治色が強く「安

(2)　当時は「Gross National Product＝GNP・国民総生産」という表現が一般的で、「Gross Domestic Product＝GDP・国内総生産」との表現は使用されなかった。
(3)　（一九三五〜）作家・評論家・元通産官僚・元経済企画庁長官・元内閣特別顧問。株式会社堺屋太一事務所および株式会社堺屋太一研究所の代表取締役社長。代表作として『油断』（日本経済新聞社、一九七五年）、『団塊の世代』（講談社、一九七六年）などがある。

保のアメ」と呼ばれやすい。これに比べて「所得倍増計画」はGNPを倍にするというだからはるかに総資本的である。池田勇人とそのブレーンの頭の中では、国民生活よりも国民経済があった。それだけに経済専門家でなければ議論できない複雑さがあった。いわば「尻尾が掴みがたい」のである。池田にとって幸いなことは、「55年体制」が確立、国民の多くが「会社人間」になっていたことだ。「所得倍増」は「月給倍増」以上に、経営者の、ひいては会社人間たちの支持を得た。（『日本を創った12人』PHP新書、一九九七年）

池田自身も、「月給を上げるのではなく、月給が上がるような経済成長を実現すべきである」と雑誌〈進路〉（一九五九年四月号「私の月給2倍論」）に書いている。

ともあれ、月給だけで見ると五年間で、GNPで見ると七年間で倍増が達成され、池田が目標に設定した「一〇年で倍増」は、より早く実現を見た。一九六二年一一月、西欧六か国を歴訪した池田首相をフランスの新聞〈フィガロ〉は、「池田は大国の首相らしい風格はない。トランジスターのセールスマンみたいだ」と評して池田を激怒させた。

やがて、「日本株式会社」とか「エコノミック・アニマル」という言葉が日本経済の急拡大を皮肉る表現として使われるようになり、欧米との経済摩擦が加速していった。もっとも、一九六五年にパキスタンのブット外相（Benazir Bhutto, 1953～2007・のちに大統領、首相）が記者会

Column 「三ちゃん農業」から「二ちゃん農業」へ

1962年５月、新産業都市建設促進法が公布され、10月の閣議で全国総合開発計画が決まった。全国を「過密・整備・過疎」の三地域に種分けして地域ごとに開発拠点を設定するという政策で、新産業都市に指定された15地区を中心に工業用地の造成が進んだ。その結果、専業農家では農作を両親や嫁に任せて、世帯主本人は収入のよい造成工業団地の従業員になるというケースが増えた。そして、1963年には兼営農家が全農家の４割に達し、「じいちゃん、ばあちゃん、かあちゃん」が主たる働き手となる「三ちゃん農業」となったわけである。

「所得倍増計画」によってもたらされた工業化、都市化の波は、やがて「かあちゃん」が抜けて、じいちゃん、ばあちゃんの「二ちゃん農業」に変質していった。主婦たちが工業団地や小都市の商店などに働きに出るようになって女性の経済力が強まった。同時に、大家族制度、長子中心主義、男尊女卑といった従来の風土が次第に崩壊し、「核家族」化が定着していった。

見で最初に使った「エコノミック・アニマル」とは、日本に対する賛辞だという説もある。それについて書かれているのが、以下の記述である。

「『日本人はエコノミック・アニマル』というのは、『日本人はこと経済活動にかけては大変な才能があるので、日本は将来立派な経済大国になるであろう』という意味なのである」（多賀敏行『「エコノミック・アニマル」は褒め言葉だった』新潮新書、二〇〇四年）

池田は所得倍増政策について、「社会党のように三つの卵を四人で分けるのではなく、六つにすることだ」と説明したこともあった。分配の平等性より成長のパイを拡大することを重視したのである。

チャンスの平等（自民党の考え方）か、結果の平等（社会党の考え方）か、という議論は、池田内閣当時から活発化するようになり、国民は成長路線の自民党に期待した。社会党が、経済政策面、その背後にあった「分配論争」でも自民党に勝てなかったことが自民一党支配の長期化を許す結果となった。

もちろん、拡大政策は光をもたらしただけでなく影の部分も広げた。東京オリンピックが開催された一九六四年、中小企業の倒産件数は約四一〇〇件と、前年の二・三倍にも達している。これは、人手不足に伴う人件費の増大や、金融引き締め政策が中小企業の経営を圧迫したからだった。この結果、東京への一極集中が激しくなり、地方における過疎問題が深刻化していくことになったことはご承知のとおりである。

「人つくり国つくり」と「期待される人間像」

所得倍増計画の早期達成を成し遂げた池田内閣は、次の大きな国家目標として「人つくり国つくり」を掲げた。そして、一九六二年の参議院選挙の遊説で池田首相は、「わが国の経済は大変成長した。失業はなくなり、国民所得は増えた。所得倍増自体が目的ではない。人つくり、国つくり、国民生活をよくして立派な国をつくり上げることが目的であって、所得倍増はその方法だ」と強調した。

このころのことだが、首相官邸クラブ（正式名称は「内閣記者会」または「永田クラブ」）で大平官房長官番をやっていった筆者は、当時、駒込林町にあった大平の家に毎晩のように夜回りをかけた。団子坂を上って右手の、庭に大木が繁る家だった。当時から大平は多弁ではなく、記者泣かせの面もあったが、帰りに「また来いよ」と笑顔で送り出してくれると、次の日も出掛けていった。しかし、特ダネが出ることはなかった。ただ、池田の「人つくり」に関連して、一面ネタ（新聞の一面を飾る記事）をもらったことが一回だけある。

「人つくりの具体化に関して学者の意見を聞くことを考えていますか」と私が聞いたら、さらっと「近く国立大の学長クラスに集まってもらうことを考えている」との答えが返ってきた。ほかに何人かの記者がいたが、さりげない言い方だったのでみんな聞き流してしまったのかもしれない。翌日の朝刊に、「池田首相、東大学長らから意見聴取、人つくりで」との記事が載ったのは東京新聞だけだった。

池田が目指した「人つくり国つくり」とは、いったいどんなイメージだったのだろうか。一九六三年一月の通常国会における施政方針演説では、次のように言っている。

「真の自由を体得した近代的市民生活の秩序を確立し、もって福祉国家の建設に努めなければならない」

「輝かしい歴史を生み出すのは、世界的視野に立ち活発な創造力と旺盛な責任感を持った国民であります」

「人つくりの主たる対象は将来を担う青少年であります」

「自らの責任を果たしうる自主性を養い、祖国の伝統に培われた豊かな創造力を十分発揮して、わが国の繁栄と世界平和に貢献しうるよう願うものであります」

戦後、話題になった人間教育関連の著作としては、池田潔(慶応大学教授)の『自由と規律』(岩波新書、一九四九年)、唐沢富太郎(東京教育大学教授)の『理想の人間像』(中央公論社、一九六四年)などがある。唐沢は日本の教科書に見る「理想の人間像」として、①豊かな人間性、②職業への誇り、③社会連帯感、④社会正義、⑤公正な民族愛、祖国愛、⑥世界人としての国際的視野——をもった人間と列記している。政治家だけでなく、学者や評論家たちも世の中が落ち着くにつれ、日本人のあり方に目を向けはじめていた。

一九六二年一〇月に「国つくり懇談会」、同一二月に「人つくり懇談会」がそれぞれ発足した。しかし、答申を得る前に、池田は喉頭がんで辞任している。「期待される人間像」という答申が中央教育審議会（森戸辰男会長）から提出されたのは、佐藤栄作内閣になってからの一九六五年一〇月のことだった。

答申は「日本人にとくに期待されるもの」として、「個人」としては、①自由である、②個性を伸ばす、③自己を大切にする、④強い意志を持つ、⑤畏敬の念を持つ――ことを列挙している。また「家庭人」としては、①家庭を愛の場にする、②家庭を憩いの場とする、③家庭を教育の場とする――ことを強調。さらに「社会人」としては、①仕事に打ち込む、②社会福祉に寄与する、③創造的である、④社会規範を重んずる――と列記したうえで、「国民」として、①正しい愛国心を持つ、②象徴に敬愛の念を持つ、③優れた国民性を伸ばす――ことを重視している。

いずれも「ごもっとも」という感じだが、答申を受け取った佐藤は、もはや前内閣が諮問した「人つくり」には関心を示さず、「期待される人間像」に代わって「社会開発」「人間開発」を強調した。より強く佐藤色を出したかったのであろう。

総裁選挙の「ニッカ」「サントリー」「オールドパー」

一九六四（昭和三九）年七月、文京公会堂で開かれた自民党大会で、池田首相は対抗馬の佐藤栄作、藤山愛一郎（八二ページ参照）を破って総裁三選を果たした。池田二四二票、佐藤一六〇票、藤山七二票で、池田は勝ったものの過半数を上回ることわずか四票というきわどい勝利だった。

このとき、池田、佐藤両陣営が使った資金が一〇～一二億円、藤山も一億円以上といわれている。公職選挙法が適用されないことをいいことに、各派とも一本釣りに出たわけである。とくに三木派など総裁候補をもたなかった中間派の若手議員が狙われ、居場所を極秘にする代議士もいた。二派から金をもらった議員は「ニッカ」、三派からもらった議員は「サントリー」、三派からもらったが、投票は確約せず、ムダ金に等しかったというのが「オールドパー」といわれたほか、「忍者」という言葉も使われた。

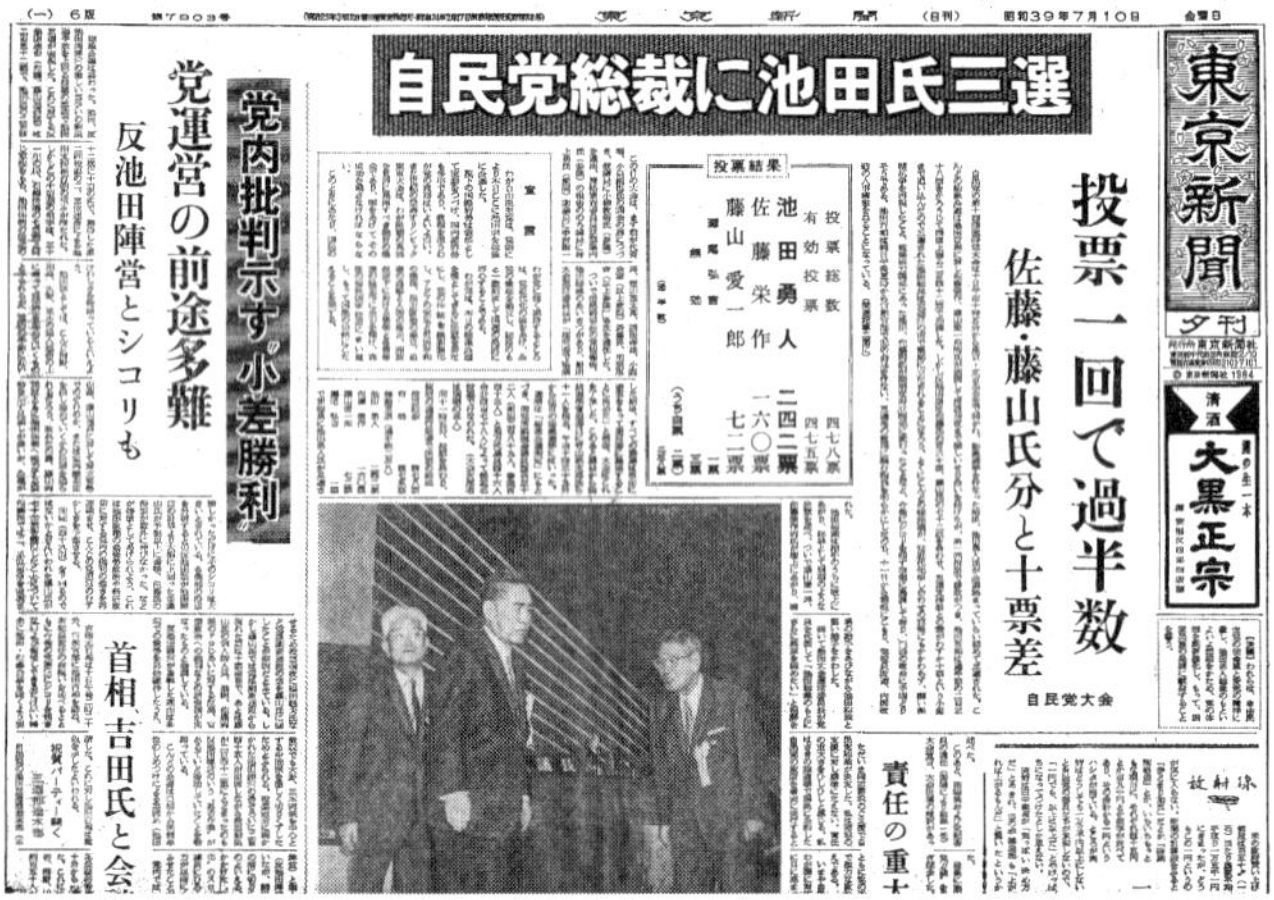

東京新聞 夕刊

昭和39年7月10日 金曜日

自民党総裁に池田氏三選

投票一回で過半数

佐藤・藤山氏分と十票差

自民党大会

投票結果

投票総数 四七八票

有効投票 四七五票

池田勇人 二四二票

佐藤栄作 一六〇票

藤山愛一郎 七二票

党内批判示す"小差勝利"

党運営の前途多難

反池田陣営とシコリも

首相、吉田氏と会

責任の重大

清酒 大黒正宗

東京新聞、1964年7月10日付夕刊

とくに若手議員の多かった三木派は、池田、佐藤両陣営から狙い撃ちにされ、領袖の三木武夫が監視していたが、その目をくぐって雲隠れをした若手もいた（この議員は後年、衆議院議長になっている）。また大野派は、親分の大野伴睦が総裁選直前の五月二九日に死去したこともあり、切り崩しを防ぐため公選前夜に合宿体制を取って池田支持を確認したほか、投票にあたっては「池田」と書いたことを議員同士で見せあったりもしている。とはいえ、二九人の大野派で半数近くの一三人は見せあいを避けた。

その一人であった福永一臣（一九〇七〜一九八二・衆議院建設委員長）は、大野派総会で「一七年間、大野先生の下にいたが、奴隷解放のときだ。大野トンネルを抜け出て大空のもとで快適な気分だ」と挨拶し、話題になった。

昭和39年10月26日　月曜日
東京新聞
朝刊
池田首相、辞意を表明
政務に専念できぬ
首相、病床で談話
急ぎ後継者選考を
党総裁も辞任
後継決定、話し合
候補に佐藤、河
早期解散
首相の決意をほめる
唐島基智
円滑な後継決
七月公選の

東京新聞、1964年10月26日付朝刊

一方、河野派では事前に特別なボールペンを配り、それで記入することを申し合わせた。あとで筆跡鑑定すれば分かるというので、河野派の締め付け策にもなった。ともあれ、このときのバラマキ総裁選挙が前例になって自民党の金権腐敗体質は急速に進み、後年のリクルート事件、ロッキード事件、ダグラス・グラマン事件といった一連の汚職事件を生む下地にもなっていった。

所得倍増計画の達成、世界最初の一〇〇〇万人都市（東京都）の誕生、東京オリンピック、東海道新幹線、モノレール羽田線、名神や首都高速道路の開通など国民の夢を次々に達成していった池田内閣だったが、総裁三選を果たした二か月後の一九六四年九月、池田は喉の痛みを訴えて国立がんセンターに入院した。「前がん症状」という診断だった。

相当期間の療養が必要という医師の判断から、オリンピックの聖火が消えた翌日の一〇月二五日、池田は辞意を表明した。この「前がん症状」という言葉は、医師団と前尾や大平ら池田側近による造語である。すでに、池田は喉頭がんだった。政治家の病気は、政界への影響や世間体をつくろって嘘の発表が行われることがある。「前がん症状」は、その代表例だった。

後継には池田の指名で佐藤栄作に決まり、官房長官を除いて全閣僚留任のまま一一月九日、佐藤内閣が誕生した。

佐藤内閣での「沖縄密約」と「西山事件」

念願の政権を手にした佐藤栄作が、まず取り組んだのは沖縄返還問題だった。いつから佐藤の頭に「沖縄」が去来したかは明確でないが、楠田実首席秘書官（一九二四～二〇〇三・元産経新聞政治記者）らによるＳオペレーション（佐藤の政策づくりをした私的グループ。Ｓは佐藤の略）の討議過程でも、「日米の交渉で施政権返還を文書をもって正式に米国に要求する」ことが盛り込まれた。ただ、池田三選阻止に立ち上がった総裁選では、これを文書としての公約にはしていない。記者会見（一九六四年七月四日）では次のように述べている。

（自分が首相になったら）ソ連には南千島、アメリカには沖縄の返還を積極的に要求する。領土問題が片付かないと「戦後は終わった」とか、日米パートナーシップの確立とか、ソ連との平和外交の推進とかはいえない。池田内閣が沖縄の返還を正式にアメリカに要求したのを聞いたことがないが、私がもし政権を取れば、いずれアメリカに出かけてジョンソン大統領に対し正面からこの問題を持ち出すつもりだ。

当時、沖縄返還は日本国内挙げての政治課題になっていたわけではない。それにあえて挑戦した佐藤の政治的な勘は、いったいどこから来たものだろうか。政治上の師である吉田茂がサンフランシスコ講和条約で日本の独立回復を実現したが、北方領土と沖縄については触れずじまいだった。北方領土については鳩山一郎内閣当時にチャレンジしているが、沖縄はまったくの手付かずであった。それをやることが自分の政治的使命と、佐藤は考えたのではないだろうか。

首相就任後の初仕事として佐藤は、一九六五年一月、訪米してジョンソン大統領（Lyndon Baines Johnson, 1908～1973・第三六代）との会談で沖縄問題をもち出した。このときの共同声明では、佐藤首相が「早い機会に日本に返還されるようにとの願望を表明」し、米大統領が「日本政府および国民の願望に対して理解を示し、極東における自由世界の安全保障上の利益が、この願望の許す日を待望していると述べた」ことを明記した。返還交渉がはじまった瞬間である。

同年八月一九日、佐藤は沖縄を訪問し、那覇空港で後世に残るメッセージを発表した。「沖縄の祖国復帰が実現しない限り、わが国にとって『戦後』が終わっていないことをよく承知しております」

第2章の「『戦後』から『もはや戦後ではない』」で触れた、あの言葉である。声明は、橋本登美三郎（一九〇一～一九九〇）官房長官らが中心になってまとめたとの説が強い。

沖縄返還交渉が具体的な前進を見たのは、一九六七年一一月一四、一五の両日の第二回佐藤・

ジョンソン会談だった。この日米首脳会談で「一年以内」の小笠原諸島返還が決まり、沖縄返還の時期についても「両三年内に合意したい」との日本側の希望が共同声明に盛り込まれた。このあたりから佐藤の「密使」としての若泉敬《けい》（一九三〇〜一九九六・京都産業大教授）の活躍が目立ってくる。

　コード・ネーム「ミスター・ヨシダ」。吉田元首相を想起させるような偽名を使って、若泉は佐藤と米首脳とのパイプ役を果たした。もとより外部には極秘で進められたが、「両三年内」という表現は、佐藤自身が強く米側に働きかけるよう若泉に指示していた一つだった（若泉敬『他策ナカリシヲ信ゼムト欲ス』新装版、文芸春秋、二〇〇九年）。佐藤は、第一回首脳会談の際にジョンソン大統領が「二、三年もしたら

朝日新聞
夕刊
沖縄、返還へ継続協議
小笠原返還は一年以内
首脳会談終え日米共同コミュニケ
時期、明示できず
一体化に三者諮問委
「安保」堅持で一致
三年内に返還メドを　首相強調
住民は平静
沖縄　野党各派
「実質的
「ベトナム

朝日新聞、1967年11月16日付夕刊

返還しても」というニュアンスの発言をしたことを忘れていなかったのだ。

「核抜き本土並み返還」、これが佐藤の基本姿勢でもあった。一九六八年一一月の自民党総裁選で、対抗馬の一人である三木武夫が「沖縄基地の態様は本土並みを期して交渉すべきだ」とあったのを受けて、佐藤も最終的に「核抜き」「本土並み」の対米方針を取らざるを得なくなった。同じころ米国では、共和党のリチャード・ニクソン（Richard Milhous Nixon, 1913～1994・第三七代）が民主党のハンフリー副大統領（Hubert Horatio Humphrey, Jr. 1911～1978）に勝利して新大統領に就任し、佐藤・ニクソン両首脳の決断に焦点が集まった。

そこで、二つの問題が生じた。一つは、米繊維業界の意を受けて、新大統領は「沖縄」と同等に「繊維」の決着を対日要求として突きつけてきたことである。もう一つは、「核抜き」という日本側の主張を実体的には形骸化することであった。そのいずれもが、「密約」として処理されることになった。

ニクソンの代弁者は、「ドクター・ジョーンズ」というコード・ネームのキッシンジャー大統領補佐官（Henry Alfred Kissinger, 1923～）だった。一一月一九～二一日の日米首脳会談を経て発表された共同声明では、沖縄返還を一九七二年中に実現することが盛り込まれた。佐藤は一九日の日記に、「大成功。本土なみ核抜きが実現、ほんとに有難う」（『佐藤栄作日記』第三巻、朝日新聞社、一九九八年）と書いている。

だが、共同声明（第８項）では、「総理大臣は、核兵器に対する日本国民の特殊な感情及び、これを背景とする日本政府の政策について詳細に説明した。これに対し大統領は、深い理解を示し、日米安保条約の事前協議制度に関する米国政府の立場を害することなく、沖縄の返還を右の日本政府の政策に背馳しないよう実施する旨を総理大臣に確認した」となっており、正確には「本土並み核抜きが実現」したのではなく、日米双方が都合よく解釈できる玉虫色のものだった。

そのため、キッシンジャーと若泉は第一回首脳会談後にニクソンがさりげなく佐藤を別室に誘い、そこで「秘密合意議事録」に両首脳が署名する段取りを事前に取り計らい、事実そのように運ばれた。先ほど参照した、一九九四年に若泉が発表した著作『他策ナカリシヲ信ゼムト欲ス』によれば、有事の場合は沖縄への核持ち込みを日本が事実上認めるという内容となっている。二〇〇九年一二月、佐藤邸で秘密議事録の現物が発見され、大きな話題になったことも記憶に新しい。

一方、ニクソンがこだわった日米繊維交渉の打開に関しては、首脳会談において「年内決着」で密かに大筋合意した。しかし、日本側が国内の繊維業界対策に手間取ったため年明けにもち越された。二〇一四年に公表された外務省の外交文書によれば、ニクソンは一九七一年三月、「失望と懸念を隠すことができない」という内容の書簡を佐藤に送っている。「密約」を日本側が実行しないことへの不満表明だが、結局、田中角栄通産相が国内繊維業者の損失補てんを行うことで同年秋に決着をつけている。

この年の七月、キッシンジャーは極秘に訪中して周恩来（一八九八〜一九七六）中国首相との会談を行い、「一九七二年五月までにニクソン大統領の訪中」で一致し、世界中を驚かせている。また八月一五日には、ニクソンが金とドルの交換停止などドル防衛策を発表し、「ニクソン・ショック」として東証株価の大暴落を招来した。

こうした米政府の重大決定が事前に時間的な余裕をもって日本に伝えられなかったのは、一九七一年中の決着という「繊維密約」を佐藤内閣が守らなかったことへの米側のしっぺ返しではないかとの見方がある。筆者も、大いにあり得ることだと思う。

実際には、一九七一年七月一五日、ニク

日本武道館で行われた沖縄返還式典（撮影：久保田富弘）

ソンが訪中の記者会見をする直前に滑り込みでロジャーズ国務長官（William Rogers,1913～2001）から牛場信彦（一九〇九～一九八四）駐米大使に電話があった。かつて朝海《あさかい》浩一郎（一九〇六～一九九五・元駐米大使）をはじめ親米派の外務官僚たちは、「日本の預かり知らぬうちに頭越しに米中が手を握る悪夢」を強く懸念していた。それが現実になった佐藤内閣が、いかに驚愕し、ショックを受けたか、想像に難くない。

沖縄関連のもう一つの密約は「西山事件[4]（外務省機密漏えい事件）」と呼ばれている「沖縄返還時の原状回復補償費の肩代わりに関する密約」である。毎日新聞政治部の西山太吉（一九三一～）記者が、外務省・安川壮審議官付きの事務官・蓮見喜久子を通じて極秘扱いの公電を入手し、そのコピーが社会党の横路孝弘議員の手にわたった。一九七二年三月、横路は国会の質疑で佐藤首相に「密約」の存在を認めるよう迫った。そして四月、女性職員は電文流出を認め、国家公務員法違反容疑で西山記者とともに逮捕・起訴された。

毎日新聞は「国民の知る権利への侵害」として強く抗議したが、東京地検特捜部の起訴状で同記者が女性職員との男女関係を利用して公電漏えいを教唆したと告発したことから、世論の空気はガラッと一変した。「密かに情を通じ、これを利用して」という起訴状の表現が、流行語にも

（4）　本来、米側が払うべき四〇〇万ドルを日本が肩代わりするとの密約。

なっている。また、この事件をモデルにした山崎豊子の小説『運命の人』（文藝春秋社、二〇〇九年）がベストセラーになり、二〇一二年にはテレビドラマ化（ＴＢＳ）もされている。

筆者は、政治記者時代に憲法調査会の取材や外務省クラブ、さらには宏池会担当として西山記者の素顔に接していた。訴訟の行方とは別に、個人的な感想を述べておけば、「密約の存在と内容をもっと毎日新聞に書くべきではなかっただろうか。そうしておけば、〝情を通じ〟という検察の作戦を〝知る権利〟で跳ね返すことができたかもしれない」と思っている。

朝日新聞の三浦甲子二、読売新聞の渡邊恒雄、毎日新聞の西山太吉らは、政治家たちからも恐れられる「コワモテ」記者であり、特ダネ記者でもあったが、西山事件にかぎれば、四〇〇万

毎日新聞 夕刊 昭和47年（1972年）4月15日（土曜日）

国公法違反で起訴

西山記者と蓮見元事務官

〝機密文書〟漏らす

西山記者は「そそのかし」

起訴理由

〝機密〟の判定が焦点に

本質は「知る権利」

起訴状は法とモラルを混同

西山記者弁護団が見解発表

蓮見さんを釈放

これ以上捜査せぬ 神谷検事正

毎日新聞、1972年４月15日付

ドルの肩代わりに関しては「特ダネ」を記事にしていないに等しい。そして、入手した機密公電のコピーを社会党議員に手渡し、結果的に国会での佐藤政権攻撃に利用されたことから「知る権利」がどこかに吹っ飛んでしまったのである。

女性事務官の上司・安川審議官は、池田内閣当時の大平正芳外相ときわめて親しい関係だった。佐藤首相は第二次内閣で大平を通産相に起用したが、内閣改造で留任必至と見られていたところを宮澤喜一に替えてしまった。「佐藤と大平はそりが合わない」と、政界では評判になった。西山記者は大平家とは親戚筋にあたる。そんなことから佐藤は、西山の背後に大平がいて、そこに社会党も絡んでの倒閣運動に動いていたのではないかと疑ったふしがあったということだ。

大平という政治家は、クリスチャンで人格的にも尊敬できる政治家だが、どういうわけか「大平クーデター」が何回か取沙汰されている。筆者の知るかぎりでも三回ある。

第一回は、一九六二年七月、池田内閣の官房長官時代である。内閣改造にあたり、池田から素案づくりを命じられた大平は閣僚名簿をつくったが、蔵相と外相は空欄にしておいた。だが、思惑は「大蔵大臣・田中角栄、外務大臣・大平正芳」だった。大野伴睦、川島正次郎、河野一郎といった実力者に相談なしの人事案だったから、「大平・田中クーデターではないか」と党内からは不評を買った。

このときの経緯について森田一（一九三四～・大平の娘婿、元運輸相）は、大平没後に興味深いエピソードを披露している。大平の指示で、五〇〇〇万円を菓子折りに詰めて、マスコミなど人目に付かないように目白の田中邸の塀を大平と二人でよじ上って届けたというのだ。

「角さんが大蔵大臣をやってくれるかどうかが肝心で、（中略）五〇〇〇万円というのは結局、そういう構想にお前も賛成してくれよなという挨拶料みたいな感じ」（森田一『心の一燈』第一法規、二〇一〇年）だったということだが、このときの内閣改造後に池田は、大平が分派活動をするのではと懸念してか、一時、大平を出入り禁止処分のようにして避けていた。

二回目は、宏池会の会長問題で前尾繁三郎と大平が対立したときである。佐藤栄作総裁の三選阻止に出馬した前尾だったが、宏池会の会長にしては政権欲が足りず、佐藤にいいように利用されていると、田中六助（一九二三～一九八五）ら大平直系の中堅・若手議員がクーデターを起こした。鈴木善幸の調整もあって、前尾は一九七一年に会長を大平に譲ったが、二人の間には深い溝が残った。

三回目は、一九七四年、田中首相が金脈問題で辞意表明をした直後の「田中後継」選びの際だった。自民党副総裁の椎名悦三郎（六九ページの注参照）が調整役を務め、最終的には椎名裁定で三木武夫を指名するのだが、途中で大平が椎名を激怒させた場面があった。田中が密かに「椎名暫定政権」という構想を抱いたことがあり、それを知った大平が「行司役がまわしを締めることはいかがか」という表現で椎名に釘を刺したからである。

歴史に「if」は禁物だが、「椎名暫定」に党内挙げて賛成だったら、三木政権は誕生していなかった。このとき「後継総裁は公選で」と主張していた大平は党内的に孤立していたが、椎名つぶしは明らかに大平が仕掛けたクーデターであった。

話が密約問題から脱線したが、一九七八年、大平が首相に就任してから二年後に病死するまで終始気にかけていたことの一つに「核持ち込み密約」の公表問題があった。一九六〇年の安保改定時にいわゆる「事前協議」制度が導入され、米軍の「日本国への配置における重要な変更」「装備における重要な変更」「日本国から行われる戦闘作戦行動」に際しては、日本政府と事前協議することが米政府に義務づけられた。当然、核兵器の配置はこの事前協議の対象になるわけだが、ここにも日米密約が存在していた。

一九六〇年一月、藤山愛一郎外相とマッカーサー駐日米大使との協議に基づき、事前協議の対象となる核兵器の日本持ち込み（イントロダクション）とは「配備や貯蔵の場合に限定される」とされた。また米政府は、終始、「核の存在自身を明らかにすることは核兵器の威力を他国に知らしめることになるので、イエスともノーとも言えない」という態度をとってきた。

その事前協議制をめぐって問題が生じたのは、池田内閣当時の一九六三年一月、ライシャワー（Edwin Oldfather Reischauer, 1910～1990）駐日米大使が原子力潜水艦の日本寄港を大平外相に申し入れてきたときだった。日本政府は原則的に寄港を了承するが、同時に池田は国会で「核弾頭を持った船は、日本には寄港してもらわない」とも答弁した。そこで、四月四日に大平・ライシャワー会談がもたれ、イントロダクションには「寄港は含まない」、したがって「事前協議の対象ではない」ことが再確認された。

佐藤内閣になり、沖縄の「核抜き本土並み」返還に関連して、一九六七年一二月一一日の衆議院予算委員会で佐藤は、「核兵器を作らず、持たず、持ち込ませず」という、いわゆる「非核三原則」を初めて言明した。

森田の前掲著書によると、「晩年まで大平の頭にあったのは、非核三原則のうち『持たず』『作らず』はいいとして、『持ち込ませず』というのは米軍の『イントロダクション』との関係で無理なので、二・五原則だと。二・五原則で『イントロダクション』について国民の理解を取らなければいけないという意識がずっとありましたよ」という。

沖縄返還交渉で佐藤を極秘裏にサポートした若泉敬も、「核抜き本土並み」返還が看板倒れの日米密約に加担したことを沖縄県民に詫びて、前掲した『他策ナカリシヲ信ゼムト欲ス』（核密約の真実）を公表したのちに自殺している。

ジャーナリストとしてより、一国民という立場で筆者なりの結論を記せば、本当に「核抜き返還」を最後まで貫き通そうと思ったら、米側も返還をもっと遅らせたか、返還そのものを渋ったに違いないと思う。あの時点での佐藤首相の建前（早期返還）と本音（日米密約）の使い分けは、

Column　サラリーマンが怒る「クロヨン」と「トウゴウサン」

団塊の世代以上の方はご存じであろう。ともに税負担の不公平さを象徴する言葉で、1966年頃から流行語になった。一般的なサラリーマンの場合は、給与から自動的に税金が天引きされる源泉徴収によって所得税などが納付されている。この制度は、戦費調達の目的もあった戦争中の1940年からはじまり、現在も続いている。つまり、給与所得者の場合は、所得の９割が税務当局に捕捉されているわけだ。それに対して、事業所得者（中小企業、商店主、自由業）の所得捕捉の度合いは収入の６割、農業所得者は４割程度ということで「9《ク》・6《ロ》・4《ヨン》」ないしは「10《トウ》・5《ゴウ》・3《サン》」といわれた。

1969年には中村武志（1909〜1992・『小説　サラリーマン目白三平』で有名）や経済学者の青木茂（1922〜）を中心にして「全国サラリーマン同盟」が結成され、さらに1983年の参議院選挙のときには「サラリーマン新党」を結党して「クロヨン」撤廃を訴え、青木らが２議席を獲得している。

国税当局は所得捕捉に不公平はないと否定し続けているが、筆者が1980年時点で調べたところでは、給与所得者（サラリーマン）90.5%に対して事業所得者37.5%、農業所得者9.8%であった。「クロヨン」というよりは「9《ク》・4《シ》・1《ピン》」である。

また、税務当局が国民所得を正確に捕捉していれば、経済企画庁（当時）の「国民所得統計」と国税庁の「税務統計」の数字が一致するはずだと思い、その誤差も調べてみた。その結果、給与所得者の場合は、国民所得統計が105兆3,800億円、税務統計が104兆3,830億円と99.4%合致しており、誤差は0.6%である。それに対し事業所得者の場合は、国民所得統計が13兆2,450億円に対して税務統計では10兆2,710億円で、77%の一致度で誤差23%となっている。さらに、農業所得者では国民所得統計が３兆710億円に対して税務統計は602億円と一致度は19%にすぎず、誤差81%となっている。俗に「トウゴウサン」ともいわれるが、実態は「10《ト》・8《ハ》・2《ニ》」であった。

やむを得なかったのではないか。ただ、永久に「密約」扱いでよいとは思わない。やはり、適当な時期（外交文書の公開は三〇年後というのは長すぎるが）に国民の知る権利にこたえる意味でも、秘密文書の公表と経過説明に踏み切るべきであったろう。

大平のように、いかに国民に公表するかに悩むことも日本国の宰相の姿であってほしい。日米政府間の密約が首相私邸で保管されていたのも解せぬことで、外務省は、都合の悪い文書であってもきちんと政府機関で保管しておく癖をつけるべきではないか。

佐藤内閣時代に、「非核三原則」に先立ち「武器輸出三原則」があったことも付記しておこう。一九六七年四月二一日、佐藤首相が衆院決算委員会で明らかにした三方針がそれである。「共産圏諸国向け」「国連決議により武器等の輸出が禁止されている国向け」「国際紛争の当時国又はそのおそれがある国向け」には武器の輸出を認めないという内容である。

一九七六年、三木首相は「前記以外の国にも輸出を慎む」と答弁しているが、二〇一四年、安倍首相は三原則のうち「国連禁輸国」は維持するが、「共産圏」「国際紛争当事国」への禁輸は削除すると、武器輸出三原則のなし崩し的な解消に動いた。

佐藤内閣における「黒い霧解散」

昔も今も、政治家という人種はさまざまな話題を提供してくれるものだ。その代表的な例が以下の二つである。

一九六六年八月、運輸大臣に就任した荒船清十郎（一九〇七～一九八〇・自民党）は、同年一〇月からの国鉄ダイヤ改正を前に、選挙区（埼玉県）がある深谷駅に急行列車を止めて欲しいと国鉄幹部に注文をつけた。その結果、ダイヤ改正で急行停車が実現した、と新聞にすっぱ抜かれた。荒船は「急行の一本や二本停車させても不思議はない。私のいうことを国鉄が一つぐらい聞いてくれてもいいじゃないか。何で悪い」と開き直ったが、マスコミからの攻勢に「一世一代の不覚」と陳謝し、辞任した。

続いて、上林山栄吉防衛庁長官が大臣就任後のお国入りに統幕議長ら自衛隊幹部を引き連れて自衛隊機で選挙区の鹿児島入りし、市内パレードを行った。社会党など野党側は、自衛隊機の使用は国費の乱用だと追及した。さらに、松野頼三農相が日加閣僚会議の帰途、ラスベガス、アカプルコなどへの観光旅行を官費払いとしたことも問題になった。

こうした閣僚たちの不祥事を総称して、マスコミは「黒い霧」事件と呼んだ。だが、野党やマ

Column 「モータリゼーション」が生み出した「交通戦争」

日本の主要輸出品目として「日米自動車摩擦」になったほど、日本の乗用車の素晴らしさは世界に知れわたっている。だが、戦前・戦後を通じて初めから日本車の性能やスタイルがよかったわけではない。戦前、岸信介商工相は、「日本製トラックが壊れやすいから、日本軍は米国製を使うべき」と言っている。

官民挙げて本格的な国産車づくりに着手したのは、昭和30年代になってからのことである。通産省（当時）が1955年に、価格25万円、最高速度100キロ／時間以上、４人乗り、燃費30キロ／ℓを基準とする「国民車構想」を発表した。日産自動車が1958年８月１日に「ダットサンブルーバード」を発売し、マイカー元年の先駆けを切った。トヨタの「パブリカ」「トヨペットコロナ」、日産の「ブルーバード」「サニー」、富士重工の「スバル360」など大衆の人気を博した新車が続々と登場し、1967年には国内の自動車登録台数が1,000万台を突破した。東京オリンピックを契機にして道路整備が急速に進んだことも、モータリゼーションを加速させる大きな要因となった。

その半面、交通事故も急増し、「交通戦争」という言葉も生まれている。1965年の東京都内における交通事故の死傷者は約57,400人に及び、日清戦争の死傷者（約21,000人）を抜いて、日露戦争の死傷者（約73,000人）に迫ろうとしていた。毎日40人近くが交通事故で命を落とし、約1,200人が大怪我をするといった具合で、当時「ベトナム戦争以上の交通戦争」といわれた。

たまりかねた佐藤内閣も1965年３月に交通安全国民会議をスタートさせ、交通安全行政の強化に乗り出している。東京新聞でも「ゆがんだ自動車時代（交通安全の人間学）」という企画を30回にわたって連載し、マイカー族の注意を喚起した。つまり、いかに事故を減らすかのキャンペーンに取り組んだわけだが、この企画チームに参加した筆者の結論は、「自敬互重」の交通社会人を育てるべきだということであった。

スコミの佐藤内閣批判にもかかわらず、佐藤には致命傷とはならなかった。同年一二月一日に行われた自民党総裁選で、佐藤栄作は藤山愛一郎らを大差で破って総裁再選を果たし、直後の内閣改造で体制固めを図った。

年をまたいで一九六七年一月二九日に行われた第三一回衆議院選挙でも、「黒い霧解散」という逆風のなかで自民党は安定多数を維持した。この選挙では、公明党が二五議席を獲得して初めて衆議院に進出して多党化時代を迎えた。自民党の根強さは農村部を中心に中選挙区制の下で同士討ちをしながらも活力を発揮したことにあった。選挙民も「党より人」という従来の日本型選挙風土になじんでいた。

当時、「黒い霧」事件で運輸相を辞任した荒船から直接聞いた選挙運動の話がいまも耳に残っている。

「深谷をはじめ自分の選挙区を隈なく歩くときには、必ず車にたくさんのネクタイを積んでいくんだ。田んぼで働いている農夫に近づいて『よろしく頼みます』と頭を下げながら、首からネクタイをはずして進呈する。『先生愛用のネクタイをいただいて』と恐縮して、荒船票は固まっていく。車に戻ったらまた新しいネクタイを首に締めて、次の選挙民を探す。ネクタイを締めては進呈し、進呈したらまた別のネクタイを締めて。その繰り返しだ。ただ手渡しするのでは有り難みがない。この荒船が締めているネクタイを差し上げることが票につながるんだ」

大雑把に見えて、選挙運動となると実に細やかな計算をする。深谷駅への急行停車という「黒い霧」事件も、そうした荒船の選挙戦術の一環だったのであろう。

佐藤首相を脅かした「革新都政」と「都庁赤旗論」

一九六七年四月の東京都知事選挙で、社会、共産両党推薦の美濃部亮吉（一九〇四～一九八四・東京教育大教授）が自民、民社両党の推す松下正寿《まさとし》（一九〇一～一九八六・立教大総長）を破って、首都に初めて革新都知事が誕生した。革新系の知事といえば、京都の蜷川虎三（一八九七～一九八一）が象徴的な存在だった。京大教授、初代中小企業庁長官を経て、一九五〇年、社会党公認で京都府知事選に当選して以来、一九七八年まで実に七期二八年間にわたって知事を務めている。

余談だが、蜷川夫人は一九三二（昭和七）年、京都のタクシー（当時は「円タク」と呼ばれた）では初の女性運転手になり、社会ダネになっている。

一九七一年の統一地方選では、革新首長の躍進が際立った。社共共闘で再選を目指した美濃部に自民党は元警視総監の秦野章《あきら》（一九一一～二〇〇二）を対抗馬に立て都知事選に臨み、佐藤首相がほとんど東京に張り付いたほか、ノーベル文学賞の川端康成（一八九九～一九七二）まで応援に駆り出して戦った。しかし、「ストップ・ザ・サトー」という社共共闘の巧みなスローガンが効果を上げ、美濃部三六一万票、秦野一九〇万票台という大差で美濃部が再選を果たした。

また、大阪府知事選でも社共共闘の黒田了一（一九一一～二〇〇二）が保守現職の左藤義詮《ぎせん》（一八九九～一九八五）を破ったほか、横浜市長選では革新市長の飛鳥田一雄《いちお》（一九一五～一九九〇）が三選。統一地方選の後半戦でも、川崎市などで革新陣営が勝利している。当時、社会党委員長であった成田知巳（一九一二～一九七九）は、「社共共闘は1プラス1が4にも5にもなる」と述べた。とくに共産党の躍進が目立ち、都道府県議選では、四年前の三倍に当たる一〇五議席を獲得している。

この背景には、長期化する佐藤政権への批判と同時に物価上昇、公害多発など社会的な問題に対する国民の不満の高まりもあった。この時期は、宮本顕治（一九〇八～二〇〇七）共産党委員長のもとで、党員三〇万人、機関紙〈赤旗〉の読者二〇〇万人以上と隆盛をきわめた共産党の活動が一般社会でも話題になりはじめていたころでもある。マスコミは〈赤旗〉の日曜版読者が急増していることに注目したし、〈赤旗〉の増紙活動を紹介する出版物も書店に並び出した。「団地でも社会党の機関紙〈社会新報〉を配る同党員は一階に積んで帰ってしまうが、〈赤旗〉を配る共産党員は四階まで階段を上って各個配布している」などと言われたものである。

こうした共産党の活躍に脅威を感じたのが、佐藤首相と社会党だった。

「東京都庁を〈赤旗〉で埋めていいのか」

佐藤は街頭演説でこう叫んだ。自民党や右翼は「都庁赤旗論」を積極的に展開し、保守層の危機意識をあおった。

一方、社会党内では「左翼バネ」が働いた。それは裏返すと、共産党コンプレックスでもあった。共産党のように党員の日常活動を強化しなければならないという意見は以前からあった。一九六四年元旦付の〈社会新報〉に、成田書記長（当時）の「党革新の前進のために」と題する論文が掲載された。それによると、社会党の欠陥は、①日常活動の不足、②議員党的体質、③労組への依存、の三つにあるとし、「声はすれども姿が見えない政党」を抜本的に改めなければならない、と強調した。事実、同党内では、選挙などで後退したり、党内の理論闘争が激化するたびに、穏健な右派より先鋭的な左派が幅を利かすという「左翼バネ」が目立っていた。

旧社会党の東京都本部長などを務めた左派の闘士である曽我祐次（一九二五〜）が、二〇一四年、『多情仏心　わが日本社会党興亡史』（社会評論社）と題する著作を発表したが、そのなかで美濃部革新都政を一九六七年に誕生させたときの秘話を明らかにしている。社共共闘ができる寸前に、宮本共産党委員長から次のような念押しがあったという。

ミヤケン（宮本の愛称）も女性のことは相当なものだよ。てめえと百合子さんとの関係もあって。最後に政策協定文書が終わって、私に何といったと思う。（中略）ところで曽我君、美濃部のこっちのほうは大丈夫か、とこういうんだよ。（中略）〝問題はだな、重婚の可能性が心配だ〟。つまり前の奥さんとまだ夫婦でいるときに、要するに統計局の美濃部の次の夫人になる人との関係が。先妻との関係が続きながらその人とも関係があったのではないか。どうも自民党がそのへんを狙ってるぞというんだ。

曽我は美濃部の仲人を務めた大内兵衛《ひょうえ》（一八八八〜一九八〇・経済学者）夫妻の所に駆けつけて、大丈夫との確認をとり、ミヤケンも納得して社共共闘が実現したという。

佐藤首相も国民も驚いた「三矢計画」

一九六五年、岡田春夫代議士（一九一四〜一九九一・社会党）が衆議院予算委員会で佐藤首相らを追及した防衛庁作成の極秘文書のことを「三矢計画」（正式名称は「昭和三八年度統合防衛図上研究」）といい、爆弾質問として話題になった。文書の内容がシビリアンコントロール（文民統制）に反すると問題視され、最終的には防衛事務次官ら二六人が戒告処分を受けている。

三矢計画とは、北東アジアの緊張要因を想定し、それに自衛隊がどう対処するかを具体的に図上演習したもので、資料は一四一九ページにも上っている。具体的には「第二次朝鮮戦争」を想定しており、以下の七段階にわたって自衛隊の具体的行動を列記している。

❶韓国軍のなかで反乱が発生、在韓米軍が鎮圧に出動。
❷北朝鮮が在韓米軍に航空攻撃を仕掛け、日本船舶の拿捕などを行う。
❸北朝鮮、中国の空軍が韓国の都市を空爆、地上軍が三八度線を南下。日本は戦時体制を宣言。
❹韓国情勢がますます悪化。自衛隊が韓国に出動。
❺共産軍が西日本や北海道に海空攻撃。韓国内で局地的に核兵器使用される。
❻共産軍の攻撃が日本全土に拡大。ソ連も参戦。
❼共産軍が北海道に上陸。核兵器も使用。日本は反撃、千島、樺太に上陸。満州方面には核攻撃を行う。

今日から見れば荒唐無稽の想定や計画に思えるかもしれないが、当時は米原子力潜水艦「シードラゴン」が佐世保に初寄港し（一九六四年一一月）、韓国が南ベトナムに派兵を決定（一九六五年一月）したほか、米軍機が北ベトナム爆撃（北爆）を開始（同二月）するなど、北東アジア情勢は軍事的緊張を強めていた。防衛庁、自衛隊が北朝鮮や中国の動向に神経過敏になっていたのも分からないではない。だが、最大の問題は、核兵器の使用も含めてさまざまな対外軍事活動計画の策定が文民統制《シビリアンコントロール》の大原則を無視して行われていたことであった。

爆弾質問した岡田は『オカッパル一代記』（行研、一九八七年）で、三矢研究の資料を入手したときの驚きを次のように書いている。

家に持ち帰って資料に目を通すと、日本が戦争に突入した時の作戦計画はもとより、国内の戦時体制の確立から戦争開始の際の総理大臣のテレビ放送の原稿に至るまで、実に微に入り細をうがつ内容で、戦慄を禁じ得なかった。私はその晩、大変なショックを受けて眠ることも出来なかった。資料を読んでいるうちに「これは、ひょっとしたらでっちあげのにせものではないか」とも考えた。

この本、実は岡田から依頼されてインタビューを重ねて筆者がまとめたものだが、どこで三矢計画の資料を入手したかについて初めて明らかにしている。それは、作家の松本清張（一九〇九～一九九二）だった。一九六四年六月に松本から岡田に突然電話がかかってきて、東京・高井戸の松本邸で、「あなたなら、この資料を国会で使いこなしてくれるのではないですか」と大きな一束の資料をわたされたそうだ。

「『三矢』は東条（英機）軍政の第一歩である『帝国国策要綱』を最大の手本にして、再び侵略戦争を行い、戦時国家体制を作り上げようという反動的で危険な計画である」と、岡田は結論づけている。いま岡田が生きていたら、今日の東アジア情勢や集団的自衛権問題と関連づけてどのように言っただろうか。

「宇治君、新しい三矢作戦計画が必ずつくられているに違いない。その問題点を明らかにするのが、政治家や君らジャーナリストの責任じゃないか」

きっと、こう言うにちがいない。

社会党を二分した「構造改革論」と「江田ビジョン」

いずれも、一九五五年体制当時の野党、日本社会党内で争点になった言葉である。日米安保条約の改定に対する亀裂から離党した西尾末弘（一八九一〜一九八一）ら右派五九人（衆議院四一人、参議院一八人）が、一九六〇年一月、民主社会党（民社党）を結成した。痛手を受けた社会党は同三月の臨時大会で、浅沼稲次郎委員長—江田三郎書記長という新コンビで党の再建に取り

Column　みんなで渡れば怖くなかった「横並び」の時代

東京オリンピックが開催された1964年に政府が行った「国民生活に関する世論調査」結果によると、自分の生活を「中」と認識する人の割合が87%に達している。60年安保、三井三池闘争前の1958年は72%だったから、岸内閣から池田内閣へのチェンジ、すなわち政府における政治主義志向から経済主義志向への転換を経て「総中流」意識が急速に進んだといえよう。

「みんなで渡れば怖くない」という横並び意識は、日本人気質の一つだ。団体や学校法人などから寄付要請があると、まず経団連加盟の新日鉄、東京電力、トヨタなど大手に奉加帳が回る。「最初に寄付要請を受けた会社が奉加帳に何と書くか知ってますか」と財界首脳から聞かれた。「分かりません」と答えると、その首脳は「金額を書くのではなく、『振合《ふりあい》』と書くのです」と教えてくれた。寄付には応じるが、その具体額は後日、会社の規模や利益を勘案して横並びで揃えてから出すのが経済界の常識だと説明してくれた。

組んだ。だが、不幸なことに、浅沼委員長が同年一〇月一二日、自民、社会、民社三党首演説会の演説中に右翼少年に刺殺されるという事件が発生した。

この日、首相官邸記者クラブでは、「善政」（クラブ会費で行われた記者たちの息抜き）といってバスを借り切って多くの政治記者が川崎球場にプロ野球の日本シリーズ第二戦の観戦に出掛けていた。このため、日比谷公会堂に取材に出ていた記者は留守番役の若手が多かった。そのなかには、毎日新聞で二三年余、朝刊一面のコラム「余録」を担当していた諏訪正人も政治部記者として現場に居合わせた。また、俵孝太郎（一九三〇〜・政治評論家、元産経政治部）も、前年、大阪社会部から東京政治部に転勤になったばかりだったので、先輩記者たちに代わって三党首討論会の取材役に回されていた。そのお陰で、歴史的瞬間を目撃する機会に遭遇した。ちなみに、川崎球場では「首相官邸記者クラブの皆様、至急東京にお戻りください」との場内アナウンスが流れ、善政を楽しんでいた記者たちは慌てて帰京している。

浅沼暗殺の翌日、社会党は臨時党大会を開き、追悼とともに江田が提案した「総選挙と党の勝利と前進のために」を全会一致可決した。この方針には、後日、党内を二分する「構造改革」の考えが盛り込まれていた。

一一月の衆議院選挙では、浅沼への同情票や白髪でソフトムードの江田委員長代行への人気から、社会党は改選前より二三議席増の躍進となった。一方、経済界や文化人から期待された新党の民社党は二三議席減の惨敗に終わっている。

社会党は勝利したわけだが、同党内では翌年の初めから構造改革論争が本格化した。その口火を切ったのは太田薫総評議長だった。イタリア共産党のトリアッチ書記長（Palmiro Togliatti, 1893～1964）が言い出した理論とされるが、太田は、江田が「間違った理解をしている」と決めつけた。トリアッチ本人と会った太田の理解としては、「社会主義への道は、大衆の命を守る限りない闘争の過程で資本主義の限界が見えてくる。そこで初めて搾取なき社会主義を求めるのが構造改革論だ」と言い、江田のなしくずし的な改革論を批判した。

一方の江田も、「私が提唱した段階では成田委員長はもとより、社会主義協会派の高沢寅男氏も賛成したじゃないか」と反論した。そして江田は、構改論争が続くなかで、一九六二年七月、日光市で開催された全国オルグ会議で「江田ビジョン」を発表した。ソ連（現ロシア）や中国型の社会主義は時代遅れとして、江田は次のような新しい社会主義モデルの構築を提起した。

「社会主義の目的は人類の可能性を最大限に花開かせることだ。人類がこれまで到達した主な成果は、アメリカの平均した生活水準の高さ、ソ連の徹底した社会保障、イギリスの議会制民主主義、日本の平和憲法の四つである。これらを総合調整して進むときに大衆と結んだ社会主義が生まれる」（当時の新聞より要約）

イデオロギー中心の政党ではなく、生活水準の向上を重視した改革政党への転換を呼びかけたものだった。三池、安保闘争に明け暮れた「社会党・総評ブロック」（第2章「左翼バネ」VS「振り子の論理」の節参照）への反省から生まれた指針だった。だが、当時の革新陣営には「飢餓待望論」の余燼《よじん》がまだくすぶっており、いいとこ取りの江田ビジョンには強い抵抗があった。

同年一一月の社会党大会では、鈴木・佐々木派、平和同志会など左派から「江田ビジョンは社会主義の理論を混迷に陥れるものだ」と江田攻撃の決議案が提出され、採択された。その票数は、賛成二三二票、反対二一一票ときわどいもので、江田は書記長を辞任したものの、党内では西尾グループが抜けたあとも古典的社会主義と改良型社民主義の溝が根深いことをうかがわせた。

構造改革論争は、江田が社会党を離党する一九七七年まで延々と続くことになる。一九四五年の結党時に存在した「純粋社会主義的政党論」と「改良主義的国民政党論」の対立がエンドレスで続いていたのに等しく、そのことが社会党の命取りとなった。

第4章

政・官・財もたれ合い時代

――日中国交正常化から「三角大福中」派閥政治まで

（1972年～1982年）

東京新聞

号外

田中前首相を逮捕

松田検事(右)に付き添われて東京地検に入る田中前首相

『高官』いき

ロッキー

東京新聞、1976年７月27日付

七年八か月と最長不倒を記録した佐藤政権が終わって、大衆政治家「角さん」の時代がはじまった。「日本列島改造論」を引っ提げて、一九七二年の自民党総裁選挙に名乗りを上げた田中角栄は、安定成長・総需要抑制論の福田赳夫を相手に激しい「角福戦争」を展開した。

政治記者たちも「角」と「福」に二分され、当時はお互いに張り合っていたものである。同じ新聞社内でも、田中派担当と福田派担当は口も利かないという状態だった。極端に聞こえるかもしれないが、事実、そんな張りつめた雰囲気であった。田中派担当が福田の懇談に、逆に福田派担当が田中の懇談に顔を出すなどというのは、「敵のスパイが来たか」と言われて追い出されるのが関の山で、まさにマスコミも派閥と一体化していたわけである。一般の人から見たら、「何が〝第四の権力〟だ。政治家と癒着したマスコミが日本政治を悪くしたのではないか」という気持ちであろう。

筆者も現在はそう思っているが、当時は現役記者として「情報を取る」「核心に迫る」のが一義的任務と考えていたので、まずはニュースの発信元である政治家の本音に迫ることに全力投球していた。「政治報道ではなく、政局報道」と揶揄されるのもやむなし、という点があった。

このときは、田中、福田のほかに大平正芳、三木武夫も出馬して、まさに乱戦模様の総裁選になった。当初は出馬意欲を見せていた中曽根康弘が、途中で「不出馬・田中支持」を表明したことで、立候補者をもたない中小派閥は雪崩現象で田中支持に転じた。中曽根不出馬の背景には、

「田中サイドから巨額のカネが流れた」と自民党代議士が週刊誌に証言するなど、池田三選のときを上回る「ニッカ」「サントリー」「オールドパー」（一二九ページからを参照）の金権総裁選であった。

政治記者の間では、三角大福の四派閥から二度ずつカネをもらう議員を「八ッ橋」、中曽根派も含めた五派からもらう議員を「五家宝」といった珍語も飛びかったが、「ニッカ」「サントリー」ほどの流行語にはならなかった。

あまりの金権ぶりに福田は、同志の坊《ぼう》秀男（一九〇四～一九九〇・元蔵相）から「もう、こんな汚い総裁選挙はやるな。投げ出してしまえ」と忠告され、「事実、途中でやめたら政界へのショック療法になるかもしれないとも考え、よほどやめてしまおうかと思った」と『回想九十年』（岩波書店、一九九五年）に書き残している。

第一回投票では、田中一五六票、福田一五〇票、大平一〇一票、三木六九票となり、過半数を獲得した者がいなかったので決選投票にもち込まれた。日中国交回復の実現を盟約していた田中、大平、三木の三派（福田は佐藤政権の継承で、日中問題に関しては必ずしも積極的ではなかった）にプラス中曽根派と中間派閥の票が加わって、決戦投票の結果は、田中二八二票、福田一九〇票（ほかに無効四）となり、七夕の日に田中内閣が誕生した。

時に、田中角栄五四歳。小学校卒で天下人までのし上がった田中を、マスコミや世間は豊臣秀吉になぞらえて「今太閤」と呼び、彼の明るさ、大衆性、人心掌握術、資金力、記憶力の凄さなどから「コンピュータ付きブルドーザー」「庶民宰相」ともてはやした。面白味に欠けた佐藤前首相とは対照的だった。田中内閣は池田勇人タイプの長期政権になるのではないかと取り沙汰された。

同年九月の日中国交正常化の実現、その後の中国ブーム、パンダブームまでは田中の期待どおり、いやそれ以上の出来栄えであった。マスコミも、それが同年一二月一〇日投票の衆議院選挙に反映するものと予測した。ところが、結果は自民党の惨敗だった。解散前の二九七議席から二七一議席へと二六議席も減らしたのだ。「二七一議席」というのは、自民結党以来の最低議席である。保守系無所属の追加公認を含めても二八四議席と、選挙前の勢力には及ばなかった。

善戦ないし勝利したのは社会、共産両党で、とくに共産党は一挙に三八議席をこのときの選挙で獲得している。「強い指導者」には「強い反対勢力」というバランス感覚が選挙民

日中国交正常化。周恩来首相と乾杯する田中角栄（撮影：久保田富弘）

に働いたのかもしれないが、その背景にいったい何があったのだろうか。

自民党は選挙後の世論調査をもとに報告書をつくっているが、「有権者の脱政党化」「政治不信層の増加」という二点を挙げている。もちろん、それもあっただろうが、筆者の実感としては物価高、地価高騰、公害多発など生活環境の悪化から来る一般大衆の「生活保守主義」が、政権発足後、半年足らずの田中内閣にきついお灸をすえたのではないかと思っている。

政治ジャーナリストの目から見ると、有権者は現金なものだと思うときがある。日本の戦後処理としては最大の案件だった「日中正常化」を文字どおり体を張って片づけたのだから、国民がもっと田中自民党に肩入れするのかと思ったが、いざ国政選挙となると、「日中」より「暮らし」を何とかしろという要求が強く、それが自民敗北に直結したのである。

そうした大衆心理は今日にも通じる。「集団的自衛権」「秘密保護法」などへの世論の風当たりが強くても、安倍内閣の支持率がそれなりにもちこたえているのはアベノミクス効果よる「株価」安定が持続しているからである。昔から「外交・安保は票にならない」といわれたように、金目のこと、生活感覚にかかわる争点では、国民はきわめてシビアで鋭角的になる。

一九七二年の師走選挙で自民党が敗北した翌年、石油ショックが起きている。「狂乱物価」といわれた物価上昇と反比例するかのように田中内閣支持率は急降下した。いくら個人的な人気があっても、暮らし向きが改善されなければ、有権者はいずれ政権離れすることを歴史は教えている。

地価高騰を誘発した「日本列島改造論」

樹々の緑も濃くなってまいりました。元気でご活躍のことと、およろこび申しあげます。小生このたび、日刊工業新聞社から『日本列島改造論』を出版いたしました。雑忙の間にとりまとめましたので、疎漏の点も多いかと存じます。お暇の折、なにとぞ、おめとおしいただきご高評なりご叱責をお寄せください。田中角栄

こんな文面の手紙とともに、田中の著作『日本列島改造論』が私のところへ送られてきたのは一九七二年六月のことである。当時、私は中曽根派担当だったから、田中担当の記者だけでなく広範に自民党担当記者に配られたものであろう。にわか仕立ての総裁選用の著書であったが、田中人気も加わって九〇万部を超す大ベストセラーとなった。たたき台になったのは、田中が閣僚・党三役から外れていたときに自民党でつくった「都市政策大綱」で、過密（大都市改造）と過疎（地方開発）問題の同時解決を図ろうという計画であった。

そのなかでも目玉は、「新二五万都市の建設」である。工業再配置によって大都市の工場を分

散するだけでなく、「情報、金融、流通など開発拠点としての機能を持ち、さらに医療、文化、教育などサービス面の施設を整備」するとうたっていた。

「新二五万都市を建設する具体的な方法は二つ考えられる。その一つは地方の小都市で、すでにある程度の都市集積のあるところを充実、強化するやり方である。たとえば、山形県の酒田市と鶴岡市を中心とした地域などのように、人口七万ないし一〇万ぐらいの小都市を外に拡大し、市街地から離れたところに工業団地を建設して、市街地と有機的な連携を持つブロックを形成し、人口の吸収をはかる。もう一つは隣り合っている人口二万人程度の町村が多数集合して、新しい市街地をつくり、その周辺に工業団地を立地する方法である。たとえば鹿児島始良町、隼人町、国分市を含む地域である」（前掲書、一六四ページ）

このとき、同著の取りまとめをしたのは、田中が通産大臣をしていたときから目をかけていた通産官僚の小長啓一[1]だった。二〇一四年、小長は民放テレビの田中回顧番組に出演した際に、「日本列島改造

日刊工業新聞社、1972年

（1）（一九三〇〜）のちに田中首相秘書官、通産事務次官、アラビヤ石油社長・会長。

論に具体的地名を入れたほうが具体性があってよいと進言したのは私だったが、あれは間違いだった」と反省の弁を述べている。

確かに、著書に登場した地方都市を中心に「地価上昇」への期待感を抱かせ、全国的に地価高騰へのきっかけをつくったことは否定し難い。もともと田中には、土地の先行取得で資産を増やしたという経緯があった。地元・新潟県長岡市の信濃川河川敷の買い占めとか、信濃川支流の鳥屋野潟《とやのがた》の湖底地買収問題などで、国会でも野党議員から追及を受けていた。

つまり、「田中角栄」と「カネ」と「政治（権力）」は、不即不離の一体的関係だった。一九七二年の総裁選をきっかけに、自民党内で動くカネの相場が一ケタ上がったといわれた。そうした田中の金力の実態に迫ったのがノンフィクション作家の立花隆（一九四〇〜）が著した「田中角栄研究――その金脈と人脈」で、一九七四年一〇月に発売された月刊誌〈文芸春秋〉に、ジャーナリストの児玉隆也（一九三七〜一九七五）が書いた

全国を遊説する田中（撮影：久保田富弘）

「淋しき越山会の女王」とともに掲載され、田中退陣へのきっかけをつくった。

列島改造論のもう一つの特徴は、新幹線や高速道路網を全国に張りめぐらせ、そのことによって国土の均衡ある発展を図るとしている点であった。

「九〇〇〇キロメートル以上にわたる全国新幹線網が実現すれば、日本列島の拠点都市はそれぞれが一～三時間の圏内にはいり、拠点都市どうしが事実上、一体化する。新潟市内は東京都内と同じになり、富山市内と同様になる。松江市内は高知や岡山などの市内と同様になり大阪市内と同じになる」(前掲書、一二〇ページ)

確かに、その後、新幹線網が田中の予想どおりに張りめぐらされる時代に入っている。しかし、予想と違ったのは、「拠点都市の一体化」ではなくて「東京一極集中」がさらに加速されたことである。

一九八〇年代後半までは、東京、大阪の「複眼首都構想」や、政治・行政は東京、経済・暮らしは大阪中心という米国のワシントンとニューヨーク、中国の北京と上海に似た「二眼レフ構想」も残っていた。だが、経済のグローバル化に伴い、大阪に本社を置いていた関西系大手企業も軒並み本社を東京に移すようになって東京の「独り勝ち現象」が顕著化し、田中が日本列島改造論で描いた過密と過疎の同時解決は夢に終わってしまっている。

いままた安倍政権のもとで「地方創生」が叫ばれ、二〇一四年九月の第二次安倍改造内閣では、新設した地方創生国家戦略相に安倍のライバルと見られた石破茂（一九五七〜）が就任している。だが、東京一極集中が常態化したなかでの地方活性化には、大変な知恵と予算と実行力が必要である。従来型の公共事業でなく、その地方地方の独自の取り組みが「日本モデル」「グローバルモデル」となって人々がそこに集まり、若者の雇用や生活環境が整備・拡充されないと、竹下内閣当時の「ふるさと創生資金」で一億円を自治体に配ったときと同じ過ちを繰り返すことになるだろう。

ちょっと先を急ぎすぎた。話を元に戻そう。石油ショックに伴う狂乱物価も、田中には逆風となった。社会党など野党だけでなく、自民党内でも「列島改造論が狂乱物価の真犯人ではないか」との批判が強まった。一九七三年一一月の愛知揆一《きいち》（一九〇七〜一九七三）蔵相の死後、後任を総需要抑制論者の福田赳夫に託すにあたって、列島改造論の見直しを約束した。首相官邸では、田中の政策上の懐刀だった小長を軸にして密かに見直し作業が進められた。

「手伝っていただけませんか」という小長からの要請に、筆者は戸惑ったが、一政治記者という立場を離れて、田中政治を「モノの政治から心の政治へ」変えるチャンスになるのであれば日本政治のギアチェンジになるかもしれないと思った。そして、総論、教育政策、経済社会運営の発想転換などの分野で執筆に協力することを約束した。つまり、改訂版の執筆である。

首相官邸が私に頼んできたのには前段があった。日中正常化交渉で訪中した際、田中は中国首脳から「子どもたちに教える情操、道徳面での短いキャッチフレーズ」があるということを聞き、日本でも「そういうものをつくれないだろうか」と模索していた。とくに、一九七四年七月の参議院選挙でそれを打ち出し、教育や道徳規範を選挙の争点にしたいと目論んでいた。

同年初め、月刊誌〈現代〉の二月号（講談社・現在は休刊）に、「田中角栄　裸になって国民に訴える」との原稿が掲載された。これは、物価高騰、不況、国際収支の赤字というトリレンマ（三重苦）に取り組む首相の意気込みを一般大衆に知ってもらいたいとの思いから、政府広報でなく総合雑誌に発表したものだが、実は官邸サイドからの要請で筆者が代筆した論文である。その内容を気に入った田中が、子どもの規範づくりや列島改造論の改訂版でも協力してもらいたいと頼んできたのだった（これらの詳細については、拙著『実写1955年体制』を参照）。『日本列島改造論』の改訂版は、「新しい日本への道」というタイトルになる予定だった。このことは、筆者がタッチした時点ですでに固まっていた。恐らく、小長の発案であろう。筆者の希望で田中流の「モノの政治」を「心の政治」に軌道修正する方針や、具体的な政策が随所に盛り込まれることになった。たとえば、地方文化の振興、国連大学の日本開設、本格的な余暇社会の建設などである。とくに「心の政治」への転換は、筆者が強く要望したものだった。

田中が望んだ子どもの規範も「5つの大切、10の反省」（人間・自然・時間など5つの大切と、友達と仲良くしただろうかなど10の反省を盛り込んだ規範）としてつくった。この「5大切10反省」は、一九七四年五月、日本武道館で開催された「田中総理を励ます（新潟）県人の集い」で田中自らが発表している。参議院選挙に向けて賛否両論が渦巻いたが、それ以外の項目（期待される日本人像、真の豊かさを目指してなど全部で10章の構成）は、同年一二月の田中退陣とともに未完成のまま終わった。

「新しい日本への道」の目次や草稿の一部が筆者の手元に残っている。歴史に「if」は禁物といわれるが、もし田中自身が生来の「人たらし」の性格を生かして「心の政治」（社会福祉、格差縮小、社会貢献、ゆとり社会の構築など）に大きく舵を切っていたら、初代総理大臣伊藤博文型の政治家像を後世に残したに違いない。「田中」マイナス「金権体質」を実行できなかったことが、田中政治の限界だった。

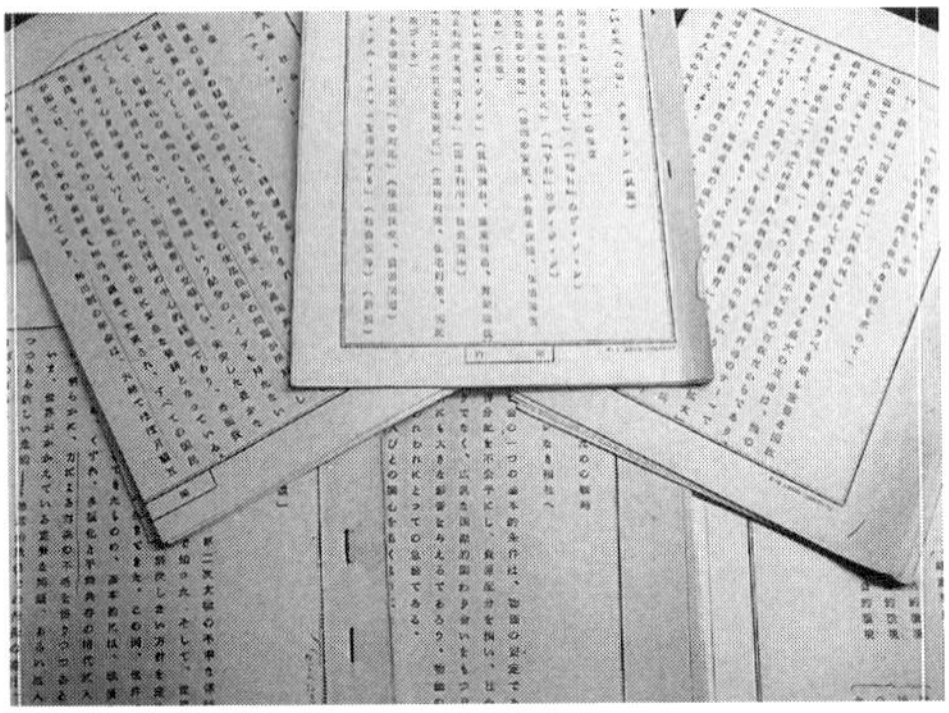

「新しい日本への道」のスケルトン

Column 「減反」と「農協」

コメは日本の伝統的主食だが、1963年をピークに消費量が減少し続けたため、1971年には政府によって需給バランスをとるため他の農作物への転作などを進める生産調整がはじまった。いわゆる「減反政策」である。1971年、日本マクドナルドが１号店を銀座三越に開店したことに象徴されるように、日本人のパン食嗜好が強まった。

減反に協力した農家には10アールにつき15,000円の補助金が支給されている（農水省は2014年度から補助金を減額し、５年以内には全廃の方針）。自民、公明の連立政権は、2018年度をめどに減反政策そのものを廃止する考えだ。

安倍首相は「攻めの農政」を掲げて、従来の補助金農政に規制改革で風穴を開けようとしている。その代表的な取り組みが2015年に打ち上げた全国農業協同組合中央会（JA 全中）の改革案だ。全国の農協を束ねる JA 全中の監査・指導権を廃止し、JA 全中を一般社団法人に転換させるというもので、同年２月には、全中もこの改革案を基本的には受け入れることを了承した。

農業従事者の平均年齢は66歳と高齢化しており、経済コストも加味した農業の大規模化という仕組みを再構築しないことには、何とも道が開けない。しかし、安倍首相が期待するように企業参入がどこまで進むかは、これからの問題であり、「強い農業」への脱皮はまだ緒についたばかりである。

私が現役記者時代の1960年～70年代は、春の「春闘」とともに夏の「米価闘争」が取材の大テーマだった。生産者所得補償方式で計算する米価がいくらになるかは、農林省詰めの記者だけでなく、旧大蔵省、首相官邸、自民党担当記者たちにとっても重要な取材対象だった。農協の代表団が大挙詰めかける自民党本部前に国会議員たちが激励に駆けつけ、「皆さんの要求実現に全力を尽くしてまいります」と決意表明しては、農民たちの拍手や激励を受けていた。「春闘」ならぬ農民たちの「夏闘」であった。

田中・大平が身体を張って実現した「日中国交正常化」

どうも、先を急いでしまうのが筆者の悪い癖のようだ。田中政権のメインとなる「日中国交正常化」の話に時間を戻そう。

戦後四半世紀以上、日本にとっては最大の戦後処理案件として残っていた中国との国交正常化は、田中内閣誕生後二か月足らずで実現され、一九七二年九月二九日に日中共同声明が発表されると同時に、日本は台湾との国交関係断絶を宣言した。七年八か月の佐藤前内閣では解決できなかった懸案が、なぜ田中内閣においては短期間で決着を見たのだろうか。日中双方にそれぞれ次のような背景があったからだと、当時を取材していた筆者は思った。

まずは中国側の変化である。中ソ対立が激化していくなかで、中国はキッシンジャー米大統領補佐官の極秘訪中を受け入れ、ニクソン訪中を実現した（一九七二年二月）。それまでの「米帝国主義は日中共同の敵」（一九五九年の浅沼社会党委員長発言）という認識から大転換を図り、日米安保体制についても「是認する」（周恩来首相）姿勢に変わった。また、「過去の日本軍国主義と日本国民とは区別する」（毛沢東主席）ことで中国国内の説得に乗り出した。

筆者は、田中首相訪中の先遣隊として小坂善太郎（一九一二～二〇〇〇・日中国交正常化協議会長）ら自民党国会議員団が中国を訪問するのに同行取材したが、北京市内の街道委員会（町内会）でそのような思想教育が「学習」という名目で行われているのを聞いて、共産主義体制のすごさ（党の方針がすべてに優先する。党の指導方針を下部に徹底する）を実感した。

一方、日本側も、米国の対中政策の変化や中国の国連加盟に関する国際世論の変化を目の当たりにして、ここは中国と握手する潮目と判断したわけである。ただ、日本国内には台湾（国府）との関係を維持すべきだとの空気も強く、田中首相、大平外相も当初は「一つの中国、一つの台湾」ないしは「二つの中国」論が可能かを模索した。しかし、中国の対日復交三原則、つまり①中華人民共和国政府は中国人民を代表する唯一の合法政府である、②台湾は中国の領土の不可分の一部である、③日台条約は不法、無効であって廃棄されなければならない、が絶対的な前提条件と知って、最終的にはこの三原則を尊重せざるをえないと腹をくくった。そこが、佐藤栄作と違う点である。

当時、筆者は自民党担当であったが、霞クラブ（外務省記者クラブ）当時から中江要介（一九二二～二〇一四）アジア局参事官と親しかったので、彼を通じて日本側の対中方針を把握していた。田中内閣が誕生する以前は日中「国交回復」とか「復交」とかの表現が使われたが、誕生直後から「正常化」という表現が次第に浸透していった。中江に確認すると、「共同声明でも正常化という表現になるでしょうね」と教えてくれた。何故かというと、日本側としては、すでに日華平和条約（一九五二年に台北で調印された国民政府との条約）第一条で戦争状態の終了を確認しているので、「改めて戦争状態の終結という表現は使えない」（大平外相）というのが基本的な姿勢だった。

田中訪中時の折衝で中国側が出してきた共同声明の表現は、「不正常な関係の終結」であった。共同声明は前文と九項目の本文から成るが、前文では次のようにうたわれている。

日本側は、過去において日本国が戦争を通じて中国国民に重大な損害を与えたことについての責任を痛感し、深く反省する。また、日本側は、中華人民共和国政府が提起した「復交三原則」を十分理解する立場に立って国交正常化の実現をはかるという見解を再確認する。中国側はこれを歓迎するものである。

そして、声明本文の第一項で、「日本国と中華人民共和国との間のこれまでの不正常な状態は、この共同声明が発出される日に終了する」とうたった。日本案は「共同声明の発表をもって日中間の全面的な平和状態が始まる」という表現だったが、後日、筆者が大平から直接聞いた話では、「中国はなかなか納得しなかった。そこへ毛沢東主席が会いたいと申し入れてきたので、『しめた』と内心思った」という。つまり、日本側はできるだけ「戦争」という表現を回避したいと思い、「不正常な関係」で戦争を暗示したい中国との「作文戦争」が最後までせめぎ合っていたのである。

日中正常化につながなった第二の背景は、天の配材というべきか、日本、中国、台湾にそれぞれ戦前・戦中の経験をもつ政治家が存在したことだ。日本では、田中首相、大平外相、椎名悦三郎（六九ページの注参照）自民党副総裁らである。中国では、毛沢東主席、周恩来首相、廖承志中日友好協会長らがおり、台湾には、蔣介石（一八八七～一九七五）総統、蔣経国（一九一〇～一九八八）行政院長らがいた。田中は戦前、陸軍の一兵卒、大平は張家口《ちょうかこう》の興亜院勤務、椎名は満州国実業部科長を経験し、それぞれの中国観をもっていた。なかでも、正常化交渉の際に損な役回りを演じたのは台湾に赴いた椎名特使だったが、日ごろから我々政治記者が「おとぼけの椎名」と呼んでいたように、もち前の何とも言えぬおとぼけぶりが幸いした。

同行した中江は、椎名・蔣経国会談（九月一九日）について、「歌舞伎の勧進帳にそっくり」との印象をもったという。また、以下のような記述も興味深い。

「蔣経国は、椎名さんが言っていることは嘘で、

田中首相を助けて日中正常化を実現した大平正芳外相（撮影：久保田富弘）

日本は本当は台湾とは断交すると決めているのに、それを言ったのでは元も子もないから正常化協議会の決議を引っ張り出した」（中江要介『アジア外交動と静』蒼天社出版、二〇一〇年）。

九月八日に決まった自民党日中正常化協議会の決議では、「わが国と中華民国との深い関係にかんがみ、従来の関係が継続されるよう十分配慮のうえ交渉すべきである」となっていた。一か月半にわたる、文字どおり盛夏の「熱い議論」を自民党担当として党本部で壁越しに取材していた筆者から見ても、当時の「台湾派」と「親中派」との妥協を図るにはこれしかないというギリギリの折衷案だった。

正常化後も日台関係の継続を示唆した椎名発言は、直ちに中国側の知るところとなり、田中の先遣隊として訪中していた小坂善太郎らは真夜中に周恩来から人民大会堂に呼び出された。前日の小坂訪中団との会談で椎名特使の役割を慰労した周にしてみれば、台湾での椎名発言は「一つの中国、一つの台湾」を是認するものとして承服することができなかった。それに対して小坂は、「田中首相は言ったことは必ず実行する。田中や我々の発言を信じてほしい」と弁明に務めたが、筆者を含めて一四人の同行記者団がこの事実を知ったのは半日後だった。

公明党の竹入義勝（一九二六〜）委員長の役割も大きかった。七月、二度目の訪中をした竹入に周恩来は、「対日賠償請求権は放棄する」「日米安保には触れない」などきわめて重要なメッセージ（八項目の共同声明案と台湾問題に関する三項目）を伝えている。それは「竹入メモ」として田中と大平に伝わり、田中が訪中を決断する材料にもなった。

中国は、なぜ野党第一党の社会党でなく公明党を使ったのだろうか。創価学会の池田大作（一九二八〜）が多方面にわたって中国を支援していたこともあろうが、中ソ対立が影響していたと筆者は見る。つまり、社会党には親ソ派が多いので、極秘情報が社会党を通じて当時のソ連に流れるのを警戒したのではないだろうか。

親中派で通っていた岡田春夫（六二ページのコラム参照）は生前、筆者に「なぜ、公明党が仲人役になったのか」と残念がっていたし、一九七八年、福田内閣で日中平和友好条約が締結されたときも、「親台湾派の福田が中国と条約を結ぶのだから変な時代になった」と嘆息していたことを思い出す。

官僚では、外務省の高島益郎条約局長（一九一九〜一九八八・のちに外務次官、旧ソ連大使）、橋本恕《ひろし》中国課長（一九二六〜二〇一四・のちに中国大使）の活躍が目立った。日本外交史を専門にしている服部龍二中央大教授（一九六八〜）は『日中国交正常化』（中公新書、二〇一一年）で、「日中正常化で最重要の外務省員を一人だけ挙げるとすれば、次官でも局長でもなく、明らかに橋本である」と書いている。筆者も同感である。

橋本の努力は中国側にも高く評価されていた。人民大会堂で行われた小坂訪中団と周恩来の会談（一九七二年九月一八日）においても、周は一行に橋本の名前があるのを見て、「橋本先生、田中総理訪中の準備は順調に進んでいますか」と尋ねている。小坂以下二三人もの自民党衆参議員（後年、首相になった竹下登もいた）が列席しているなかで、一課長でしかない自分の名前が挙げられたことに恐縮した橋本は、「中国側の配慮で順調に進んでいます」と手短に答えた。すると周は、「配慮しているからといって、行き届いているかどうかは別問題です。行き届いていないことがあったら、どんどん申し付けてください」と付け加えた。

このやり取りをその場で見ていた筆者は、「凄い政治家が中国にはいるのだなあ」と感じ入った。どの国の指導者であれ、権力の座にすわっている年月が長引くにつれて独裁者になっていくことは歴史が教えてくれている。そんななかで、建国以来、首相の座にいた周恩来（一八九八〜一九七六）が常に謙虚で、気配りも人一倍だったことは本当に尊敬に値する。

田中・周両首脳を中心とする北京での日中正常化交渉は、

小坂訪中団を人民大会堂で迎えた周恩来首相（中央）（筆者撮影）

必ずしも順調に進んだわけではない。中国側は日中戦争以前から日本の進出を快く思っていなかったし、日本側は民主主義という価値観を共有し、親日家も多い台湾と違って、ソ連（当時）同様の共産主義の大国とどう付き合っていけばよいのかと暗中模索状態だった。九月二五日夜に開かれた周首相主催の夕食会での、田中首相の「ご迷惑発言」も中国側を刺激している。「添了麻煩《テイエンラマーファン》」という訳語が、日本の過去における対中侵略行為に対するお詫びとしては「歩行中の女性に水がかかったのを詫びる程度の軽い表現」と受け取られ、中国側の怒りを買ったのだ。

　ただ、田中も大平も戦前・戦中の体験を踏まえて中国への贖罪意識をもっていたから、「ご迷惑発言」の訳語が田中の真意でないことは中国首脳にも理解された。要は、戦後の日本人が戦前の帝国主義的行為にどんな基本認識をもっているのかの問題であろう。つまり、「先人たちがやったことだから俺たちは関係ない」ではすまされないということである。

犠牲者30万人の表示がある南京大虐殺記念館の入り口（筆者撮影）

一九九七年八月から九月にかけて筆者が団長になり、日中正常化二五周年を記念して在京各マスコミの論説主幹クラス一四人が訪中し、李鵬首相（一九二八〜）と会見したあとに各地を回った。南京大虐殺記念館を見学した際、ある新聞社の論説副委員長が「三〇万人という犠牲者の数は多すぎるのではないか」と質問したときの、朱成山《シュエイザン》館長の反論を忘れることができない。

日ロ間で激戦となった二〇三高地の慰霊碑（筆者撮影）

「もし、私たちが広島、長崎での原爆犠牲者は数十人、数百人でしかなかったと言ったら、日本人はどう思うでしょう」

要は、被害の正確な数にあるのではなく、行われた行為そのものの不当性にあると言いたかったのだろう。この年から旅順の二〇三高地見学が一般にも許可されるというので、公開に先立って中国政府は私たちに見せてくれた。日露戦争の激戦地で、日本軍六万人、ロシア軍三万人に及ぶ犠牲者を出した所である。

海抜二〇三メートルの頂上に立つ慰霊碑の周辺から旅順港を眺めると、素晴らしい景観であった。しばし景色に見とれたあと、歴史を振り返って考えてみた。元来、ここは中国の領土である。そこで、日露両国が激戦を展開したわけだ。帝国主義の時代だったとはいえ、日本の富士山を挟んで米ロ両国が戦火を交えるのを私たち日本人が絶対許せないのと同様に、本来は自国の領土である場所での日本とロシアの戦争を中国人は腹立たしい思いで見ていたに違いない。日中正常化の共同声明は、そうした行為が再来しないことを確認する誓約書でもあった。

近年、日中両政府間の関係は、野田内閣での尖閣国有化や安倍首相の靖国神社参拝などで極端に冷え込んでいたが、二〇一四年一一月一〇日、安倍と習近平（中国国家主席）の初会談が北京で実現した。日中首脳の顔合わせは二年半ぶりのことで、習主席の表情がこわばっていたことがニュースにもなったことは記憶に新しい。「戦後七〇年」という節目の年に、いま一度、一九七二年の日中正常化の原点をお互いに思い起こし、友好関係を再構築すべきときである。

血盟した「青嵐会」の政治家たち

いつの世も、同一党内には反対勢力が存在するものである。「青嵐会」とは、一九七三年七月に結成された自民党タカ派の議員集団のことで、当時の田中首相を激しく攻撃した。「青嵐」とは夏の嵐を意味する言葉だが、何より世間を驚かせたのは発足にあたって血盟したことだった。

当時、当選四回の衆院議員四人、すなわち藤尾正行（福田派）、渡辺美智雄（中曽根派）、湊徹郎（同）、中川一郎（水田派）が代表世話人、当選三回の中尾栄一（中曽根派）が座長・スポークスマン、当選二回の浜田幸一（椎名派）が事務局長、当選一回の石原慎太郎（無派閥）が幹事長といった顔ぶれで、最盛期には三三人いた。派閥別に見ると、中曽根派九人、福田派八人、椎名派四人、水田派二人、船田派、三木派各一人、無派閥二人、参議院六人で、主流派の田中、大平両派から

発足当時の青嵐会のパンフレット

の参加者はゼロであった。ホテル・ニュージャパン八六二号室に事務所を構え、渡辺ミッチーが中心になって仕切っていた。

筆者の手元に発足時の趣意書案やパンフレットが残っているが、プロフィール紹介で「わたしの欠点」として「短気」「直情径行」「猪突猛進」と答えているのが石原慎太郎、中川一郎、江藤隆美、中尾宏、楠正俊、国場幸昌、佐藤隆、島田安夫などと多く、向こう見ずな政治家センセイの集団という感じだった。また、「わたしの嫌いな動物」という項目では「蛇」が多いが、中山正暉は「宮本顕治」（共産党委員長）と答えている。「尊敬する政治家」という質問には、チャーチル（元英国首相）を挙げた議員が六人おり、吉田茂の三人を上回っていたのが興味深いところである。そして、「自主独立の憲法制定」など六項目の趣意書の最後には、「青嵐会はいたずらな議論に堕することなく一命を賭して右実践することを血盟する」と結んでいる。

激しくヤジを飛ばす「ハマコー」こと浜田幸一代議士（手前）（撮影：久保田富弘）

翌年一月二六日、日本武道館で「青嵐会は主張する国民集会（日本はこのままでよいのか）」を開催し、「反田中政治」で気炎を上げた。青嵐会メンバーでのちに首相になったのは森喜朗で、総裁選に出馬したのは渡辺美智雄（一九二三～一九九五）、中川一郎（一九二五～一九八三）、三塚博[2]の三人である。石原は東京都知事、土屋義彦は埼玉県知事になり、ハマコーこと浜田幸一は、一九七九年の自民「四〇日抗争」の際、バリケード排除事件で一躍有名になった。

二世三世でない個性の強い議員たちが活躍できる余地のあった時代だったからこそ、「青嵐会」のような異色の集団が誕生したのであろう。今でいえば、「維新の党」「次世代の党」的な議員集団で、憲法改正、集団的自衛権、靖国参拝などでは安倍首相の思想信条と類似する点があった。

プラス、マイナスの両面がある「保革伯仲」

田中内閣当時、一九七四年七月七日に行われた第一〇回参議院選挙は、俗に「七夕選挙」といわれた。第四次中東戦争の余波で、その前年に第一次石油ショックが起き、狂乱物価が発生した。一九七四年一月の東南アジア五か国歴訪では、田中はバンコクなどで日本の経済進出に抗う反日デモに遭遇している。そして、六月には国土庁が発足したが、地価（宅地）は二年間で二倍に値上がりし、国内でも「田中インフレ」への風当たりが日増しに強まっていった。

そんな状況のなかで行われた参議院選挙は保革激突の国政選挙となったが、ここでまた「堀米発言」というハプニングが起きた。社会党政策審議会事務局長から、同年五月、中央選挙管理委員会の会長に就任した堀米《こりごめ》正道（一九二四～二〇〇二）が投票日の間際に、自民党の選挙戦を「企業ぐるみ選挙」と批判したのである。

これは後年、筆者が東京新聞経済部長時代に「財界の政治部長」といわれた経団連相談役の花村仁八郎《にはちろう》（一九〇八～一九九七）に直接取材した話だが、保革逆転の可能性も取沙汰されたので、「自由社会を守る保険料」の名目で経団連は一〇〇億円を自民党に献金していた。しかし、田中から花村に「とても足りない。もっと増額してほしい」と直接の要請があり、西村英一（一九〇四～一九七一）自民党財務委員長が田中の使いとして「あと二〇〇億円」と頼み込んできたという。花村は渋ったが、植村甲午郎《こうごろう》会長（一八九四～一九七八）ら経済界首脳と相談して結局一六〇億円を追加献金している。

合計二六〇億円という金額は、経団連とはいえいかに破格なものだったかを、花村は「田中さんが総理総裁になってから政党や政治家のカネ使いが荒くなった。田中さんには集めも集めたり、

（2）（一九二七～二〇〇四）運輸、通産、外務、大蔵大臣を歴任。

Column　時代を先読みした有吉佐和子の『恍惚の人』

作家・有吉佐和子が1972年に発表した小説のタイトルが『恍惚の人』（新潮社）である。高齢化社会の到来を象徴的にとらえた作品で、ベストセラーになった。

妻に先立たれた老人男性が主人公で、息子や嫁の顔も分からなくなり、徘徊を続けるというストーリーである。主人公の立花茂造は、認知症になってから息子の嫁である立花昭子の世話になるのだが、弁護士事務所に勤務していた昭子のほうは、仕事、家事、舅の介護と一人三役で奮闘することになる。翌年、森繁久弥と高峰秀子の主演で東宝が映画化したほか、民放でもテレビドラマになっている。

「高齢化社会」とは、65歳以上の人が総人口の７％以上を占めている社会とされている。日本では、1970年の国勢調査で高齢化率7.1％を記録し、高齢化社会の仲間入りをした（ちなみに、現在は超高齢社会である）。そうした現象を有吉は先取りして小説にし、「はっきり分かったのは、今の日本が老人福祉では非常に遅れていて、人口の老齢化に見合う対策は、まだ何もとられていないということだけだった」と作品の中で書いている。

40年以上前の作品だが、今日でも新鮮味が薄れていない。事実、超高齢化社会のなかで独居老人は全世帯の24.2％にも達している。戦後、老人問題を扱った小説としては深沢七郎の『楢山節考』（中央公論新社、1957年）などがあるが、社会性という点では、有吉の視点をさらに深めた作者・作品の登場が待たれるところである。

有吉は、文学界では曽野綾子とともに「才女」と呼ばれ、「才女時代きたる」ともてはやされた。最近は芥川賞、直木賞にも女性が選ばれるケースが目立っているが、ぜひ『恍惚の人』を上回る作品が女性作家の手で完成することを期待したい。

特に、超高齢化社会にあっては、都市部、農村部を問わず独居老人が増えており、そこに焦点を当てた作品があってもよいのではないだろうか。

ばらまいたもばらまいたりという強烈な印象が残っている」と語っていた。

さて、その選挙結果であるが、自民六二、社会二八、公明一四、共産一三、民社五と、自民党公認だけでは半数に達しなかった。非改選と合わせて一二九議席、全野党との差は七議席に縮まってしまった。まさに「与野党伯仲」である。

この流行語を生みだしたのは、当時、読売新聞で選挙報道の実質責任者を務めていた多田実（一九二三〜二〇〇〇）である。多田は朝日新聞の早版に「参院保革接近」という見出しが踊っているのを見て、その経緯について自ら苦吟《くぎん》して考えたと、次のように書いている。

　やむを得ず大デスクの周りをぐるぐる回って言葉を探す。と、突然、全く何のきっかけも脈絡もなく、天の啓示のように脳中を貫いたのが「伯仲」でした。これだ——とデスクにとびつきザラ紙に「参院保革伯仲」と書いて両部長（政治部長、整理部長）を呼び込む。二人とも「ピッタリ、行きましょう」とデスクをたたく。（中略）

　大刷りの「参院保革伯仲（へ）」の大見出しを見直してホッと一息。その版以降の朝刊はすべてそれで通し、他紙も夕刊から追ってくれました。（日本記者クラブの会報、一九九三年四月一〇日号）

国会での保革伯仲は、プラスとマイナスの両面をもっていた。法案審議が停滞するようになった半面、以前は政界関係者の間で「夜の国対（国会対策委員会）」と称された自民、社会両党間の料亭政治が極端に減っていった。つまり、法案の裏取引が保革伯仲で通じなくなったのである。その点は、政治近代化へのプラス効果と捉えてよいのかもしれない。

「椎名裁定」は「青天の霹靂」でなかった？

金権問題で内外からの批判に抗しきれなくなった田中首相（自民党総裁）は、一九七四年一一月、フォード米大統領（Gerald Rudolph "Jerry" Ford, Jr., 1913〜2006・第三八代）の訪日日程が終わったところで正式に退陣を表明した。後継の総裁選びは、椎名悦三郎副総裁（六九ページの注参照）を中心に進められた。このとき、マスコミの間で次期総裁候補と目されたのは二年前の総裁選に出馬した福田赳夫、大平正芳、三木武夫。そして、少し距離を置いて中曽根康弘という四人だった。

しかし、田中は「いずれカムバック」という気持ちでいたから、長老クラスに一時的に政権を預かったもらう暫定政権の総理総裁というイメージを抱いて椎名副総裁に総裁就任を打診している。一方、三大福中の四実力者は、福田や三木が「振り子の論理」（一〇三ページから参照）でそれぞれ自分への指名を期待し、大平は「数の論理」で田中派の支援に期待して総裁公選を主張、そして中曽根は「次の次」への思惑から大勢順応という態度だった。

要するに、それぞれが自分に都合のよい計算を抱くなかではじまった椎名裁定であったが、一件落着後の筆者の取材によれば、椎名の頭にはハナから福田、大平の名前はなかったようだ。大福提携ができていれば別だったかもしれないが、椎名はこの時点では、大福のどちらを後継総裁に推挙しても自民党の分裂を加速化させると判断していた。

そこで椎名は、心通じた「三賢人会」の前尾繁三郎に総裁就任を打診し、そして前尾が断ると灘尾弘吉（一八九九～一九九四・元文相）に打診した。灘尾は固辞し、福田を推薦した。ちなみに、椎名は保利茂の意向も探っている。こうした経過のなかで、椎名自らが「灘尾が副総理、三木が副総裁をやってくれるなら短期間、総理総裁を引き受けざるを得ないか」との気持ちに傾いた。

ところが、それを嗅ぎ付けた大平が一一月二九日の椎名・大平会談で、「椎名暫定政権には賛成できない」と伝えた。会談後の会見で大平は、「行司がマワシを締めるなんて聞いたことがない」と皮肉っぽくいい、これが椎名つぶしの決定打になった。

椎名と大平はともに口数は少なく、とぼけた人間味という共通点もあったが、一九七二年の日中正常化の際は、大平外相が田中首相とともに表舞台に立ち、日中共同声明が締結された直後の会見で「日台断交」を宣言している。

一方、椎名副総裁は裏役で、台湾に田中の特使として赴き、現地で台湾の学生たちから生卵を投げつけられるなかで台湾政府に「お詫び」を述べるという損な役回りを務めた。そんなことも椎名の大平に対する心象に影響していたのかもしれないが、椎名裁定の過程で「あれ（大平）は心がよくない」と、大平のことを酷評した。

結局、暫定政権構想は消え、実力者四人のなかから田中後継を選ぶということで、消去法により三木が指名されることになった。三木は明治大学卒業後、政治家以外の職業に就いたことがない政界の長老である。ただ、保守本流を歩いてこなかっただけに、吉田、鳩山、岸、池田、佐藤という歴代政権の閣僚には起用されても、党内から主流派的な扱いを受けることはなかった。しかし、前記のように四人から選ぶとしたら大福はハナから椎名の頭になく、中曽根は論外とすれば三木しか残らなかったのだ。椎名は、「神に祈る気持ちで」考え抜いた結果として「新総裁にはこの際、政界の長老である三木武夫君がもっとも適任であると確信し、ここにご推挙申し上げます」と、一二月一日、四実力者や二階堂幹事長らの前で裁定文を読み上げた。

「青天の霹靂だ。返事をする前に皆さんと個別に話したい」と、三木はまず福田に声をかけた。「神に祈る気持ち」と「青天の霹靂」は、ともに流行語になった。だが、三木は前夜すでに承知していた。元産経新聞記者で椎名と親しかった藤田義郎（一九一二〜一九九七）は『椎名裁定』

（サンケイ出版、一九七九年）という著書で書いている。

前夜、同じく産経記者から椎名の秘書になった岩瀬繁を通じて「いま先生（椎名副総裁）が、明日の五者会談（椎名と四実力者）での〝挨拶文〟をアンタに頼んでくれ、というんだ。おねがいします」という電話を藤田は受けている。そして、椎名が「三木総裁」を決めたと確信して三木邸を訪れた。同著から引用する。


「保利はもうないネ」――まだ三木は〝保利暫定〟にこだわっていた。

「ありません。さきほど、椎名さんから、明日読み上げる裁定文を私に書けと連絡がきた。〝三木指名〟で間違いない！」

トタンに「待ってくれ」。三木はいきなり私の両肩をグイグイ押えつけながら「藤田クン、それは、後世に残る天下の名文にしなければいかん」


三木は「それはボクが書く」と言った。いかにも三木らしい。筆者もかつて三木派を担当して、三木武夫という政治家がいかに演説とか文章に凝る人間かを知った。「議政談場の諸君！」という慣用語が国会で使われたように、明治、大正、昭和期では代議士の演説の良し悪しが重要視されてきた。そうした時代を知っている三木とすれば、椎名裁定文はまさに「後世に残る名文」で

Column　最後の日本軍人　小野田少尉帰還

敗戦から約30年間、フィリピンのルバング島でたった一人潜伏していた日本兵が発見され、無事帰国したのは1974年３月12日のことだった。小野田寛郎・元陸軍少尉。1922年和歌山県生まれ。陸軍中野学校（諜報機関の養成所）二俣分校でゲリラ戦について学び、1944年にルバング島に派遣された。一人で長期潜伏した理由については、「（任務解除の）命令がなかったから」と救出後の記者会見で語っている。51歳での祖国帰還だった。

帰国後、結婚をしてブラジルに渡って牧場を経営したほか、日本では自然塾を開いて全国を講演して回り、2014年１月、91歳でなくなった。「最後の日本軍人」といわれたが、英雄扱いをされるのを嫌い、日本ではなくブラジルでの新生活を選択した。筆者も何回か会ったことがあるが、小柄で物静かな男性であった。繊細な神経の使い方が、密林のなかでたった一人、30年間を生き抜けた最大の理由だったに違いない。

小野田以外にも、戦後、タイに逃亡した元陸軍軍医と遭遇したことがある。1969年３月、新婚旅行で出掛けたタイの古都アユタヤで、山田長政が活躍した旧日本人町の石碑群を清掃している初老の男性だった。「日本の方ですか？」と声をかけると、「そう、私の名前はナカヤマです」と答えた。茨城県石塚生まれの中山武男（当時60歳）は、軍医として日中戦争（満州事変）に参戦。敗戦後は一人で中国からインドを経てタイに渡り、タイ人女性と結婚したという。現地で医者をやりながら旧日本人町の管理人的な仕事もしていた。タイは川の多い国で、特に地方では川が生活道路みたいになっている。中山は小舟を操って私たち夫婦を自宅へ案内してくれた。看護師をしていたユービン夫人との間に、18歳の長男を頭に６人の子どもが育っていた。

私は帰国後、元軍医のことを東京新聞に書いた。幸い吉田賢一民社党代議士（当時）が国会で質問してくれて、中山の一時帰国が実現した。小野田元少尉とはまた違った人生だったが、ともに戦争の傷跡を背負って生きた旧日本軍兵士の姿だった。

なければならなかったのだろう。

「神に祈る気持ち」「政界最長老の三木」といった表現を入れてほしいと、三木は藤田に注文をつけている。だが、結局は三木自身は書けず、藤田に任せ、それを椎名が手直しして裁定文となった。「最長老」の「最」を椎名が削ったというあたりも椎名らしい。

ともあれ、三木にとって前夜は「青天の霹靂」だったかもしれないが、一二月一日はそうではなかったのだ。ただ、国会議員になって以来、終始「保守傍流」の立場にあった三木に総理総裁の座がめぐってきたのはまさに「青天の霹靂」であり、一般国民も驚きをもって受け止めた。それは、田中金脈問題から自民党が抜け出すための保守陣営の知恵でもあったろう。まさに、「振り子の論理」だった。

「ロッキード事件」と「三木おろし」

一九七四年一二月に誕生した三木内閣は、政治資金規正法や独占禁止法の改正を手掛けるなど「三木色」、つまり「革新保守色」を打ち出していった。池田内閣当時に三木が中心になってまとめた政治近代化のための党組織調査会答申（三木答申）を、自らの政権中に実現しようと意欲を燃やしていた。

政治資金問題のポイントは多額の企業献金集めである。その見返りに、大企業に有利な政策を実施するという政・財癒着構造があるわけだが、まず企業献金を三年後には個人献金に切り替える、それまでは資本金に応じて献金限度額を定めるというのが三木の構想だった。

自民党は一九七五年三月、大阪で「政経文化パーティー」と銘打った新形式の党資金集め会合を開き、やがてこのパーティーが政界全体に波及していった。ただ、三木の目指した「企業献金の三年後全廃」には与党内の反対が強く、企業・団体献金の限度額設定を中心とした公職選挙法および政治資金規正法の改正にとどまった。また、独禁法改正では違法カルテルで得た利益に対する課徴金などが盛り込まれたが、参議院で廃案になっている。

三木らしさという点では、一九七六年一一月、毎年度の防衛費を「国民総生産（GNP）の一パーセント以内」と閣議決定したことが挙げられる。しかし、三木も革新色だけを売り物にしたわけではない。一九七五年八月一五日には、現職首相として戦後初めて靖国神社に「私人」の資格で参拝しているし、同年秋に公労協が構えたスト権ストに対しては、法秩序の順守が前提と労働界への高姿勢ぶりを見せている。三木のことを「バルカン政治家」という評価があるように、〝革新保守〟と見られていても保守の岩盤も忘れていないわけではないぞ、という思いを党内に伝えたかったのであろう。

ところが、三木政権の産婆役だった椎名悦三郎が、今度は「三木おろし」の旗手になるという、まことに不可思議な事態が発生した。直接のきっかけは、ロッキード事件での田中前首相の逮捕だった。

一九七六年二月、国会論戦の花形である衆議院予算員会の取材をキャップとして担当していた折に、米国上院多国籍企業小委員会（チャーチ委員会）の公聴会で多国籍企業ロッキード社の巨額工作資金問題が表面化したと伝わってきた。日本時間では五日未明のことだが、ロッキード社の公認会計士が右翼の大物・児玉誉士夫（五一ページの注参照）をロッキード社の代理人とし七〇〇万ドル（当時のレートで約二一億円）を支払っていたと証言したのだ。さらに、丸紅を通じて日本政府高官にリベートが支払われており、その領収書に「ピーナツ」という表現が使われていることも明らかになった。

また、同社のコーチャン副会長（Archibald Carl Kotchian, 1914～2008）も、大型航空機トライスターや対潜哨戒機Ｐ３Ｃの日本売り込みに際して、丸紅、全日空、児玉誉士夫、小佐野賢治(3)らを通じて巨額なカネを日本政府高官に贈ったという衝撃的な証言をしている。いまでも鮮明に覚えているが、総括質問がはじまったばかりの六日の衆議院予算委員会は、この情報で異様な

(3)（一九一七～一九八六）国際興業グループの創業者。

興奮状態に陥り、早くも「政府高官とは誰だ」といった犯人探しや証人喚問の段取りなどで第一委員会室はむせかえるほどの熱気に包まれた。
一六、一七の両日、若狭得治全日空会長ら七人の証人喚問が行われた。田中前首相との関係が深い国際興業社主の小佐野賢治も証人喚問された。しかし、肝心なところに来ると、小佐野は「記憶にございません」を繰り返し、この答弁は流行語になった。もう一つの流行語は、前記の「ピーナツ」である。ロッキード社が献金額に「ピーナツ一〇〇個」などと記載しており、ピーナツ一個が一〇〇万円を意味することが検察の調べで判明した。
ロッキード社の「秘密代理人」として二一〇億円を受け取ったとされる児玉は、病気を理由に国会の証人喚問に応じず、三月四日、臨床取り調べのあと脱税容疑で起訴された。そして、五月には衆参両議院にロッキード問題調査特別委員会が設置され、灰色高官探しが連日のように国会やマスコミをにぎわした。

政界はロッキード事件一色となった。そんななかで七月二七日朝、日本列島をメガトン級の衝撃が駆け抜けた。田中前首相が外為法違反容疑で東京地検に逮捕されたのだ。もとより外為法違反とは別件逮捕の要件で、地検は八月一六日、丸紅ルートでロッキード社から五億円を授受した受託収賄容疑で田中を起訴した。世にいう「総理大臣の犯罪」である。

このとき、自民党を担当していた一政治記者としての率直な印象は、「田中角栄に代表される戦後保守政治家の金権政治体質は、とうとうここまで来てしまったか」ということだった。もともと戦後保守党には金権的な体質があった。鳩山一郎が終戦直後、自由党を立ち上げたときの資金には児玉（誉士夫）機関がもっていた資金やダイヤが使われたという経緯があるし、岸内閣ではインドネシア賠償に関連した汚職とか、ソウル地下鉄の車両輸出に絡む汚職がニュースになっている。

「政治家を全うするには莫大なカネがかかる」というのが保守系議員の間では〝常識〟だった。ただ、少数の「井戸塀政治家」(4)がいたことも確かである。しかし、この言葉、いまや完全に死語になっている。

筆者が自民党を取材していた一九六〇～一九七〇年代でも、藤山愛一郎（八二ページ参照）のように派閥運営や総裁選出馬で私財をすり減らし、「私邸の玄関に飾ってある絵も借金のかたになっている」といわれた実力者もいた。その一方で、族議員の親玉になることで業界からの政治資金ルートを確実なものにしていくシステムが自民党内で構築されていった。

とくに田中派の場合は、国土、建設、道路など公共事業関連に顔が利く族議員が揃っていて、予算の箇所付け（計上された予算の具体的な配分先）で選挙区から頼りにされていた。田中角栄

（4）　政治家が政治や選挙に私財をつぎ込んで頑張ったが、その結果、貧しくなって井戸と塀しか残らないということ。

は若くして郵政大臣をやった関係で郵政族の親玉となったが、郵政省（現総務省）はテレビ、ラジオなど電波関係の許認可権限をもっていたから、放送局、およびそのバックにいた大手新聞社に隠然《いんぜん》たるにらみを利かせることができた。

田中の先輩である岸や佐藤が、「田中は、さわると火傷しそうなカネを扱っているから危なっかしい」と終始心配していたという。その最たるものがロッキード事件で、田中のような超ベテラン代議士が、外国企業からの献金は違法という初歩的ミスを犯すこと自体が異常である。小佐野、児玉という「闇の世界」にも通じた人物や、丸紅、全日空（現ＡＮＡ）といった大企業の関与が田中角栄の倫理感覚を狂わせてしまったのかもしれない。もとより、遠景にはロッキード社製の航空機を購入することでニクソン米大統領から強く迫られていた日米貿易摩擦の解消策にしたいとの政治的な思惑も働いていたのであろう。

「禊《みそぎ》」という言葉を大平正芳（当時は三木内閣の蔵相）が言い出したのは、一九七六年五月、自派・宏池会の総会の席であった。

「長期政権でたまったアカを自ら洗い落とさなければならない。全党が禊するつもりで出直さなければならない」

まだこの時点では、田中角栄一人に焦点があたっていたわけではなく、政界やマスコミでは疑惑の高官に関して裏情報で「T」とか「N」といったイニシャルで話題にしていたにすぎなかった。しかし、大平は田中が何らかの形でロッキード事件に絡んでいるのではないか、と比較的早い時点から予測していたと筆者はにらんでいる。それには二つの理由がある。

一つは、米証券取引委員会（SEC）の捜査資料が四月に渡米した東京地検特捜部の資料課長らに引き渡された直後、大平は「その資料を見せてほしい」と法務省を通じて申し出ていることだ。[5]そして、もう一つは、「禊」の真意を大平自身にインタビューしたときのことである。「新聞に掲載する前に見せてほしい」と言ったのだ。大平がそんなことをいうのは初めてだった。それだけ、この問題には神経を使っていたのだろう。そして、彼は下書きの原稿を読んで彼自身の発言を訂正した。

「巧みに法の網をくぐっている者を許すことはできない」という箇所を「法の網をくぐっている者とそうでない者とが判《わか》れば、そのけじめはつけなければならない。一片のうわさで人を殺すようなことがあってもいけない」と訂正した。「許すことができない」という強い表現が、「けじめはつけなければならない」とトーンダウンしたのである。

（5）結果的に拒否されたが、そもそもそういう申し出をするのは大平の普段の態度からして非常に違和感を覚える行動だった。

明らかに、特定の人物に批判が集中するのを避けようとする意図がうかがえた。筆者の手元に大平自身が加筆した原稿（下の写真）が残っているが、田中角栄という名前が浮上する前から大平は「田中逮捕」を想定し、政治家全員の責任論という「禊《みそぎ》」を提唱したのではないかと、訂正箇所を見ながら改めて思っている。

不思議なもので、「神に祈る気持ち」で三木を総理総裁に推挙した椎名が、二年足らずで「三木おろし」の先頭に立った。まだ誰が灰色高官か判明しない時点からロッキード事件の全容解明に熱を上げはじめた三木に対して、「三木には惻隠の情というものがない」と椎名悦三郎をはじめ大平、福田らが反発を強め、田中逮捕後の一九七六年八月には「挙党体制確立協議会（挙党協）」という組織が結成された。これは「三木おろし」のための組織で、当時の自民党議員の約七割が名を連ねている。

三木は「ロッキード事件の全容解明」と「政治改革」

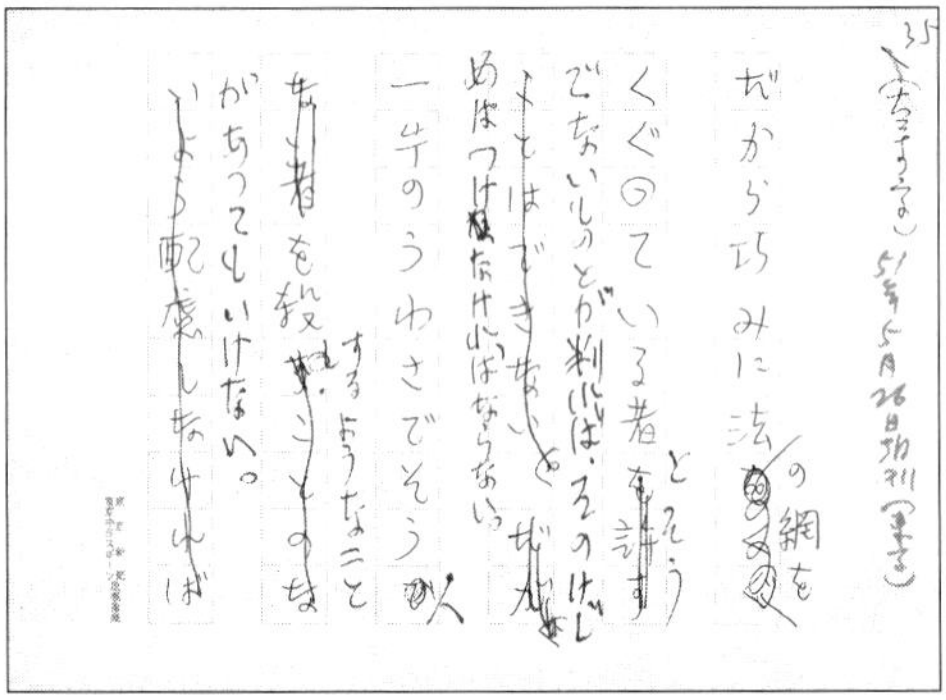

大平インタビューの原稿を大平自身が読んで、手直しした。

を大義名分にして粘りに粘り、一九七六年一二月の任期満了総選挙での勝利に最後の望みを託したが、自民党は二四九議席（選挙後に八人を追加公認して過半数維持）と振るわず、三木政権は二年で幕を閉じるに至った。

「大福密約」から「四〇日抗争」へと政局は激震

自民党内で「三木おろし」が表面化してから三木退陣が現実のものになるまで約七か月かかったことになるが、その背景には後継をめぐって福田赳夫と大平正芳が党内を二分する激しい争いを展開して、三木に時間稼ぎをさせたという事情もあった。

「そんなこと言ったって君たち（福田と大平）の間で、どちらが先にやるかもまとまってないじゃないか」

三木は、福田、大平らからの退陣要求に対して、余裕の笑顔さえ見せながら切り返したものだった。福田、大平と親しかった古井喜美《よしみ》(6)（元厚相）は、「二人とも三木の前では女学生みたいだ

(6)（一九〇三〜一九九五）法相、厚相を歴任。日中友好議員連盟会長を務めた。

からな」と苦笑いしていた。三木を早期退陣に追い込むには「大福一本化」しかない、という点では二人とも十分に承知していた。

福田側近ながら大平とも心情を通じていた園田直《すなお》は、(7)後年、福田と大平の違いについて次のように語っている。

「福田さんに美学がないところに差があるんじゃないですか」

「もともと福田さんと大平さんは本質が違ったんじゃないですか。福田さんというのは賢いからね。世の中は自分中心に回っているという判断しかしない人です。大平さんはね、一つの大きな宇宙の慈悲というか、愛というか、そういうものに包まれて自分が生きているという考えかたでしたね。全然違いますもの」(一九八一年七月六日、宏池会事務局の安田正治のインタビューに答えて)

一方、大平は、福田と人生観、価値観など思想信条を異にしながらも、宰相論となると福田を買っていた点があり、側近を驚かせた。一九七九年一〇月、大平首相時代の総選挙で大平がいったん掲げた一般消費税構想が不評で自民が敗れた直後、「大平おろし」が起きた。最終的には、首班指名に大平、福田の現前両総理が立候補するという前代未聞の「四〇日抗争」に発展した。

大平との会談で福田が退陣を迫ったのに対し、大平は「それは私に死ねということか」(8)と反論した。激しいやり取りののち、首相官邸での食堂で加藤紘一官房副長官と遅い昼食をとった大平は、加藤に向かって「俺が辞めた場合、あとは誰がやれるんだ。加藤、名前を挙げてみろ」と言った。加藤が長いこと沈黙していると、大平があれこれ長老の名を挙げたうえで、「結局は福田しかいないいな」とつぶやいて加藤を驚かせた。いま口論してきたばかりの政敵だが、「宰相にふさわしい人物」という観点では福田に敬意を払っていたのである。

大福の一本化が成ったのは、一九七六年秋、品川の「ホテルパシフィック」（現SHINAGAWA GOOS）で保利茂（四三ページの注参照）立ち合いのもとに行われた福田および園田（福田派）、大平および鈴木善幸（大平派）の五者会談における三項目の合意によってである。すなわち、①ポスト三木は福田が総理総裁となる、②党務は大平に委ねる、③総裁の任期を（三年から）二年に改める、という密約で、保利を除く四人がそれぞれ署名捺印した。これによって、同年一二月、三木退陣に伴う後継総裁は無投票で福田に決した。

幹事長は、当然、大平となった。ここから二年間の自民党政治は政務を福田、党務を大平という両者の役割分担がうまく機能して、久方ぶりに党内対立が表面化しないで平穏に推移した。福田内閣の支持率は必ずしも高くなく、むしろ「低値安定」といわれたぐらいだが、マニラでの「福

（7）（一九一三〜一九八四）元陸軍大尉。外相、厚相などを歴任。六二ページのコラム参照。
（8）（一九三九〜）内閣官房長官、防衛庁長官などを歴任。二七二ページから参照。

田ドクトリン」（日本が軍事大国にならない旨の宣言）の発表や日中平和友好条約の調印（一九七八年八月一二日）など、それなりの実績を残した。ただ、政治記者としての率直な印象をいえば、「あまりにも遅れてきた秀才総理」であった。

その福田が、約束の時期が近づくにつれて欲を出しはじめた。「もっとやれ」という派内からの突き上げもあったが、大平との密約期間後に到来する東京での戦後初のサミットを議長として取り仕切りたいという欲望が、福田の心の中で次第に膨張していった。

大平は、福田から再選出馬の意向を聞いて激怒している。所詮「密約」は密約にすぎなかったのである。岸内閣のときにも安保乗り切りに苦慮した岸は、後継を大野伴睦に譲るとの密約書を書いたが、結果的には反古《ほご》になった。それ以前にも、公職追放になった鳩山一郎と吉田茂の間で、追放解除になったら吉田がいつでも鳩山に総裁をバトンタッチするとの口約束があったとされるが、これも守られていない。

「政権密約」とは、所詮そのような、その場しのぎの約束事という性格をもっているものだ。大福も、結局決裂して、初めての総裁予備選が実施され、福田は大平に大差で敗れた。大平びいきの田中角栄が全面支援したことが大きいが、福田は「天の声にも、たまには変な声がある」との言葉を残して去っていった。

サミット――「ランブイエサミット」と「東京サミット」

一九七五年一一月、第二次世界大戦後初めての先進国首脳会議（サミット）がフランスのランブイエ（Rambouillet）で開催された。ジスカールデスタン（Valéry Marie René Georges Giscard d'Estaing, 1926〜・第二〇代）仏大統領の呼びかけで開かれ、出席者はフォード米大統領、ウイルソン英首相（James Harold Wilson, 1916〜1995・労働党党首）、シュミット旧西独首相（Helmut Heinrich Waldemar Schmidt, 1918〜）、モロ伊首相（Aldo Moro, 1916〜1978）、そして三木首相の六人であった（二回目からカナダ首相が参加）。

当時、この民主主義国家六か国で世界のＧＮＰの半分近くを占めていたが、自由主義経済や統治体制が曲がり角に来ていることに危機感を覚えた首脳たちは、パリから車で四〇分ほどのランブイエ城（Château de Rambouillet）に籠って率直な意見交換をした。その結果、以下の五つを盛り込んだ「ランブイエ宣言」を発表した。

❶自由民主主義社会を強化する。
❷インフレに留意しつつ着実かつ持続的に経済成長を図る。
❸世界貿易の拡大と自由貿易体制の維持強化を図る。

❹為替相場の安定に努力する。
❺エネルギーの節約と代替エネルギーの開発に努める。

当時、三木首相がよく使った言葉に「ガバナビリティー（governability）」という英語があった。「統治能力」と邦訳されていたが、正確には「統治される側の能力」を意味するとされる。

「いかにガバナビリティーを回復するか。何かサミットで発言するのによい材料はないだろうか」

海部俊樹官房副長官（第七六・七七代総理大臣）や三木側近の国弘正雄[9]がそういうので、筆者は「それはギリシャ神話を引用するのがいい」と、シュシュポス[10]の岩などいくつかの神話をメモして国弘に渡した。筆者も初サミットの取材に出掛けた。会合後に聞いてみると、三木はあまりしゃべる場面がなかったようだ。この神話は、会議のまとめとして「先進六か国は今後

ランブイエサミットに集まった首脳たち。真ん中の背の高い人物がジスカールデスタン仏大統領（撮影：久保田富弘）

もシュシュポスのような苦労を重ねることになるのではないか」と記事に活用した。
当時、私は大平派を担当していたので、大平蔵相、宮澤外相と別個に懇談の場をパリで設けてもらったが、大平は当時の国会にかかっていた酒タバコ値上げ法案の審議のほうがサミットより気がかりのようで、三木に先んじて慌ただしく帰国していった。

会場となったランブイエ城が事前に記者団に公開された。「ここが三木総理の部屋です」と紹介された個室のデスクに電話が置いてあった。受話器に電話番号が書いてあるのを見つけたので、こっそりメモし、その夜ホテルのプレスセンターからかけてみた。コールするのだが、会期中、何回かけてもつながらなかった。

二回目以降のサミットは、米国のサンファン（San Juan）、ロンドン、ボンと回って第五回が東京開催となった。先述したように、福田赳夫が議長をやりたがった「東京サミット」である。一九七九年六月二八、二九の両日、赤坂の迎賓館で開催された東京サミットでは、石油輸出国機構（ＯＰＥＣ）が石油価格の大幅値上げを決定したことを受けて、エネルギー問題が最大の焦点

（9）（一九三〇～二〇一四）三木外相政務秘書官、テレビキャスターなどを経て参議院議員。
（10）ゼウスの怒りを買ったシュシュポスが大きな岩を山に押し上げる永久運動の罰を下されるというギリシャ神話。

になった。「石油消費の五パーセント節約措置を徹底する」ことを軸に、サミット参加国で一日当たりの石油輸入目標を設定することが欧米各国首脳間で密かに進められ、議長の大平首相は苦境に立った。昼食会に出された日本食にも手をつけられなかったという。それを救ってくれたのがカーター米大統領（James Earl "Jimmy" Carter, Jr. 1924〜・第三九代）だった。日本側にも配慮し、一日当たり輸入量を、一九八〇年は五四〇〇万バレル、そして一九八五年の目標を六三〇〇万〜六九〇〇万バレルとし、何とか日本のメンツを保つことができた。

「省エネルック」という評判のよくない服装に大平がこだわったのも、以上のような経緯を踏まえてのことだったに違いない。ともあれ、東京サミットの開催は、日本という国が欧米先進国と肩を並べたことを世界に知らしめたという点では、絶大な役割を果たしたといえる。戦後三四年目のことだった。

1980年に行われたカーター大統領との日米首脳会談（撮影：久保田富弘）

第5章

中曽根政権を取り巻くグローバル化時代

（1983年～1992年）

東京新聞　昭和61年（1986年）12月30日（火曜日）

防衛費ついに1％枠突破

5.2％ ３兆5170億円に

大綱達成を最優先

野党の強い反発必至

GNP1％と防衛関係費の推移

整備新幹線 凍

予算政府案

東京新聞

中日新聞東京本社

特報面 '86珍言、放言、至言・

東京新聞、1986年12月30日付

「四〇日抗争」の延長として大平内閣不信任決議が採択されたのを受けて、大平正芳首相は一九八〇年五月、初めての衆参ダブル選挙を断行した。しかし、選挙戦の最中に大平は心臓病で倒れ、虎の門病院において死去した。筆者は大平派担当が長かったので死亡時の記事を書いたが、「一九五五年体制が崩壊に向かう過程の党内抗争の末の〝戦死〟」と位置づけて論評した。

現職総理大臣の死は暗殺された原敬[1]など戦前には四人いるが、戦後は初めてである。それだけ「三角大福中」の派閥闘争が激しかったことを裏付ける象徴的な出来事であった。後継者には、大平派幹部の鈴木善幸が無競争で選ばれた。ダブル選挙で大平への同情票もあって自民圧勝に終わったことから、福田派、中曽根派など反主流派も手出しができなかったからだ。「和の政治」「全員野球」を掲げて、鈴木は二年間にわたって政権を担当し、あとを中曽根康弘に託した。

このころから日本がグローバル化の波にのまれて、政治も経済も価値観も「日本標準」から「世界標準」へと変質していかざるを得なくなった。ダイエーの中内㓛[2]オーナーが、「宮大工さんもこれからは尺貫法からメートル法の時代だね」と言っていたのを思い出す。

米国のレーガン大統領（Ronald Wilson Reagan, 1911～2004・第四〇代）、英国のサッチャー首相[3]が「世界標準」の開放経済に力を入れたことも中曽根首相の「自由化」路線を後押しした。サッチャーの「ビッグバン」政策（ロンドンの金融・証券市場の自由化）は、日本の金融市場の開放などを迫ってきた。これを受けて中曽根が進めた大きな流れが二つあった。一つは、経済の

「グローバル化」に乗って国鉄、専売、電電の三公社民営化をはじめとする民活路線の推進。もう一つは、「戦後政治の総決算」発言（一九八五年七月）に代表される新保守の統治体制、つまり「国のかたち」の構築であった。

ただ、中曽根がそれらに本格的に取り組めるようになったのは政権担当後二年余りが経ってからであった。それまでは、ロッキード事件の被告ながらも依然として政界ににらみを利かせていた田中角栄からの強い横風をはじき返すことができなかったからだ。

首相就任後、最初の記者会見は田中支配問題に終始した。

（1）（一八五六〜一九二一）第一九代総理大臣。東京駅（現在の丸の内南口）で刺殺された。
（2）（一九二二〜二〇〇五）ダイエーを創業し、会長・社長・グループCEOを務めた。日本経済団体連合会副会長。
（3）（Margaret Hilda Thatcher, Baroness Thatcher, 1925〜2013）英国初の女性首相。「鉄の女（Iron Lady）」の異名をとった。

ロン、ヤスと呼び合った二人（撮影：久保田富弘）

当時、筆者は東京新聞・中日新聞の首相官邸クラブキャップで、内閣記者会の代表幹事もやっていたから代表質問役を務めたが、約一時間の会見の半分以上が「田中曽根内閣」と評された田中派重視の組閣人事についてであった。官房長官・後藤田正晴（一〇八ページ参照）、法務大臣・秦野章[4]など田中派ないし個人的に田中と親しい閣僚が七人、国土庁長官にロッキード灰色高官の加藤六月[5]の起用など、「直角内閣」「ロッキード関連内閣」と指摘されて当然だった。中曽根が「仕事本位で選んだ」と何回も力説するので、筆者も堪りかねて「仕事ができるなら政治倫理は免罪というわけではないでしょう」と糾弾調で質問したことを思い出す。

筆者の手元に、六枚の「中曽根首相の初のキャップ懇談」（一九八二年一二月二四日正午から官邸小食堂）のメモが残っている。当時はオフレコがかかっていたが、三〇年以上経過しているのでその一部を公表したい。

「体重が増えた。通常六八・五キロだが、七〇キロを超えた。風見鶏がブロイラーみたいになっている」（ここは、笑いながらしゃべっていた）

「執務室に座っていると歴代首相の心境が良く分かる。都合の良い情報しか入ってこない。民意を知るには何かモニタリングの仕組みが必要だ。世論調査もその一つだ。支持、不支持とも三七パーセントという調査結果があったが、これでいい。支持、不支持がはっきりしている。民主政治の前進だ。不支持三七パーセントはコア（核）でこれ以上減らないだろう」

「一番難しいところへ舳先を向けて進むというのが私のやり方だ。逃げると横波をかぶってしまう」

「記者会見は立ってやりたい。座って一段高いところからやるのは、いかにも自民党的で、舟宿のおやじがアグラをかいてキセルをふかしながら話しているみたいだと以前から思っていた。一時間でも立ってやりたい。一時間立っていられない政治家は首相になる資格がない」

　この「立っての記者会見」は、「レーガン大統領の真似か」といった官邸記者クラブの抵抗もあって、すぐには実現しなかった。このように、スタート時の中曽根政権の評判は芳しいものではなかった。国鉄の分割・民営化をはじめ中曽根の実力が発揮されるようになるのは、「闇将軍」田中角栄が脳梗塞で倒れた一九八五年以降であった。

（4）（一九一一～二〇〇二）私大出身の初の警視総監。
（5）（一九二六～二〇〇六）福田派。国土庁長官、農相を歴任。

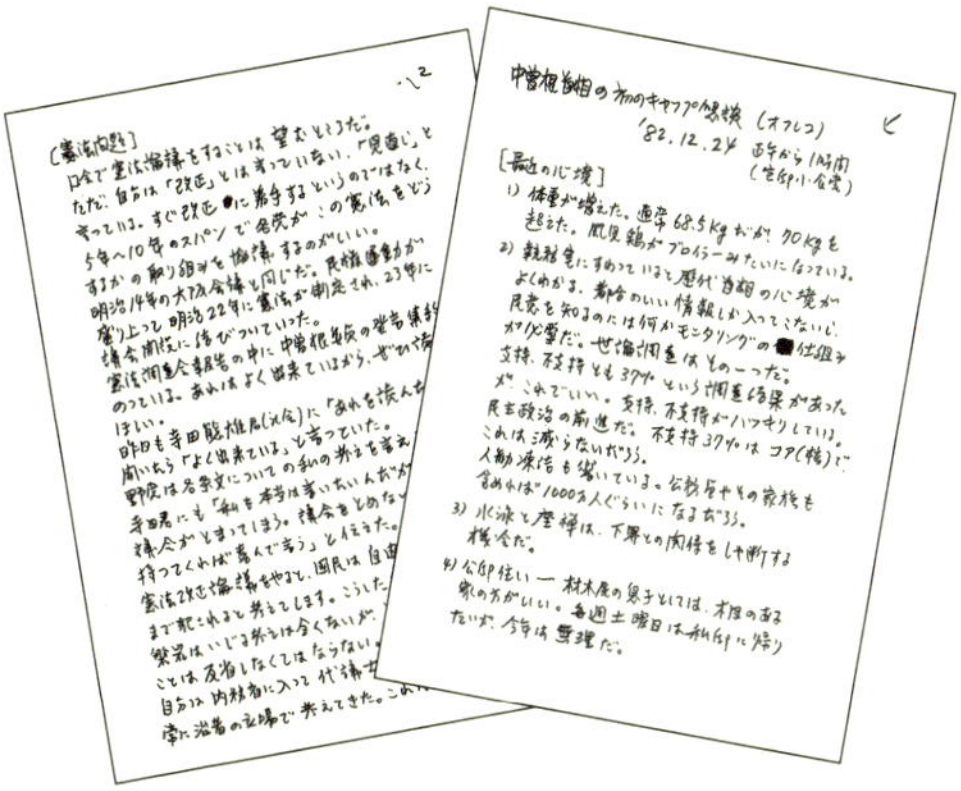

中曽根首相のキャップ懇談メモ

大平と中曽根の「日本列島不沈空母論」

一九八三年一月、中曽根康弘が首相就任後、初めての訪米時にキャサリン・グラハム（Katharine Meyer Graham, 1917～2001）社主ら〈ワシントン・ポスト紙〉幹部との朝食会で行った問題発言が「不沈空母論」である。同紙に報道されたことを受けて、日本の新聞でも「日本列島を不沈空母に　首相、米紙に語る」と大々的に報道された。その要旨は、「日本列島をソ連の爆撃機の侵入を防ぐ巨大な防衛の砦を備えた不沈空母にすべきだ」、「日本列島の海峡を全面的かつ完全に支配することでソ連の潜水艦および海軍艦艇に海峡を通過させない」などというものであった。

ポスト紙は録音を取っていたので、日本側通訳による英語から忠実に再録された記事だが、実は中曽根は日本語では「大きな航空母艦」という表現を使っていたことが後日判明した。(6) 通訳を担当したのは「サイマル」の村松増美で、超ベテラン同時通訳者として我々ジャーナリストの間でもよく知られていた人物である。中曽根発言を直訳すれば「big aircraft carrier」となるところだが、村松は「unsinkable aircraft carrier」と訳した。「大きな空母」を「不沈空母」と訳すことで、日本の首相の真意がより具体的に伝わるだろうと通訳者は考えたのであろう。

村松とも親しかった同時通訳者の鳥飼玖美子（一九四六～・立教大学教授）は、『歴史をかえた誤訳』（新潮OH！文庫、二〇〇一年）のなかで「日本政府が民間の通訳者をあえて使う理由、というものがある。その理由とは、会議中の発言についてあとになって両国間で意見の不一致が生じた場合、通訳者が政府外の人間、つまり部外者であれば、その『誤解』を通訳者の『誤訳』に基づくものと説明しやすいから」と書いている。

中曽根発言は政府間協議の場ではなかったが、村松も苦渋の心境だった。しかし、中曽根の真意が「大きい空母」より「不沈空母」に近かったのは確かで、その後は中曽根も事実上「不沈空母論」を是認する形で今日に至っている。

ちなみに、大平正芳首相も、中曽根発言より前の一九八〇年、カーター米大統領との会談で同様の発言をしている。それも日本側の通訳が訳したが、同席していた米国側の通訳、コーネリアス・K・飯田(7)によれば次のような内容だった。

「防衛関係に関しては、大統領閣下、いままでどおり、わが国を四杯の航空母艦とみなして、これをどうぞご自由にお使いください」（月刊「文藝春秋」一九八九年四月号「通訳が聞いた日米首脳会談」）

(6)（一九三〇〜二〇一三）一九六五年、日本初の会議通訳者集団である株式会社サイマル・インターナショナル創設に参加し、社長、会長を務めた。

(7)（一九三〇〜）本名：飯田国裕。元アメリカ大統領付外交通訳官で、山口県立大学教授。

飯田は、「度肝を抜かれるほど驚きました。歴代の総理の発言のなかで、あれくらい強い印象を受けた発言は他にありません」と記している。首脳会談に同席していた加藤紘一（当時、官房副長官。二〇五ページの注参照）は、「アメリカを全面的に激励する大平の態度に、喜びでカーター大統領の顔が次第に赤みを増していくのが分かった」と後年、筆者に語っている。

翌年の鈴木善幸首相とレーガン米大統領との共同声明で問題になった日米「同盟（alliance）」関係という表現も、実は大平・カーター会談のなかで初めて出た表現だった。鈴木も中曽根もそうした経過をどこまで承知していたかは明らかでないが、当然、駐米大使はじめ日本側高官も同席していたのだから、「大平発言」がきちんと鈴木政権に引き継がれていたら、伊東正義外相辞任にまで発展した「同盟」騒ぎは起きなかっただろう。(8)

その点、中曽根は大平の「日本列島空母」発言をどこかで耳にしていたのであろう。中曽根と同郷（群馬県）の福田赳夫が「中曽根君の前に選挙演説をするのは嫌だ。わしの演説のおいしい部分を別の場所ですぐ取り入れて話すのだから」と嘆いていたが、「不沈空母」発言も似たところがあったかもしれない。ハト派（大平）とタカ派（中曽根）という違いはあっても、こと対米支援という点では、二人の考えには共通点が多かった。また、大平が首相時代に活用した佐藤誠三郎（一九三二～一九九九・東京大学名誉教授）をはじめとする政治学者や、「環太平洋構想」などの報告書を引き継いだのが鈴木ではなく中曽根だったのも興味深い。

防衛費の「GNP比一パーセント枠」突破

三木内閣当時の一九七六年一一月、政府は一九七七年度以降の「防衛計画の大綱」で毎年度の防衛費をGNP（国民総生産）の一パーセント以内とすることを決定した。この「一パーセント以内」という考え方は、日中正常化を成し遂げた田中内閣当時からあったもので、米中間の緊張緩和などを踏まえて平和時の防衛力水準を念頭に置いたものだった。

それを考えたのは、久保卓也[9]防衛局長（当時）らであった。「平和時における防衛力」すなわち「基盤的防衛力」論である。これに対して金丸信[10]など自民党内の防衛族の間では、「脅威対抗防衛力」論が根強くあって、ソ連（当時）、中国、北朝鮮が防衛力増強を図れば日本も当然、それに対抗して防衛力を増強すべきだと、久保構想に異を唱えていた。

また、上田哲《てつ》[11]ら社会党の防衛専門家は、久保の考え方を評価した半面、「（防衛費がGNPの）

(8)（一九一三～一九九四）外相、内閣官房長官を歴任。
(9)（一九二一～一九八〇）警察官僚から防衛官僚。
(10)（一九一四～一九九六）防衛庁長官、建設相、副総理などを歴任。
(11)（一九二八～二〇〇八）日放労委員長。衆参両議院議員。

一パーセントという政策をそのまま延長すれば（ＧＮＰ）一兆ドルの一パーセントという段階では、明らかに経済大国は軍事大国になるということを正当化する論理になってしまう」（一九七二年一一月一二日、参院予算委）と田中首相を追及している。

三木や鈴木善幸といったハト派宰相の時代は、一パーセント枠論議が影を潜めていた。それが、タカ派宰相・中曽根の登板によって次第に「一パーセント枠突破」へと舵が切られていく。自民党にとっては、ロッキード疑獄のお詫び選挙になった一九八三年一二月の衆議院選挙で、田中角栄自身は大量得票で選挙民の信任を得たが、自民党そのものは二五〇議席と過半数（二五六議席）を割り込んだ。自民離党組のハト派政党・新自由クラブ（河野洋平代表）との連立で窮地を脱したが、新自由クラブは元来、一パーセント枠堅持グループであり、この連立は旧中曽根派グループによる妥協の産物と見られた。

「一パーセント枠突破」が具体化したのは、一九八四年一一月、第二次中曽根改造内閣ができてからであり、自民党防衛力整備小委員会（小委員長・大村譲治元防衛庁長官）が同一二月に一パーセント枠見直しを提言した。そして一九八六年、「死んだふり解散」による衆参ダブル選挙で大勝し、中曽根は同年末の一九八七年度政府予算編成で「防衛費ＧＮＰ一パーセント突破」を実現したのである。ちなみに、一九八七年度は一・〇〇四パーセント、一九八八年度は一・〇一三パーセント、一九八九年度は一・〇〇六パーセントとなった。

中曽根の「戦後政治の総決算」と、宮澤の「戦後の継承」

一九八五（昭和六〇）年七月、自民党主催の第五回軽井沢セミナーで中曽根首相は、「戦後政治の総決算」をぶち上げた。

「明治以来一〇〇年、そして戦後四〇年、二一世紀へ向けての体系を整頓して、前進する体系をつくろうということで『戦後政治の総決算』を提唱し、その仕事に全力で努力しているということであります」

政権を担当して三年目に入り、実力者・田中角栄も病に倒れて、文字どおり自前の政治舵取りができるときが来たと判断したのであろう。この講演を現場で聞いた同僚記者によると、中曽根は背広を途中で脱ぎすて、手振り身振りを加えて顔を紅潮させながら自説を展開したという。

彼のいう「戦後政治の総決算」とは、防衛費のGNP比一パーセント枠突破をはじめ、日本的アイデンティティの確立、靖国神社への公式参拝、民間活力の導入、戦後税制の見直し、教育改革などを意味していた。そして、「二一世紀に向かって国家としての締り、まとまりをつける屈曲点に来た。これが私の言う戦後政治の総決算である」と締めくくった。筆者を含めて、多くの記者が新ナショナリズムの台頭と受け止めた。

これより先に大平正芳は、一九七一（昭和四一）年夏の大平派研修会で「戦後の総決算」を強調している。

「わが国は今や『戦後の総決算』ともいうべき転機を迎えている。これまでひたすら豊かさを求めて努力してきたが、手にした豊かさの中には必ずしも真の幸福と生き甲斐は発見されていない。対米協調を基調として国際政治への参加を避けてきたが、まさにドル体制の弱化のゆえに、けわしい自主外交に立ち向かわなければならなくなってきた」（研修会取材のメモより）

大平が指摘した「戦後の総決算」は、高度経済成長の限界、パックス・アメリカーナの崩壊、文化の時代の到来などを意味しており、その点で中曽根の「総決算」とは異質である。大平は首相就任後、初めての施政方針演説（一九七九年一月）でも「近代を超える時代」「経済中心の時代から文化重視の時代」などと強調している。ただ、対米関係に関しては「対米依存からの脱却」と言いながらも、「米国へのサポート強化」という点では中曽根と一致している。そのことが、「日米同盟」「日本列島不沈空母」で符丁を合わせることになったのだろう。

一方、「戦後の継承」を主張し続けたのは宮澤喜一だった。宮澤は中曽根が「戦後政治の総決算」を力説した同じ年の宏池会研修会で、「国民一人ひとりが総意と創造で最大限の自由闊達な社会をつくっていくことが、これからの政治の最大の役割である」と述べた。宮澤の評価する「戦後」とは、言論や結社の自由が完全に保証されたデモクラシー社会、価値観を共有する自由世界との連帯、歯止めをもった防衛力、公的圧力に規制されない市場経済など「吉田─池田路線」の「保守本流」政治を意味していた。

当時、宮澤と個人的に懇談した際に彼は、「自主憲法制定を目指した鳩山、岸の政治は六〇年安保ですでに消えたのでないでしょうか」との見解を語っていた。それだけに宮澤は、中曽根の「戦後政治の総決算」路線を苦々しい気持ちで見ていたに違いない。

田中角栄ダウンで推進できた「国鉄の分割・民営化」

中曽根康弘という政治家は、総理大臣になる以前から「青年将校」「変節漢」「風見鶏」などと評され、毀誉褒貶《きよほうへん》相半ばする人物だった。筆者が新政同志会（中曽根派）を担当したころは、赤坂のリキアパート（力道山所有のマンション）一階に中曽根事務所があった。

河野一郎（五〇ページ参照）が病死してから、河野派は森派と中曽根派に割れた。当初は森コンツェルンの血を引く森清（一九一五～一九六八・総理府総務長官）のほうが春秋会（河野派）の主流で、中曽根派は少数派だった。やがて森も病死して、旧河野派の大半が中曽根派に再結集した。中曽根が政界の中心に登板したのは、第二次佐藤内閣の運輸大臣に就任したときだった

（一九六七年一一月）。その直前まで佐藤内閣を批判したが、入閣後は「いつまでも犬の遠吠えでは仕方ない。政権の懐に入って中から変えていく」と語っていたのを思い出す。

のちに中曽根内閣をつくってから、一九八七年に行政改革の一環として国鉄の分割・民営化を実現するが、二〇年前に初入閣したのが国鉄を管轄する運輸大臣だったのも何かの縁かもしれない。別の言い方をすれば、「犬の遠吠えでは仕方ない」との思いが二〇年でやっと達成できたということであろうか。

第二次臨調（臨時行政調査会）が発足したのは鈴木内閣当時の一九八一年で、そのとき中曽根は行政管理庁長官だった。本来ならポスト大平で総理総裁の最有力候補となるはずだったが、大平の急死と衆参同日選挙での自民圧勝で鈴木善幸という鳶《とんび》に油揚をさらわれた心境だった。沈んでいた中曽根を励ましたのは、行管庁長官経験者の宇野宗佑（中曽根派・第七五代総理大臣）だった。宇野のすすめで行管長官になったことが、結果的には第二臨調の土光敏夫会長や(12)瀬島龍三委員と昵懇《じっこん》になる機会を中曽根にもたらした。(13)

人生は何が幸いするか分からない。「増税なき財政再建」を掲げていた土光は、「メザシの土光」といわれるほど質素な生活をしていた。横浜市鶴見の自宅も「ここが経団連会長も務めた財界人の邸宅か」と思うほど小さく、お手伝いさんも置かず、お茶は腰の曲がった土光夫人が出してくださるといった具合だった。

中曽根は第二臨調の最終答申（一九八三年三月）後に、「行革は国民運動だ」「自分はグライダーだ。土光さんを先頭とする国民運動の風に乗って飛ぶ」と言っていた。そのなかでも一番目立った改革が、国鉄の七分割（六つの地域別旅客鉄道と一つの貨物鉄道）・民営化だった。

一九八七年四月一日、日本国有鉄道（国鉄）は「ＪＲ」に生まれ変わった。中曽根が運輸大臣だった昭和四〇年代の国鉄は、経営者側がマル生運動（生産性向上運動）という名目で国労・動労に圧力を加えたせいで労使関係が極度に悪化し、累積赤字が三七兆円にも達していた。もちろん、分割・民営化が順調に進んだわけではない。田中角栄が病気でダウンしてから様相が変わった。田中が国鉄総裁に送り込んだ仁杉巌《にすぎいわお》（一九一五～・第九代国鉄総裁）を更迭できたことをきっかけに、民営化機運が高まったのだ。

「田中曽根内閣」から「中曽根内閣」に脱皮できたことで、中曽根は国鉄など三公社五現業の民営化も実現できたともいえよう。

(12)（一八九六～一九八八）石川島播磨重工業・東芝の社長・会長を歴任。

(13)（一九一一～二〇〇七）大本営作戦参謀などを歴任し、最終階級は陸軍中佐。戦後、伊藤忠商事の会長。『瀬島龍三　日本の証言』フジテレビ出版、二〇〇三年などの著書がある。

続いた失言――「中曽根首相失言」と「藤尾文相失言」

中曽根首相は、「死んだふり解散」あるいは「寝たふり解散」を画策して、一九八六年七月の衆参ダブル選挙で自民大勝を手にした。衆議院三〇四議席、参議院一四二議席の勝ちっぷりに、中曽根はご満悦だった。そのおごりからか、同年九月の同党全国研修会で「アメリカには黒人などがいるので知的水準が低い」と発言し、米国マスコミなどから批判された。人権問題に過敏な今なら進退に発展したであろう。中曽根は、「言葉足らずだった」と陳謝した。

中曽根以外にも、藤尾正行文相（一九一七～二〇〇六）が同年七月二五日の記者会見で、教科書問題に関連して「東京裁判が客観性をもっているのか。勝った奴が敗けた奴を裁判する権利があるのか」と発言している。これが韓国の主要紙から「日本文相の妄言」と批判され、日韓両国間で問題化した。

しかも、藤尾は輪をかけるように九月発売の〈文藝春秋〉（一〇月号インタビュー）で、「日韓の合邦は伊藤博文と韓国代表の高宗の談判、合意に基づいて行われた。韓国にも責任があるのではないか」との歴史認識を述べてしまった。外交問題化したこともあり、中曽根首相は藤尾文相を罷免した。

これに続いたのが首相自らの「知的水準発言」だった。カリフォルニア州では、日本製品の不買運動や日本製乗用車のタイヤから空気が抜かれたり、窓ガラスが割られるといった事件も起きている。

「私の発言が多くのアメリカ国民を傷つけたことを心からお詫びする」

中曽根は九月二七日、米国民向けに謝罪のメッセージを出した。ところが、釈明会見で今度は「日本は単一民族だから」と述べたことに北海道ウタリ協会（アイヌ民族の団体）が反発し、後藤田（一〇八ページ参照）官房長官が釈明に追われる始末となった。

ニューリーダーたちの活躍に水をかけた「リクルート事件」

戦後二度目の衆参ダブル選挙（一九八六年七月）で圧勝した中曽根は、さらに一年余り政権を担当したが、「知的水準」失言のあたりから限界が見えはじめた。それと並行して、永田町、霞が関周辺では「ニューリーダー」「安竹宮」という言葉が日常的に飛び交うようになった。「三角大福中」のラストランナーである中曽根の時代が終われば、次は安倍晋太郎、竹下登、宮澤喜一の三人を中心にしたニューリーダーの到来だというわけで、マスコミもはやし立てた。

自民党のスポンサーだった財界もこの動きに乗った。早くからニューリーダーを育成しようと積極的に動いていたのはソニーの盛田昭夫で、一九七七年に自らが理事長になって「自由社会研究会」[14]を立ち上げ、毎月一回、キッシンジャー（一三六ページ参照）をはじめ内外の著名人をゲストに招いてオフレコの勉強会を開催していた。

盛田が一番親しくしていたのは宮澤喜一だったが、発足時からのメンバーでは、宮澤をはじめ竹下登、海部俊樹、羽田孜、橋本龍太郎、小渕恵三、森喜朗の七人が総理大臣になっている。筆者も新聞社の経済部長時代に何度も盛田にお会いしたが、彼の明るさ、積極性、交際範囲の広さ、社交性、独創力は飛び抜けていた。いまだに覚えているのは、「仕事で海外に行くときは必ず背広姿で行きなさい」だった。和服や山本寛斎的な独創的な服装で出掛けると、相手はまず「この人物はどんな発想をするのだろうか」と思い、すんなり仕事の話に入ってい

「安竹宮」といわれたニューリーダーたち。左から竹下登、安倍晋太郎、宮澤喜一（東京新聞提供）

けないので、先入観なしにビジネスの話に入るには「背広にかぎる」と助言してくれた。

一九九三年、テニス中に倒れ、復職が難しいと判明したとき、妻の盛田良子（二〇一五年三月死去）は宮澤を訪ねて「自由社会研究会」の解散を頼んだという。だが、宮澤が「こんなに長く続けられた会はやめたくない」と断ったので、しばらくは継続されたという経緯がある。この自由社会研究会を見習うように保守陣営のニューリーダーたちを味方につけようと狙ったのが、リクルート会長の江副浩正《えぞえひろまさ》(15)だった。しかし、江副の場合は、盛田のようなインテリジェンスに欠けて、リクルート社の勢力拡大のための未公開株バラマキという贈賄行為に走ってしまった。

一九八八年、朝日新聞のスクープではじまったリクルート事件報道では、当時の竹下首相、宮澤蔵相をはじめニューリーダーおよびネオ・ニューリーダーの藤波孝生（一九三二～二〇〇七）、中川一郎、渡辺美智雄など九〇人以上の国会議員にリクルート・コスモスの未公開株が贈られた、とされる。譲渡を受けた議員は自民党だけでなく、社会党、公明党、民社党など野党にも及んだ。さらに当時の文部省、労働省、ＮＴＴ、そして大手新聞社幹部にまで未公開株が配られ、受け取った側も責任を取って辞任するケースが目立った。

---

(14)（一九二一～一九九九）井深大とともにソニーを創業。
(15)（一九三六～二〇一三）株式会社リクルートの創業者。

「消費税」――一般消費税、売上税、国民福祉税の構想

消費税は、竹下内閣当時の一九八八年一二月に「税率三パーセント」の法律ができ、翌年四月一日からスタートした。この新税の発端は、一九七五年、税収の落ち込みをカバーする財政特例法で二兆二九〇〇億円の赤字国債を発行したときにさかのぼる。当時は三木内閣だったが、蔵相の大平正芳はその責任を痛感して常に財政再建策を模索していた。そして、自ら政権を担う立場に立った一九七八年末、自民党税制調査会の論議を経て「一般消費税」と称する間接税を一九八〇年度中に導入する決意を固めた。

大平は、「意識の高い有権者は財政再建の重要性を必ず分かってくれる」と翌年秋の衆議院選挙に期待を託した。ところが、足元の自民党内から「増税選挙」への不満が噴き出して、選挙戦に突入してからは一般消費税構想を一切口にしなくなった。

次は、中曽根首相時代の一九八六年に「売上税」構想が提起されている。しかし、これも翌年三月の参議院選挙の岩手補欠選挙で社会党が圧勝する原因となり、売上税法案は事実上廃案に終わっている。

三度目の正直として、竹下内閣の一九八八年に「消費税」創設の法案が国会に提案されたわけ

である。「竹下カレンダー」とか「根回しの竹下」といわれたように、彼は国会対策に長けていた。当初五パーセント予定だった税率を三パーセントに下げたうえ、民社、公明両党が要望していた所得減税の前倒しも行って、同年のクリスマスイブに成立にこぎつけた。大平の構想から丸一〇年を要したことになる。だが、竹下にもリクルート疑惑が発覚して消費税法案と引き換えに竹下は退陣した。

その後も一九九四年、細川内閣で小沢一郎らが仕掛けた七パーセントの「国民福祉税」構想が深夜に突如浮上しては消えた。そして、橋本内閣時代の一九九七年四月に消費税率を五パーセントに上げたことで景気が冷え込み、翌年七月、参議院選挙での惨敗を機に橋本は退陣に追い込まれた。「消費税―景気―国政選挙」の三つは、切っても切れない関係にある。

のちに、野田佳彦民主党政権下で消費税率八パーセントが決定され、安倍晋三首相になってから二〇一四年四月に

昭和天皇崩御の日。「謹話」を発表する竹下首相の眼差しには深い哀しみがあった。1989年1月（撮影：久保田富弘）

実施されて現在に至っているのはご存じのとおりである。安倍は二〇一四年一二月の衆議院解散・総選挙にあたり、「二〇一五年一〇月」からに予定されていた「一〇パーセント」への税率アップを「二〇一七年四月実施」と一年半先延ばしすることを決断した。選挙民の反発を恐れた、したたかな計算である。

日本を狂わせた「バブル経済」の周辺

日本列島がバブル経済に踊っていた時代（一九八〇年代）のことを回顧すると、「明らかに常軌を逸していた」と思う。日本企業がアメリカの映画会社や一等地のビルを買い占めて、国際的な話題になった。国内では、深夜タクシーが満杯で拾えないので、明け方まで飲むサラリーマンがざらにいたことなど、どこかが「狂っていた」。こんなとき、「平成の鬼平」とのニックネームをもらっていた三重野康《みえのやすし》（一九二四〜二〇一二）日銀総裁（第二六代）が、橋本内閣時代に金融引き締めを図るために緩和派の首相や金丸自民党副総裁と首覚悟での確執を展開した。

当時、金丸は権勢を欲しいままにしていたが、バブルのことを何回も「バルブ経済」と水道管のように言い間違えるのはご愛嬌としても、永田町のパレロワイヤルに事務所を構え、昼は溜池のフランス料理店で経世会（竹下派）の政治家たちとランチを取りながら、「公定歩合の引き上げが続くなら、日銀総裁の首をすげ替えなくては」などと気炎を上げていた。

そもそもバブルになった原因は、中曽根内閣当時の大幅な経常収支の黒字、つまり日本の輸出依存体質にあった。一九八五年九月、米ニューヨークのプラザホテルで米、日、英、仏、西独（当時）五か国の蔵相・中央銀行総裁会議が開催され、ドル高修正の協調介入で合意した（プラザ合意）。当時、日本の貿易黒字は四二億ドルと世界一だった。中曽根は、前川春雄（一九一一～一九八九）日銀総裁（第二四代）を座長とする経済構造調整研究会に改善策を依頼し、その結果、一九八六年に出てきたのが「内需拡大」「産業構造の転換」「金融の自由化」「国際協力の推進」などを柱とする「前川リポート」だった。

中曽根は、この報告書をもとに日本経済を輸入志向型に転換することをレーガン米大統領に約束した。だが、世間では「地上げ屋」「亭主元気で留守がいい」「やるっきゃない」といった言葉が流行語になったように、総じて「イケイケどんどん」の風潮が続き、輸出主導型の経済体質は一向に改まらなかった。その一方で、日本の都市部における住宅事情が欧米に比べて貧困なことから、「ウサギ小屋」という表現がはやったのもこのころである。

「ウサギ小屋」とは、一九七九年にＥＣ（ＥＵの前身）がまとめた「日本」と題する秘密文書にあった言葉である。国土面積でいえば、単純比較でもアメリカは日本の約二六倍の広さがある。

だが、土地の時価総額では、バブル最盛期に日本がアメリカの四倍になったというから狂気の沙汰である。

筆者が東京新聞の経済部長になったのはバブル末期の一九八九年であった。この年の大納会では、終値三万八九一五円と株価は史上最高値を記録している。誰もが「年明けは四万円相場の誕生か」と思ったほどだ。「地上げ屋」といわれる怖い集団を使って土地の買いあさりが活発化した一方、株で一儲けしようという「財テク」ブームを招来した。各新聞も経済面を拡大し、主婦や学生までもが分かる財テク紙面を競い合ったものである。その当時は大まじめであったが、少し離れた所から冷静にこれらの事態を見ていた人がいたとしたら、「日本人は確実に狂っている」と思ったに違いない。

山を動かした「おたかさんブーム」

一九八六年の衆参ダブル選挙で社会党は、衆議院八五議席、参議院二〇議席と結党以来の敗北を喫し、石橋政嗣《まさし》委員長(16)、田辺誠書記長(17)が辞任した。その後に、憲政史上では初の女性委員長（ミニ政党は除く）として土井たか子(18)が就任した。メリハリの利いた言動が広く国民の共感を呼び、全国的に「土井（おたかさん）ブーム」が巻き起こった。

そのころ、自民党はリクルート疑惑で竹下首相が退陣し、後任の宇野宗佑首相も週刊誌で女性問題が報じられて、一九八九年七月の参議院選挙では陣頭指揮も取れない状況だった。宇野の女性スキャンダルは、女性有権者を怒らせるきっかけとなったことはいうまでもない。「消費税導入、リクルート事件、女性スキャンダル」の三点セットで、参議院選挙では自民党が惨敗し、宇野は退陣した。逆に社会党は、東京都議選選挙での三倍増に続いて参議院選挙で四六議席獲得と、改選の二二議席を二倍以上に増やした。土井は「山が動いた」と喜びを表現した。

(16)（一九二四〜）日本社会党書記長、委員長を歴任。
(17)（一九二二〜）日本社会党委員長を歴任。
(18)（一九二八〜二〇一四）日本社会党委員長、衆議院議長（第68代）、社会民主党党首を歴任。

日本記者クラブでの土井社会党委員長の記者会見。右に立っているのが、司会を務めた筆者（写真提供：日本記者クラブ）

Column 「昭和」から「平成」へ

裕仁天皇（昭和天皇）が1989年１月７日の早朝に病没され、64年間にわたる「昭和」は終わった。皇太子（明仁）が皇位を継承し、「平成」と改元された。竹下内閣のときで、小渕官房長官が首相官邸での記者会見で「元号は『平成』です」と額を掲げて発表したシーンが何度もテレビで放映された。ご記憶の方も多いだろう。「平成」の出典は、中国の古典にある「内平外成」（史記）と「地平天成」（書経）からとられたものである。

昭和天皇は87歳で亡くなったから、その人生は戦前・戦中が44年間、戦後が43年間と相半ばしている。一方、1933年生まれの現天皇は、11歳のときに敗戦を知り、戦後70年を迎えられた。天皇に就かれてから27年目だが、2015年の年頭所感には特別の思いが込められていた。

「本年は終戦から70年という節目の年に当たります。多くに人々が亡くなった戦争でした。各戦場で亡くなった人々、広島、長崎の原爆、東京を始めとする各都市の爆撃などにより亡くなった人々の数は誠に多いものでした。この機会に、満州事変に始まるこの戦争の歴史を十分に学び、今後の日本のあり方を考えていくことが、今、極めて大切なことだと思っています」

新藤兼人監督の遺作となった映画『一枚のハガキ』（近代映画協会、2011年）は、同監督の戦争体験をもとにしてつくられた。生き残った兵士が、戦死した戦友から託されたハガキをその妻に届けに行くというストーリーだが、試写会でこの映画を観た天皇は、「最後の場面で救われました」と新藤監督に感想を漏らしたという。

即位礼正殿の儀（撮影：久保田富弘）

第6章

1955年体制崩壊から小選挙区制の時代へ

（1993年〜2000年）

東京新聞、1993年７月29日付

ニュースを取材していて思うことは、「近未来は決して過去・現在の延長線上にはない」ということである。「政界、一寸先は闇」という名言があるが、筆者に言わせてもらえば、「将来は現在・過去を否定することからはじまる」という側面をもっている。具体例を挙げておこう。

政界では、与党と野党に分かれてあらゆる面で対決していた敵同士の自民党と社会党が細川政権下でともに野党になったとき、「政権与党」という馬前のニンジンにつられてあっさり連立政権をつくってしまった（一九九四年）。また、田中角栄の愛弟子といわれた小沢一郎は、自民党内にとどまって「政治改革」に体を張るのかと思ったら、あっさり党を飛び出て新党をつくった（一九九三年）。「小沢政局」といわれるほど権勢を誇った時期もあったが、新党を潰しては、またつくる行動を繰り返して、今日は少数政党で孤独状態にある。

右肩上がりだった国家財政は、一九七五年に初の赤字国債発行以来、いつのまにか借金財政に転換し、いまや国債・借入金合わせた「国の借金」は一〇〇〇兆円超と、赤字体質から二度と脱することができなくなった。その結果として、「年金は社会的親孝行」といわれた国民皆年金制度の先行きがあやしくなり、若い世代は「俺たちが老後を迎えるころには年金なんてもらえないだろう」とやけ気味になっている。

多くの事象が「昨日の延長線上にはない」と思ったほうがよい。東日本大震災時の東京電力福島第一原発における放射能漏れ事故（二〇一一年）では、「想定外」という言葉が流行した。一般市民が口にするならともかく、専門の学者が「想定外」と言うのだから「想定」の確率がいかに低いかを証明したに等しい。「想定外の日常化」が、現代日本の一つの特徴ととらえてもよいのでないだろうか。まさに、「明日」は「今日の延長線上」にはなく、「一寸先は闇」なのである。

本章で取り上げるのは、三八年間にわたった自社両党中心の一九五五年体制が崩壊して政界が大混乱期に入った時期についてだが、国内では阪神・淡路大震災（一九九五年）、地下鉄サリン事件（同年）、北海道拓殖銀行の経営破たん、山一證券の廃業（一九九七年）、そして海外では、ヨーロッパ連合（EU）発足（一九九三年）、ペルーの日本大使館公邸占拠事件（一九九六年）、香港の中国返還（一九九七年）など、大きなニュースが相次いだ。とくに一九九五年は、「戦後五〇年」だったこともあって阪神・淡路大震災を「第二の敗戦」と運命論的にとらえる論議も活発化した。

また、この時期に出された「河野談話」（慰安婦問題に関する一九九三年八月四日の河野洋平(1)官房長官談話）、「村山談話」（戦後五〇年の終戦記念日に出された村山富市首相談話）をめぐっては、日中、日韓関係とは別に国内で左右からの賛否議論が巻き起こり、今日に至っても朝日新聞の従軍慰安婦問題での誤報事件と絡んで両談話の是非をめぐる論議がくすぶっている。

（1）（一九三七〜）外務大臣、自由民主党総裁、新自由クラブ代表を歴任。

約二〇年に及んだ「小沢政局」

一時は「ミニ角栄」といわれたほど田中角栄の愛弟子として保守陣営で権勢を欲しいままにしていた小沢一郎だったが、角栄ほどの「明るさ」「大衆性」「愛嬌」をもたなかったことから、二〇一四年一二月の衆議院選挙後は「生活の党」というミニ政党を維持することさえ困難になり、山本太郎と組んで「生活の党と山本太郎となかまたち」というミニ政党で辛うじて生き残っている。小沢ほど毀誉褒貶《きよほうへん》、浮き沈みの激しい政治家も珍しい。

一九八九年八月、海部俊樹内閣誕生と同時に小沢は自民党幹事長に就任した。このころから、「小沢政局」と呼ばれる彼の辣腕ぶりが約二〇年間続き、日本政治を混乱させた。新党をつくっては壊すことの繰り返しに、小沢には「壊し屋」というニックネームもついた。

一九九一年一月、湾岸戦争がはじまったとき日本は、湾岸支援に「金は出すが、自衛隊は出さない」「ショー・ザ・フラッグ（日の丸を見せろ）」という非難めいた声が主として米国から聞こえてきた。そのことを気にした海部内閣は同年四月、ペルシャ湾での機雷除去を目的に自衛隊の掃海艇を派遣した。戦後初めての自衛隊の海外派遣だった。

当時から小沢は、カルタゴが滅亡したのは財力にまかせて傭兵で軍隊をつくっていたからで、

「自分の国をカネだけで守るという考えが命取りになる」と言っていた。そして、現憲法下での武力行使を国際的に求められるときは、自衛隊を「国連待機軍」の形で国連の指揮下のもとに海外派遣すれば日本国憲法には矛盾しないとの論理を展開した。

政治の師・田中角栄の『日本列島改造論』にならって、小沢は『日本改造計画』（講談社、一九九三年）という著書を世に問うたが、このなかで日本が「普通の国」になるべきだと強調した。「国際社会において当然とされていることを、当然のこととして自らの責任で行う」ことで「国内の経済的発展と財の配分しか考えてこなかった『片肺国家』から、国際社会で通用する一人前の『普通の国』に脱皮することができる」とうたっている。

小沢の国連中心主義は徹底している。これは、若いころ司法試験に何回もチャレンジしたときの法律知識から

ブッシュ大統領と会談する海部首相（撮影：久保田富弘）

きているとと思うが、日本国憲法と国連総会の決定事項との関連では、憲法違反的な要請であっても国連決定に従って問題ないという見解をもっていた。筆者は、この問題で一度だけだが、小沢と個人的に論争したことがある。

「安全保障理事会で、ソ連や中国が拒否権を発動するので現実には正規の国連軍などできないではないか」と質したが、小沢は「米国主導でも国連決議ができれば、それが大義名分になる」と主張した。「いっそ、アメリカ大陸を国連にしてしまえば話が早いですがね」と、筆者は皮肉まじりで合いの手を入れてみたが、彼は黙ったままだった。

もとより、正規の国連軍が現実には誕生しないことは小沢自身がよく知っている。「米国の対日軍事要請＝事実上の国連決議」という論理を大義名分にしたかった、というのが小沢の本音だったに違いない。だが、このときはまだ自民党内に後藤田正晴（一〇八ページ参照）のような骨っぽい政治家が存在していたので、決して「イケイケどんどん」の風潮にはならなかった。

一九八七年、ペルシャ湾の機雷除去に中曽根首相が海上自衛隊の掃海艇を出そうとしたときも、「閣議で私はサインしません」と後藤田が突っ張り、中曽根を断念させた。今日の安倍内閣に「第二の後藤田」が存在しないところに危うさを感じるのは筆者だけではあるまい。

小沢の辣腕ぶりが政界で顰蹙《ひんしゅく》を買ったのは、一九九一年一〇月、海部後継を決める自民党の総裁選びで、宮澤喜一、三塚博（一八七ページの注参照）、渡辺美智雄の三候補を自分の事務所に呼びつけて「面接」をしたときだった。「幹事長とはいえ、年長の三候補を呼びつけるなんて小沢も礼儀をしらない」と、長老議員たちからブーイングが起きた。いかに辣腕政治家とはいっても、このあたりの気配りのなさが田中角栄とは決定的に違うところである。

「どの女と一緒に寝ようがいいじゃないか」という発言も大問題になった。一九九四年四月、羽田孜内閣が誕生したとき、衆議院で「改新」という統一会派が抜き打ち的に結成されたが、社会党が「知らなかった」と猛反発した。この事実関係を、産経、共同、時事の小沢番記者が国会内エレベーターで確認したところ、小沢が「どの女と一緒に寝ようがいいじゃないか。君らが（社会党を）相手にしているのが悪い」と言い切ったというのである。

これを側聞した朝日新聞が紙面化して、小沢サイドとトラブルになった。国会質疑でも取り上げられたが、真相はあいまいなままで、小沢とマスコミの関係が冷え込む結果となった。このときの「改新」会派問題がきっかけで、社会党は細川連立政権から離脱している。

小沢が頼りにしていたのは、細川でも社会党でもなく公明党だった。市川雄一同党書記長[2]とは何事も相談する小沢の手法は、二人の名前を取って「一・一ライン」と呼ばれるようになった。[3]

筆者が見るところ、細川政権は左右に小沢新生党代表幹事と武村正義官房長官がいて、バランス

（2）（一九三五〜）新進党副党首、公明党副代表、公明党常任顧問を歴任。

をとっている「やじろべえ内閣」かと思ったが、実態はこの「一・一ライン」に大蔵省（当時）の斉藤次郎事務次官[4]がタッグを組んだ「一・一・次郎」コンビの政権だった。そのことは、政治改革法案後に突然飛び出した「国民福祉税構想」で露呈した。

「一九五五年体制崩壊」と「小選挙区制導入」

一九九三年の宮澤喜一内閣のとき、最大の政治的テーマは「政治改革」だった。その「改革」が「選挙制度改革（中選挙区制から小選挙区制へ）」に矮小化されていったことが、不幸のはじまりといえる。我が国では、古くから英国型の議会制民主主義が理想と見られてきたが、英国でも政治が安定した時代とそうでない時代があったように、「制度」と「現実政治」は必ずしも一致しない。ドイツで理想高きワイマール憲法下でヒトラー（Adolf Hitler, 1889～1945）独裁政権が誕生したのもその代表例である。

「同士討ちでカネがかかる中選挙区制から政党本位で政権交代可能の小選挙区制へ」

これが、宮澤内閣当時の小沢一郎ら「改革派」を自称した政治家たちのお題目だったが、顧みれば、小選挙区制導入後の政権交代は二回だけ（二〇〇九年八月の総選挙での自民→民主と、二〇一二年一二月の民主→自民）である。しかも、三年余の民主党政権の失敗のツケがいかに大きかったことか。

このことは、制度が変わっても二大政党制が定着するとはかぎらないことを証明した。明確になったのは、金権腐敗体質といわれた大規模汚職が減った一方で、国民が政党助成金という税金で建て替えることに変わったという事実である。改めて、小選挙区制導入までの経過をたどってみた。

竹下登内閣を退陣に追い込んだリクルート事件に続いて、一九九二年に東京佐川急便事件が問題化した。金丸信・元自民党副総裁が佐川から五億円の裏政治献金を受けていたことが発覚し、議員辞職した。しかし、政治資金規正法違反で罰金二〇万円の略式起訴という軽い処分に、国民の怒りが爆発した。

一九九三年三月、金丸は一八億五〇〇〇万円の所得を隠した脱税容疑で逮捕された。これがきっかけとなって、旧田中派および経世会（竹下派）の分裂が一挙に加速した。一時は「金竹小」（金丸信、竹下登、小沢一郎）として旧田中派を仕切っていたグループから、小沢、羽田孜グループ

（3）（一九三四〜）新党さきがけ代表、大蔵大臣を歴任。政界引退後は徳島文理大学大学院教授。

（4）（一九三六〜）東京金融取引所社長。のちの日本郵政の社長。二八九ページ参照。

が「改革フォーラム21」（衆議院三五人、参議院九人が参加）を結成し、小選挙区制導入を中心とした政治改革に動き出した。[5]

一方、自民党幹事長だった梶山静六は小沢らの動きに反発し、宮澤政権継続へ社会党の村山富市国対委員長らと打開策を探った。この当時はやった言葉に「守旧派」がある。主に小沢・羽田を中心とする「改革フォーラム21」が、宮澤・梶山らを「政治改革に消極的だ」と批判するときに使った表現であった。自分たちを「改革派」と位置づけ、野党も巻き込んで「政治改革こそが急務。それに反対する勢力は総て『守旧派』」と決めつけた。

一九九三年五月、テレビ朝日[6]の番組に出演した宮澤首相は田原総一朗から突っ込ま

東京新聞
1993年(平成5年)3月7日(日曜日)
金丸前副総裁を逮捕
数億円脱税の容疑
共謀の生原元秘書も
東京地検
政局再び緊迫化
首相 週明け国会厳しい運営
『5億円献金』とは
正しかった国民の批判

東京新聞、1993年３月７日付朝刊

れ、「今通常国会中に政治改革を必ず成し遂げる」と発言した。これがまた、小沢らから会期末に「公約違反」と宣伝さる材料になった。そして六月一八日、宮澤内閣不信任案に野党のほか小沢らの「改革フォーラム21」も賛成するという行動に出た。三八年間の長期にわたった「一九五五年体制」が与党内の反乱で崩れ去った瞬間である。

小沢らは同二三日、自民党を離党して「新生党」を立ち上げ、党首に羽田、代表幹事に小沢を選出した。国会解散に伴って七月一八日に実施された総選挙結果は、自民党二二三議席（追加公認加えて二二八議席）、社会党七〇議席、新生党五五議席、公明党五一議席、日本新党三五議席、共産党一五席、民社党一五議席、新党さきがけ一三議席、社民連四議席、無所属三〇議席という結果になった。

（5）（一九二六～二〇〇〇）自治、通産、法務大臣を歴任。
（6）（一九三四～）ジャーナリスト、評論家としてテレビなどで活躍。

クリントン大統領と会談する宮澤首相（撮影：久保田富弘）

自民党は過半数割れをきたしたが、比較第一党の宮澤政権としては、武村正義の新党さきがけや民社党などとの連立が成れば政権維持も可能に思えた。だが、梶山幹事長の動きは鈍かった。いや、正確には小沢の動きのほうが何倍も機敏だったというべきだろう。こういうとき、宮澤首相は自分から動くタイプではない。梶山らに任せているうちに、事態はあれよあれよと細川護熙《もりひろ》を首相候補とする非自民・非共産八党会派の連立政権という設計図が小沢の画策でできあがってしまった。

旧田中派で「一六戦争」（小沢一郎対梶山静六）とか、「乱世の小沢、大乱世の梶山」といわれた二人だが、総選挙前後の対応では小沢が梶山に完勝した。政局嫌いで選挙後の対応を梶山幹事長に任せきりだった宮澤首相は、後年、筆者が「なぜ政権維持をもっと模索しなかったのか」と質問した際、「オヤオヤと思っているうちに終わっていました」と答えたが、正直なところ腑に落ちない幕切れだったであろう。だが、世間やマスコミは非情なもので、みんなの目線はすでに「宮澤」でなく「細川」に向いていた。

細川内閣が誕生して一九五五年体制下の政界秩序とは違った雰囲気が生まれたせいか、内閣支持率は過去にない高率を記録した。「違った雰囲気」とは、細川首相が記者会見で手が挙がる記者たちを右手に持ったペンで指名したり、公務の際は着けている議員バッジを官邸から出るときにはずしたりと、「市民派殿様」みたいな行動をとったことである。

細川自身も日記（『内訟録』日本経済新聞出版社、二〇一〇年）の同年八月二〇日の項に、「昼食後、公邸バルコニーにて官房長官、副長官、田中特別補佐とティータイム。こんなことは初めてと官邸職員や記者諸君の評」と記している。また、衆院議長に選ばれた土井たか子・元社会党委員長が、議場での質問者を慣例の「君」づけでなく「さん」づけで呼んだことも合わさって、政界に新しい風が吹きはじめたことを実感させた。

細川政権の最大の使命は、衆議院選挙制度の改革（中選挙区制から小選挙区比例代表制へ）、政党への公的助成金制度の新設、政治資金制度の透明化などで、一九九四年一月、野党・自民党の河野洋平総裁との間で小選挙区制の導入に合意した。そして、一九九六年一〇月の第四一回総選挙を皮切りに、二〇一四年まですでに七回の衆議院選挙が小選挙区比例代表並立制で実施された。しかし、同制度の導入を図った河野も、現時点では「小選挙区制導入は大失

誕生日の細川護煕（撮影：久保田富弘）

敗だった」と反省している。その理由として河野は、「死に票が多い」「総裁主導の候補選びになるので公認が金太郎あめみたいに一本調子になる」などの点を指摘している。

また、重複立候補（小選挙区と比例代表の両方に立候補できる仕組み）制度への批判も根強い。「小選挙区で落選したのに、比例で復活当選するのは憲法違反ではないか」と、制度導入当時に小泉純一郎元首相は批判したことがある。もっとも小泉は、二〇〇五年の郵政選挙においてその制度で大勝したのだから、何をか言わんやだ。

導入当初に筆者が批判して新聞コラムに書いたのは、「代議士といえば皆同じ資格と思われてきたのが、新制度の下では三種類の代議士が出来る」という点だった。すなわち、①小選挙区から当選した議員、②小選挙区で落選し、惜敗率を利用して比例から当選した議員、③比例単独で当選した議員、の三種類である。のちに、「金、銀、銅」という表現も生まれている。「選挙民が陳情でどの議員のところへ行くかといったら、真っ先に行くのは第一種議員である。地元に一番強い影響力をもつ代議士と見なされるからだ」

②と③の議員は、どちらかというと参議院議員に近似した位置づけとなった。一部政党の間では「中選挙区制に戻そう」との声も高まったが、すでに小選挙区制で七回の総選挙を経験したとなると、制度改正は簡単にはできないだろう。

さらに、もう一つの問題点は政党助成金である。小選挙区制と同時に「コーヒー一杯の値段で政治資金の透明化を」というキャッチフレーズではじまった政党助成金によって、確かにロッキード事件、リクルート事件といった大疑惑は姿を消したかに見える。しかし、国民から集めた税金を得票や議員数で配分し、それで選挙活動をやることが本来的な政党政治なのかといえば、はなはだ疑問である。この点に関しては、政党助成金を一度も受け取っていない共産党の主張に同調する。

本来、「政党」とは何かを考えるべきだろう。政党は、官庁でもなければ、民間企業とも違う。党の思想信条を支持・支援する団体や個人から浄財を集めて行うのが本来的な「政党」活動であろう。「政党助成金」とうたっているが、日本国憲法には「政党」という表現は見当たらない。もちろん、政党法も制定されていない。

政党法制定の論議は戦後間もなくからあったが、賛否両論があって、いまだできていない。旧西ドイツの政党法（一九六七年）をはじめとして、ヨーロッパでは公的補助や会計報告を義務づけた政党法が存在する。だが日本では、「政党」の規定論議が煮つまっていないので政党要件を規定しただけで交付金という税金を出している。筆者の主張は、政党に税金を出すなら、確定申告の際などに「私のコーヒー一杯分は○○党に」と献金先を記入する制度にしてはどうかということである。そのことで、有権者と政党との関係が緊密になるし、「政党とは何か」「誰のために存在する集団か」の位置づけが明確になるだろう。

一九五五年体制下の最大の妥協だった「自社さ連立政権」

細川政権、羽田政権という小沢一郎主導の非自民連立政権は、一九九三年八月から一九九四年六月までの一年にも満たない期間であった。だが、短期間であっても、三八年間の長きにわたって政権与党にあった自民党にとっては耐え難い浪人生活だった。陳情客でごった返していた平河町の自民党本部は静まり返り、党幹部に説明に来る中央官庁の官僚たちも局長クラスから課長クラスに格落ちするなど、議員たちは「野党とはこんなにもみじめなものか」と嘆いた。

こうした状態を、竹下登らは「ゆ党」と表現した。あいうえお五〇音の「や行」で、「や」（野党）と「よ」（与党）の中間にある「ゆ」党のような感じだという自虐を込めた表現だが、さすが政治家は巧みなことをいうものだと筆者などは感心した。

確かに、自民党は野に下ったものの完全に野党には成り切れない政党だった。英米のように保守党と労働党、共和党と民主党といった二大政党での政権交代が当たり前の世界では、「ゆ党」という意識は生まれない。当時、コロンビア大学のジェラルド・カーティス（Gerald L. Curtis, 1940〜）教授が筆者に興味深い指摘を披露してくれた。

「日本語では『下野』『在野』という表現があるが、これは政権与党が上で、野党は下という意識が昔からあったからではないですか。アメリカでは大統領が代わって与野党が入れ替わっても、そんな意識はまったくないですね」

明治維新以前から日本人の間には官尊民卑の風潮が根強く、政界でも内閣をもっている側が「上」で、それ以外は「下」という意識があった。カーティスは、それを見抜いていた。

社会党が細川連立政権から離脱したことで、自民党は「反小沢」という切り札を使って社会、さきがけ両党と接触し、「自社さ」連立政権を目指すことで合意に達した。野党時代の自民党は、河野洋平総裁(7)をはじめとして後藤田正晴や堀内光雄などリベラル系が主導権を握った時代で、自社さ連立に際しても、本来なら多数の自民から首班指名候補を出すところを社会党の村山富市に譲っている。はっきり言ってしまえば、首相が誰というより、自民党としては、まずは「政権与党への復帰」が第一眼目だったのだ。

一方、社会党は村山首相の誕生と引き換えに政策的に大きな譲歩を迫られ、村山自身が国会答弁で「日米安保」「自衛隊」の是認という、ひと昔前であれば夢想もできなかった政策的な大転換を遂げている。

筆者が村山から後日聞いた話で「おやっ？」と思ったのは、約一年半の首相在任中に「衆議院

---

(7)（一九三〇〜）労働、通産大臣、自民党総務会長を歴任。

解散を考えたことがある」ということだ。「首相就任直後のことで、解散・総選挙によって危機に瀕している社会党を救うことができるかもしれないと思った」からだという。だが、すでに小選挙区制への変更が決まっていたが、実施細目がまだ詰まっていなかったので、「もし解散すれば中選挙区制での選挙となり、政治改革つぶしとの批判を浴びると思って断念した」そうだ。

果たして解散―総選挙になったら、どんな結果になったか。恐らく、社会党は多少議席を増やしたかもしれないが、村山の予想したように、小沢らのグループから「政治改革つぶし」の集中砲火を浴びたことは間違いないだろう。

「河野談話」と「村山談話」

少し話を戻そう。宮澤内閣当時の一九九三年八月四日、河野洋平官房長官が発表した、戦前の朝鮮半島におけるいわゆる「従軍慰安婦」問題に関する政府見解のことを俗に「河野談話」といっている。その骨格部分は、「官憲等が直接これに加担したこともあった」と認めている次の部分である。

今次調査の結果、長期に、かつ広範な地域にわたって慰安所が設置され、数多くの慰安婦が存在したことが認められた。慰安所は、当時の軍当局の要請により設営されたものであり、慰安所の設置、管理及び慰安婦の移送については、旧日本軍が直接あるいは間接にこれに関与した。慰安婦の募集については、軍の要請を受けた業者が主としてこれに当たったが、その場合も、甘言、強圧による等、本人たちの意思に反して集められた事例が数多くあり、更に、官憲等が直接これに加担したこともあったことが明らかになった。

談話では、「強制連行」という表現は使われていない。談話発表後の一九九四年、インドネシアのスマランでオランダ人女性が戦争中に一部の日本軍人に監禁・強姦された事件（「白馬事件」とか「スラマン事件」と呼ばれる）や、韓国側が元慰安婦一六人から行った聞き取り調査などから、河野は「官憲等の直接加担があった」との認識を示した。

この談話作成に、朝日新聞の記事が大きな影響を与えたとの見方がある。すなわち、一九八二年九月二日の同紙朝刊以降、十数回報道された「吉田清治証言」（旧日本軍が朝鮮半島出身の女性を強制連行して慰安婦にしたという故吉田清治の証言）が虚偽だったにもかかわらず、朝日新聞は二〇一四年まで訂正・陳謝しなかったという問題である。

日本政府は、国家間の補償問題は日韓基本条約でけりがついているとの認識から、一九九五年、民間から募金を受ける「女性のためのアジア平和国民基金」（アジア女性基金）をつくり、一人二〇〇万円の補償金支給をはじめた。ところが、韓国内で民間レベルの「償い金」に反発する空気も強く、元慰安婦も受け取りを拒否した。

一方、「村山談話」とは、一九九五年八月一五日に村山富市首相が発表した談話（戦後五〇周年の終戦記念日にあたって）のことで、その骨格部分は以下のとおりである。

私たちは過去のあやまちを二度と繰り返すことのないよう、戦争の悲惨さを若い世代に語り伝えていかなければなりません。とくに近隣諸国の人々と手を携えて、アジア太平洋地域ひいては世界の平和を確かなものとしていくためには、なによりも、これらの諸国との間に深い理解と信頼にもとづいた関係を培っていくことが不可欠と考えます。政府は、この考えにもとづき、特に近現代における日本と近隣アジア諸国との関係にかかわる歴史研究を支援し、各国との交流の飛躍的拡大をはかるために、この二つを柱とした平和友好交流事業を展開しております。また、現在取り組んでいる戦後処理問題についても、わが国とこれらの国々との信頼関係を一層強化するため、私は引き続き誠実に対応してまいります。（中略）

わが国は、遠くない過去の一時期、国策を誤り、戦争への道を歩んで国民を存亡の危機に陥れ、植民地支配と侵略によって、多くの国々、とりわけアジア諸国の人々に対して多大の損害と苦痛を与えました。私は未来に過ち無からしめんとするが故に、疑うべくもないこの歴史の事実を謙虚に受け止め、ここにあらためて痛切な反省の意を表し、心からお詫びの気持ちを表明いたします。また、この歴史がもたらした内外すべての犠牲者に深い哀悼の念を捧げます。

さらに文中では、「独善的なナショナリズムの排除」「核兵器の究極の廃絶」「国際的な軍縮の積極推進」などを強調している。なお、同談話に関する記者会見では、いわゆる慰安婦問題に関して、「その問題も含めて法的責任はもう解決が済んでいる」とし、国としての個人補償は行わないことを明言した。

以上の二つの談話については、安倍首相も全体として引き継ぐことを明らかにしている。しかし、二〇一五年一月二五日のNHKのインタビュー番組では、「今まで重ねてきた文言を使うかどうかでなく、七〇年を迎えて安倍政権としてどう考えているのかという観点

潮風を受けて観閲式に臨む村山首相
（撮影：久保田富弘）

から出したい」と述べ、村山談話の表現変更も視野に入れていることを示唆した。

二〇一五年が戦後七〇年にあたることから、八月に新しい首相談話を出すべく有識者懇談会も立ち上げて検討に入っているが、「積極的平和主義」といいながらも、中国、韓国に対しては、ともすればタカ派色をにじませる安倍首相がどんなメッセージを出すか、世界中が注目しているといっても過言ではない。とくに、「侵略の定義は定まっていない」（安倍首相の国会答弁）との前提で、太平洋戦争や日中戦争を正当化するがごとき表現を使えば、「歴史修正主義者」と、近隣諸国だけでなく米国からも批判の声が出るのは避けられまい。

阪神・淡路大震災によって生まれた「ボランティア元年」

村山内閣当時の一九九五年一月一七日早朝、阪神・淡路地域を襲ったマグニチュード7.3の直下型地震は、死者六四三四人、負傷者約四万四〇〇〇人、全壊家屋一〇万四九〇六棟、半壊家屋一四万四二七四棟、経済的被害九兆九二六八億円という多大な被害をもたらした。

この震災で問題になったのは初動体制の遅れである。総理大臣だった村山富市は首相公邸で朝六時のＮＨＫニュースを見たが、トップニュースでなく、京都、彦根で震度5か6という内容だった。しばらくして、秘書官から「神戸の揺れが激しかったらしい」との連絡を受けて神戸が被災地の中心と初めて知った。そして、昼過ぎには死者の数が急速に増えていくのに驚いたという。

　後日、村山は「初動の遅れに弁解の余地はない」と反省の弁を語った。当時の貝原俊民兵庫県知事（8）も、なかなか登庁できなくて自衛隊の派遣要請など初動の遅れを悔やんだ一人である。兵庫県は社会党が強いので、自衛隊への要請が遅れたのではないか、との陰口まで聞かれた。こうした批判からか、貝原は震災当日から一〇〇日間、県庁に泊まり込んで被災者対策の陣頭指揮をと

（8）（一九三三～二〇一四）交通事故のため死亡。

東京新聞

死者・不明2700人

本日は特別紙面

1・終面見開き

地震関連記事

写真グラフ ②、③

ドキュメント、犠牲者名 ②

核心 ④、⑤

特報 ⑩・⑮

TOKYO発 ㉔

東京新聞の特別紙面、1995年１月18日付

阪神・淡路大震災時の政府とダイエーの対応

午前５時46分	地震発生（M7.2）。
午前６時前後	村山首相、中内㓛ダイエー会長兼社長、NHK ニュースで地震知る。
午前７時	ダイエー、災害対策本部を設置（本部長に中内潤副社長。政府より３時間ほど早い）。
午前７時30分	秘書官から村山首相に第一報。
午前８時	ダイエーがヘリコプター、フェリー、トラックなど手配。全国のダイエー店から300人の現地派遣を決定。
午前９時	消防庁が災害対策本部を設置。
午前10時	政府が対策本部と関係閣僚会議の設置を決定。兵庫県知事が陸上自衛隊約200人の出動要請（地震発生から４時間半以上が経過）。
午前11時	川一男ダイエー専務がヘリで被災地へ（おにぎり、弁当1,000食分、簡易パラボラアンテナなど持参）。
午後１時	ダイエーが18、19日の定休日返上を決定。
午後１時40分	警察庁が死者439人、負傷者1,377人、行方不明583人と発表（地震発生後８時間の時点で全体の死者の１割も把握されていなかった）。
午後３時	ダイエー、ハーバーランドに現地対策本部設置。
午後４時	村山総理が緊急会見（「近く現地入り」「人命救助と万全」と発言）。
午後６時	ダイエー、東京都現地の通信衛星が稼働。
１月19日	村山総理が現地入り。
１月20日	ダイエーの中内会長が現地入り。

った。そして、公費による個人支援のハードルを低くする被災者生活再建支援法（一九九八年成立）にも道筋をつけた。

政府や自治体の対応の遅れに比べると、民間企業の活動のほうが何倍も速かった。ここでは、時系列にダイエーの対応と日本政府の対応を比較してみよう（右の表参照）。

ダイエーの中内㓛（二一三ページの注参照）が神戸出身であることを差し引いても、政府よりはるかに機敏な対応を取っていたことが一目瞭然である。

阪神・淡路大震災のちょうど一年前となる一九九四年一月一七日午前四時三〇分（現地時間）、米ロサンゼルスでマグネチュード6.7の大地震があり、死者六一人、負傷者一万人のほか、被害総額は二〇〇億ドルに及んだ。このときは、一五分後に地元警察・消防が活動を開始し、FEMA（連邦緊急事態管理庁）のジェームズ・ウィット長官[9]がクリントン大統領（William Jefferson "Bill" Clinton, 1946～・第四二代）に報告している。大統領は、カリフォルニア州と共同での即時支援活動開始を指示した。米国との比較でも、日本政府の対応の遅れが目立つ。FEMAにならって日本政府が首相官邸の対応力強化のため内閣危機管理監を新設したのは、阪神・淡路大震災から三年後の一九九八年四月のことだった。

（９）（James Lee Witt,1944～）「災害の達人」「危機管理のプロフェッショナル」と称えられた。

筆者の友人に小榑雅章《こぐれまさあき》（10）という男がいる。当時、「Kiss-FM KOBE」というFMラジオの社長だった。単身赴任だった小榑は、地震とともに跳ね起きるとポートアイランドにあった放送局に駆けつけた。途中、倒壊した家屋から「助けて！」という叫び声を何か所かで聞き、手を貸すべきか、社長として放送局に急ぐべきか悩んだという。FMは音楽中心のラジオだったが、急きょ外国語を含めた生活情報中心に切り替えて、NHKなどの支援も得ながら関西一円の二〇〇〇万人に情報を流し続けた。その功績で同局は、後日、内閣総理大臣賞の顕彰を受けているが、小榑は「正確な情報こそがライフラインだ」と漏らしている。

一方、被災者の側は、一つのおむすびを三人で分け合ったりと人間愛と助け合いの気持ちが自然に出て、海外から「日本人の美徳」と称賛された（救援物資が届くにつれて、当初の助け合い精神が薄れ、エゴやわがままも表面化したとも聞く）。

阪神・淡路大震災時の神戸市長田区（筆者撮影）

Column　高学歴の若者が麻原彰晃に引きずられた「サリン事件」

1995年は、地下鉄サリン事件の発生した年でもある。3月20日午前8時ごろ、東京・霞ヶ関駅を通る地下鉄日比谷線、千代田線、丸の内線の合計5車両で、猛毒のサリンがオウム真理教信者によって散布され、乗客や駅員ら13人が死亡し、6,000人以上が重軽傷を負った事件である。

同年5月16日、教祖の麻原彰晃（本名・松本智頭津夫）らが山梨県上九一色村（現・富士河口湖町）の「サティアン」と呼ばれた施設において殺人容疑で逮捕され、警視庁に車で連行される様子は実況放送され、国民の多くがテレビに釘づけになった。すでに、元幹部10人の死刑判決と4人の無期懲役が確定している。

1994年6月、長野県松本市内の住宅街にサリンが散布され、8人が死亡、約600人が重軽傷を負った事件では朝日新聞OBの経済ジャーナリスト阿部和義の子息も犠牲になっている。

この松本サリン事件で、警察もマスコミも大きなミスを犯した。第一通報者で、妻が被害者でもあった河野義行を有力容疑者扱いしたことである。河野宅から農薬が発見されたことがきっかけだが、河野は「農薬でサリンができるのか、新聞記者も勉強すれば分かるだろう」とマスコミの不勉強を批判した。

なぜ、オウム事件は起きたのか。教祖麻原のドグマが高学歴の若者たちに一種のはやり現象として広がっていき、一時は国政選挙にまで候補者を出している。教団スポークスマンの上祐史浩は早稲田大学理工学部、さらに大学院を経て宇宙開発事業団に就職している。こうした知的水準の高い人物が、麻原教祖の空中浮揚とかサマナ（出家修行）になぜ惹かれていったか。「内なる苦悩」というか、精神的に満たされない要因を抱えていての入信としか思えない。隆盛時には1万人の信者がいたという事実は、戦後50年という節目の日本社会が、モノの面では世界でも有数の豊かな国になれた半面、ココロの世界では未成熟あるいは「遅れた国」であったことの証明ではないだろうか。

この大災害をきっかけに「ボランティア元年」という言葉が生まれた。全国から自主的に被災者を助けようと、若者たちをはじめとして各界各層の人々が神戸に駆け付け、瓦礫の片づけをはじめとしてさまざまな活動を無償で行った。その一方で、大都市災害の実態はどんなものかと好奇心で押しかける観光客もあり、大火に遭った長田区などの壁には、地元民が「写真撮影お断り」という張り紙を出すほどだった。

一六年後の東日本大震災でも、同様に日本人の礼節さや助け合い精神が世界から称賛された。と同時に、福島原発事故で避難を余儀なくされた飯館村の農家などでは農機具が盗まれたケースもあり、いつの時代でも美談の陰には悪事ありというか、性善説だけでは終わらないのが現実世界であることを国民に知らしめた。

「バブル崩壊（平成不況）」と「失われた一〇、二〇年」

一九九〇年一〇月一日、東証株価が二万円を割った。一九八九年末の大納会で三万八九一五円という史上最高値を記録してから九か月で半値近い落ち込みとなった。時価総額も約五九〇兆円から三一九兆円に減少した。そう、バブル経済の崩壊だった。

ここから、日本経済の長い低迷期がはじまった。とくに、隣国中国の経済成長率（ＧＤＰ）が二〇〇〇年前後は八パーセント台、二〇〇〇年は一〇パーセント台と驚異的な伸びを見せたのとは対照的に、日本のＧＤＰは二パーセント前後、高い年でも四・五パーセント（二〇一〇年）、低い年ではマイナス五・五パーセント（二〇〇九年）でしかなかった。

「失われた一〇年」とは、一九九〇年から景気が底を見せた二〇〇二年までの約一〇年余のことを指す。この期間の特徴は、バブルの後遺症や金融自由化などに伴って大蔵省（当時）主導の「護送船団行政」が崩れ、北海道拓殖銀行、山一證券の倒産（ともに一九九七年）など、多くの金融機関が廃業や統合に追い込まれたことである。また、橋本龍太郎首相が「景気回復の兆しが見えた」と判断し、一九九七年四月から消費税率を三パーセントから五パーセントに引き上げたことも景気後退に拍車をかけた。ちなみに、一九九〇年と二〇〇〇年のＧＤＰを比較すると四三〇兆円から五〇〇兆円に増えているが、財政赤字（国ベース）は二七〇兆円から六五〇兆円へと急増した。また、土地評価総額は二四〇〇兆円から一六〇〇兆円に落ち、株式評価総額も八九〇〜六〇〇兆円から三八〇兆円へと半減している。

一方、「失われた二〇年」はデフレの深刻化が特徴的な現象といえる。「失われた一〇年」の延

---

(10)（一九三七〜）雑誌〈暮しの手帖〉の元編集者。現在、向社会性研究所主任研究員。

長線として、民主党政権の時代（二〇〇九年から二〇一一年）まで続いた。経済成長率の低下、失業者数の増加、アジア通貨危機、短期の政権交代、生産労働人口の高齢化、非正規社員の急増、財政赤字の増加など各種のマイナス要因が作用し、デフレ不況を深刻化させた。そうしたなかで、デフレの恩恵をもっとも受けたのは高度成長期に現役で黄金の日々を送り、すでにリタイアした年金世代ではないかと見られている。

筆者が働いてきた新聞界でも、「失われた一〇年」と「失われた二〇年」は例外ではなかった。前記のような理由のほかに、インターネットの発達に伴う「活字離れ」「新聞離れ」現象が新聞業界や出版業界の経営を圧迫し続けている。二〇〇六年一〇月、岡山で開催された新聞大会で筆者は、「新聞界の失われた一〇年」に関して、日本における「ネット元年」とされる一九九五年と一〇年後の二〇〇五年を比較して、左記の一〇項目の例証を報告した。

「新聞の総発行部数は、約五二五八万部から約三〇万部減った」

「一日の新聞閲読時間が、平均四一分から二六分に減った」

「世界での日刊紙発行部数は、一位日本、二位米国だったが、いまや一位中国、二位インドで、日米は三位、四位に下がった」

「販売収入が一兆二七三二億円から一五七億円減少した」

「新聞広告が一兆一六五七億円から一二八〇億円減った」

「新聞販売店の従業員数が四八万人から四万人減った」
「販売店経営が悪化したとの認識が六六パーセントに増えた」
「新聞・通信社の従業員数が六万人強から約一万人減った」
「新聞社の総売上高が二兆四〇〇〇億円から二〇〇〇億円減少した」
「新聞学科をもつ大学は上智大学と日本大学だけになった」

大会ではさまざまな意見が出されたが、筆者は「しきしまの日本《やまと》の国は言霊のたすくる国ぞま幸《さき》くありこそ」という柿本人麻呂の万葉歌を引き合いに出して、「この歌のように言葉の魂を大切にすべきだ。新聞界挙げて活字文化の振興に取り組まなければ、活性化は難しい」と強調した。それからも、「失われた二〇年」を経て新聞経営は、貸しビル業など副業収入がなければシビアになるばかりだ、との声が聞かれる。とくに消費税率が一〇パーセントに上がる二〇一七年が、新聞界にとっての正念場になるだろう。

「冷めたピザ」とか「ブッチホン」といわれた小渕首相

小渕恵三首相ほど、ニックネームをいろいろと付けられた政治家も珍しい。それも悪意のあだ名でなく、何となく愛嬌のある表現である。

　小渕の前の橋本龍太郎首相は久しぶりの長期政権になるかと思われたが、一九九八年の参議院選挙の敗北によって二年半で退陣した。ポスト橋本の候補は、小渕恵三、梶山静六、小泉純一郎の三人である。語感の鋭い田中眞紀子[11]が、「凡人の小渕」、「軍人の梶山」、「変人の小泉」と評したのは的確なものであった。小渕が総裁選に立候補と聞いたとき、「えっ、小渕恵三って衆院議長を目指していたのではないの?」と筆者は思った。ちょうど調整役の鈴木善幸が総理総裁候補に急浮上したときと同様な感想であった。

　首相就任後、「経済戦略会議」「産業競争力会議」「二一世紀日本の構想懇談会」など最終的には八つの有識者懇談会を立ち上げている。「良いものは何でも取り入れる」との名分で、首相自身は空っぽという意味の「真空総理」と冷やかされた。国際的に話題になったのは「冷

小渕恵三首相とプロ野球の松坂大輔投手（撮影：久保田富弘）

めたピザ」である。日本政治アナリストのジョン・ニューファー[12]の表現がニューヨーク・タイムズ紙（一九九八年七月一三日付）に紹介されたもので、小渕は「（レンジで）チンすれば温かくなる」と反論した。

首相指名直前のことだが、一九九八年七月下旬、外相としてマニラを訪問した小渕は、オルブライト米国務長官から「私は熱いピザより、冷たいピザが好きよ」と慰められた。小渕のことで感心するは、彼流のやり方で大変な努力をしていたことで、新聞のスクラップは自ら切り抜いてつくっていたし、「ブッチホン」といわれるほど電話をかけまくったのも、電話魔だった三木武夫元首相にならって、外部の声、批判の声にも耳を貸そうという姿勢から来たものであった。この点は、「お友達重視」といわれる安倍晋三首相も学ぶべきだろう。

「ビルの谷間のラーメン屋」というのは、中選挙区時代の群馬県三区で福田赳夫、中曽根康弘という大物二人に挟まれていつも苦戦している様子を自虐的に表したものである。この「ラーメン屋」表現に関連して、ビートたけしが「海の家のラーメン」と小渕首相を評した。「まずいと思って食ったら、意外にうまかった」という意味で、小渕はこれを気に入っていた。

---

(11)（一九四四〜）外務、文部科学大臣などを歴任。
(12)（John F. Neuffer）三井海上基礎研究所アナリスト。かつて、東京新聞ニューヨーク支局で助手をしていた。

「神の国」発言と「モリバンド」

二〇〇〇年五月一五日、森喜朗首相が神道政治連盟国会議員懇談会の結成三〇周年記念祝賀会で行った問題発言が「神の国」である。

「日本の国、まさに天皇を中心にしている神の国であるということを国民の皆さんにしっかり承知していただくこと、その思いでわれわれが活動して三〇年になったわけであります」

戦前の皇国史観かと思わせる発言で、現憲法が規定する政教分離、国民主権にも抵触しかねないと民主党などが反発した。二六日、森は釈明会見を行い、「多くの方々に誤解を与えてことを深く反省している」と陳謝した。ただ、発言の真意については、「天皇は日本国および日本国民統合の象徴である。わが国の自然の中には人間を超えるものを見る」と述べ、一五日の発言そのものは取り消さなかった。しかし天皇、皇后のオランダ訪問や、六月の衆議院選挙を控えたタイミングでの発言だっただけに、内外から「タイミングが悪すぎる」「時代錯誤だ」など批判が高まり、内閣支持率は急落した。

森喜朗という政治家は「座談の名手」といわれるほど話上手で、人を笑わせるのも得意だが、公式行事ではTPO（時間・場所・機会）を心得ないことも目立ち、「早稲田大学雄弁会出身と思えない」と冷やかされた。現に、総選挙公示直前の六月三日、遊説先の奈良では「共産党は天皇制も認めないし日米安保も容認しない。そういう政党がどうやって日本の安全、日本の国体を守ることができるのか」などと演説している。「国体」とは、大日本帝国憲法（明治憲法）で万世一系の天皇が統治する国家体制を表す言葉で、あまりにも時代錯誤的な表現である。自民党候補は「地元選挙区では森首相のポスターを張らないで、と言われて困っている」と頭をかかえていた。

当時、山崎拓[13]幹事長から聞いた話だが、ＹＫＫ（山崎、加藤紘一、小泉純一郎）グループでは森首相のことを「モリバンド」と呼んでいた。森番記者のことではなく、「moribund（死に体）」という意味である。

沖縄サミット（2000年）でプーチン、クリントンと談笑する森首相（撮影：久保田富弘）

---

(13)（一九三六〜）防衛庁長官、建設大臣、自民党幹事長、自民党副総裁などを歴任。

英語が得意な加藤が中曽根政権末期に言い出したのが最初らしいが、森首相にはピッタリの表現といえた。このときの総選挙で、自民党は解散前より三七議席減らして敗北している。ただ、公明党などの助けで、政権与党としては二六九議席の絶対安定多数を維持した。

マスコミにも反省点がある。「神の国」発言からしばらくして、首相官邸クラブ内のコピー機周辺で西日本新聞の記者が変なコピーを発見した。読んでみると、「時間が来たらどんな質問が出ても切り上げなさい」とか「朝日新聞の記者は激しく攻撃してくるから、かわしなさい」とか、森首相への指南書みたいであった。どうやら、森と親しいＮＨＫ記者が書いたものと判明したが、クラブ内では「ジャーナリストの風上にも置けない」と大問題になった（当時、ＮＨＫは否定したが、当該記者は間もなくクラブ替えになっている）。

自らのスタンスを読み違えた「加藤の乱」

森首相の評判が日増しに悪くなっていった二〇〇〇年秋、自民党内で加藤紘一元幹事長が森批判を強め、内閣不信任決議案が野党から出たら「賛成する」と強気の態度を示した。その背景には二つの理由があった。

一つは、森首相が誕生したときの経緯に対する疑問・不満だった。森首相の前任者であった小渕恵三首相が脳梗塞で倒れて緊急入院した際、青木幹雄官房長官(14)に「あとをよろしく頼む」といったというので、青木が首相臨時代理に就任した。また、小渕死後には青木のほか野中広務幹事長、亀井静香(15)政調会長、村上正邦参院自民党議員会長に森を加えた五人が急きょ集まり、後継の総理総裁候補に森を推すことで一致した。

加藤や山崎拓といった小渕のライバル政治家は、この「密室会合」から外されていた。外国メディアが、「森首相はクレムリンのような秘密主義から誕生した」（英ガーディアン紙）と酷評したように、確かに森首班候補の選出過程は透明性を欠いていた。

もう一つは、当時ネットに凝っていた加藤が、「ネット上では加藤支持が圧倒的だ」と党内世論よりネットでの人気を過信したことである。ホテル・オークラの「山里」という和食店で開催されていた渡邊恒雄らジャーナリストの会合に出た加藤は、「森首相には内閣改造(16)はやらせない」と倒閣宣言をするほど高揚していた。しかし、宮澤喜一蔵相や瓦力《かわらつとむ》前防衛庁長官など加藤に近

(14)（一九三四～）内閣官房長官、沖縄開発庁長官などを歴任。
(15)（一九三六～）運輸大臣、建設大臣、国民新党代表などを歴任。
(16)（一九三七～二〇一三）防衛庁長官、建設大臣を歴任。

い先輩・同僚からも加藤を諌める発言が相次いだ。

結局、不信任決議の採択では、加藤、山崎に近いグループが行動をともにしただけで「加藤の乱」は不発に終わった。それだけでなく、堀内光雄などが加藤派を出て、伝統ある宏池会は加藤、堀内両派に分裂してしまった。

宏池会は、池田勇人以降、大平正芳、鈴木善幸、宮澤喜一と四人の総理大臣を輩出した保守本流の名門派閥だった。そのほかに、伊東正義のように竹下登首相の後継にと党内から「伊東コール」が起きた政治家もいたが、加藤は伊東と対照的に総理の座を蹴ったのではなく蹴られた政治家になってしまった。国際感覚、バランス感覚に富んだ保守政界のホープだっただけに、惜しいことをしたと筆者は思っている。

政治家は職業柄、鼻っ柱の強い人物が多いが、やはり自信過剰は禁物で、自己破綻を起こしやすい。「加藤の乱」のほとぼりが冷めてから、加藤を慰める会食をした際に「これからどうします?」と聞いたら、彼は「後藤田正晴さんのようになりたい」と漏らした。

第7章

ポピュリズム政治の時代

（2001年～2009年）

東 京 新 聞　2005年(平成17年)10月15日(土曜日)　©中日新聞東京本社2005（日刊）

東京新聞

中日新聞東京本社
東京都港区港南二丁目3番13号
〒108-8010　電話 03(3471)2211

郵政民営化法が成立

首相、改革続行に「全力」

来月、内閣改造へ

郵政民営化関連法案は、十四日の参院本会議で、賛成一三四、反対一〇〇で可決、成立した。小泉純一郎首相が「改革の本丸」とする同法が成立したことで、首相は来年九月の自民党総裁任期切れまで、国と地方の税・財政を見直す「三位一体改革」など一連の構造改革に取り組む。首相は今国会が来月一日に閉会後、ただちに党役員、内閣改造人事を断行する。

＝関連法要旨⑦面、関連②③⑨㉖面、社説⑤面

参院本会議に先立ち、法案は参院郵政民営化特別委員会で可決。特別委では、郵便局網の維持や完全民営化後の株式持ち合い容認などを盛り込んだ付帯決議も採択された。

参院本会議　造反組27人が賛成

同法は郵政公社を民営化して持ち株会社の下で郵便、窓口、郵便貯金、郵便保険に四分社化することが柱。民営化開始時期を当初の二〇〇七年四月から同年十月に、金融二社の完全民営化期限を一七年九月末にそれぞれ半年間繰り下げた。

先の通常国会の参院採決では、自民党議員の二十二人が反対、八人が欠席・棄権したことで、十七票差で同法は否決された。今回は、造反した三

郵便局　変わるサービス

郵便業務
- 封書、はがきの全国一律サービスは維持
- 小包は全国一律サービスの対象外
- コンビニでの小包の取り扱いは拡大
- 百貨店の贈答品配達
- 2006年4月以降国際物流事業解禁

窓口業務
- 郵便、貯金、保険業務の受託
- 株式仲介、投資信託の販売
- 旅行代理店
- チケット販売
- 物販
- 不動産、住宅リフォーム

貯金業務　**保険業務**
- 07年10月以降の新規契約は政府保証なし（07年10月以前の旧契約は政府保証継続）
- 貯金、保険金の限度額原則1000万円は07年10月から段階的に引き上げ（17年10月以降は無制限）

- 住宅ローンなど融資業務
- 外貨預金など金融商品
- 医療保険
- 介護保険

07年10月から順次

郵政民営化関連法が参院本会議で成立し、笑顔で握手する（左から）竹中郵政民営化担当相、片山参院幹事長、小泉首相、青木参院議員会長＝14日午後、国会で（立浪基博撮影）

読者応答室
・電話
03-3740-2700
〔休日以外毎日 午前10時から 午後6時まで〕
・FAX

東京新聞、2005年10月15日付

二一世紀は、思わぬ幕開けとなった。二〇〇一年九月、アメリカで四機の旅客機がハイジャックされ、二機がニューヨークの世界貿易センタービルに激突し、さらに一機はワシントンの国防総省へと突入した。日本人を含む多数の死傷者が出た。米国大都心のビルが旅客機の直撃で崩壊するシーンがテレビ中継されるのを見て、「世界の警察官」を自負してきた米国の世紀が終幕することを予感した人々も多かったはずである。

世界中を驚かせた[1]「9・11同時多発テロ事件」の余波は今日まで続いている。米政府はウサーマ・ビン・ラーディンを主犯とする反米過激派集団アルカイダやタリバンの犯行と断定し、ブッシュ大統領（George Walker Bush, 1946～・第四三代）は彼らの拠点であるアフガニスタンへの空爆を開始した。

同大統領は、翌年の一般教書演説で北朝鮮、イラク、イランを「悪の枢軸」と批判し、さらに二〇〇三年には英国や日本も巻き込んで対イラク戦争に踏み切った。二〇〇〇年六月には、金大《キム・デ》中《ジュン》韓国大統領（一九二五～二〇〇九・第一五代）が平壌を訪問して金正日《キム・ジョンイル》総書記（一九四一～二〇一一・第二代最高指導者）との間で南北共同宣言（統一問題の自主解決など）を発表し、東アジアにもデタント時代が到来するかと思わせたのとは一八〇度違う風景だった。

日本のマスコミが二一世紀を迎えるにあたって心配したことは、コンピュータの誤作動問題であった。正確にいえば、二一世紀は二〇〇一年からなのでミレニエム（千年紀）問題というべきだが、コンピュータが西暦年数の下二ケタを二〇〇〇年でなく一九〇〇年と認識して、さまざまなトラブルが生じるのではないかという懸念で、私たちジャーナリストも大晦日から徹夜で元日の新聞が無事に製作できるかを見守ったものである。

無論、新聞社だけの問題でなく、医療機器、産業機械、家電製品、航空機、鉄道など広範囲に及ぶ二〇〇〇年問題（Y２K）なので、当時の小渕恵三首相も官邸で泊まり込み体制をとった。ニューミレニアムを地球上で最初に迎えたのはニュージーランド、オーストライリア、トンガ、西サモアといったオセアニア地域だったが、幸い大きなトラブルは発生しなかった。

むしろ、今から思えば、新世紀を直前にした一九九九年九月三〇日に起きた茨城県東海村のJOC（民間核燃料加工会社）臨界事故こそ、マスコミも政府も事態の深刻さと「脱原発」も含めた根本的対策にもっと真剣に取り組むべき課題であった。作業員ら約一〇〇人が被爆、付近住民三一万人に避難勧告が出され、のちに社員二人が死亡している。

この事故の直接の原因は、ウラン溶液の扱いをマニュアル手順通りに行わず、バケツで流し込んでいたことにあった。「技術神話」を誇った日本にしてはあまりにも初歩的なミスだが、その根底には原子力の危険性を甘く見た「慣れ」があったに違いない。そして、二〇一一年三月一一

（1）（Usāma bin Muhammad bin ʿAwad bin Lādin, 1957?～2011?）サウジアラビア出身のテロリスト。

日の東京電力福島第一原発事故も、地震・津波の影響とはいえ、東海村事故の教訓がまったく生きていなかったこと証明した。

麗澤大学を統括する広池幹堂《もとたか》（一九五〇〜・第三代学長）モラロジー会長から聞いた話だが、同大学に留学で来ていたドイツ人学生は、東海村事故のニュースを見た祖国の父親から「そんな危ない国にいないで早く帰ってこい」と諭され、帰国していったという。

この現象は、一一年後の3・11事故後にもっと大規模な形で再現された。「フライジン」という「飛来」「外人」を組み合わせた造語ができたほど、在日外国人の多くが原発事故に恐れをなして日本から脱出した。「安全な国ニッポン」というイメージが今世紀に崩れてしまったのだ。

もう一つのマスコミ界の課題は、二一世紀を迎えるにあたっての「新聞倫理綱領」の改定問題だった。一九九九年、日本新聞協会の渡邊恒雄会長（当時）の提案で、終戦直後に制定された綱領をつくり直すことになった。当時、朝日新聞専務編集担当だった中馬清福《ちゅうまきよふく》(2)を小委員長に各社論説・編集幹部で検討が重ねられ、筆者もその一員として参加した。

旧綱領がつくられた終戦直後の一九四六年にはテレビはまだ存在しなかったし、国民の「知る権利」という概念も確立されていなかった。七か月にわたる論議の結果、二〇〇〇年六月に誕生した新しい新聞倫理綱領は、「国民の『知る権利』は民主主義をささえる普遍の原理である」との基本理念に立ち、「自由と責任」「正確と公正」「独立と寛容」「人権の尊重」「品格と節度」の五項目をうたっている。「新聞はインテリがつくって、やくざが売る」とまで世間で酷評された乱売合戦や、下品な広告掲載などに対する批判も踏まえ、新綱領は記者の行動規範といったプレスコードの域を超えて、「記事、広告とも表現には品格を保つ」「販売にあたっては節度と良識をもって人びとと接すべきである」など、広告・販売も含めた包括的綱領になっているのが大きな特徴である。

だが、現実は理想にほど遠い。新綱領の制定後も地方紙における社説盗用事件、記者によるインサイダー取引事件、「記者クラブ」制度に対する外国メディアの批判など「第四の権力」といわれるマスメディアに厳しい目が向けられている。

なかでも、朝日新聞の「いわゆる従軍慰安婦問題」に関する誤報事件は、新聞界のみならず日韓関係にも大きな影響を与えた（二五五ページ参照）。報道界内外で「朝日叩き」が続き、それは販売合戦にも及んだ。「この機に朝日からわが新聞に」というセールスまで表面化し、「販売にあたっては節度と良識を」という新倫理綱領の精神はいったいどこへ行ってしまったのだろうか。裏返していえば、「そんなお題目に構っていられるか」というほど新聞社や販売店が経営の危機を感じているということであろうか。

（2）（一九三五～二〇一四）のちに信濃毎日新聞主筆。

「自民党をぶっ壊す」と叫んだ「変人」首相

通常国会開催中という異例な時期の退陣となった森喜朗首相の後継者を選ぶ自民党総裁選挙は、二〇〇一年四月、小泉純一郎、橋本龍太郎、亀井静香、麻生太郎の四人の間で行われた（亀井は途中辞退して、小泉支持に回っている）。

当初は橋本有利との見方が多かったが、予備選で九割近い票を獲得したのは小泉だった。風向きに敏感な国会議員たちも、「自民党をぶっ壊す」と叫んで地方票をかっさらった小泉と、小泉のことを「変人」と呼びながらも小泉支持に回った田中真紀子の勢いに押されて、本選挙で橋本より小泉を選択した。当時、筆者は日本記者クラブの企画委員として総裁候補討論会の代表質問を担当したが、経済政策についての質問に小泉が分厚い三冊の自民党政策提言集を高く掲げて、「すべてはここに書いてある。いま必要なことは自民党を変えて、本気でこれを実行することだ」と叫んだのが強く印象に残っている。

同クラブでは、記者会見の前に控室で揮毫《きごう》してもらうのが習わしで、このときの小泉の揮毫は「無信不立（信なくば立たず）」だった。しかし、三年後の参議院選挙直前の党首討論会では、「〇〇と〇め〇めよ　わが心　まん〇〇く　〇くまん〇」と筆で判じ文のような揮毫をした。「まる

まると丸め丸めよ　わが心　まんマル丸く　丸く　まんマル」と読むのだそうだが、他の党首たちが「政権交代」（岡田克也民主党代表）、「実現力」（神崎武法公明党代表）、「国民が希望をもてる日本を」（志位和夫共産党委員長）など国政と選挙戦への思いを真面目に書いているのと比べて違和感を覚えた。政権担当三年間で自信を得た余裕かもしれないが……。

以前から政治記者たちの間で常識になっていたのは、「ＹＫＫ」（山崎拓、加藤紘一、小泉純一郎）のなかで総理総裁になる順序は、一に加藤、二に山崎、最後が小泉というものだった。「長兄が加藤、次兄が山崎、末弟が小泉」ともいわれた。結果的には、小泉が五年五か月もの間、宰相を務め、加藤や山崎は総理大臣になれなかったのだから、筆者も含めて政治記者の予想は当てにならない。もっとも加藤には、小渕恵三や森喜朗の後に宰相になれるチャンスがあったにもかかわらず、「加藤の乱」でみすみすチャンスを潰してしまったという経緯があったのだが……。

元来、自民党のトップ選びは派閥の論理、つまり「数の論理」で帰趨が決まってきた。しかし、小泉の場合は福田派に所属していたときから独歩行を好む政治家で、先に述べたように、田中眞紀子の「変人」評はピッタリである。しかも組閣では、その田中を外相に起用したことで「小泉・眞紀子現象」と呼ばれるブームが起き、内閣支持率は八〇パーセント前後の高率となった。一時は、田中を批判する記事（たとえば、アーミテージ米国務次官補との会見を直前にキャンセルしたとか）を書くと、「眞紀子さんをいじめないで」との抗議電話やファクッスが新聞社に殺到するほどだった。

その「変人」政治家が、「数の論理」（国会議員数）でなく、都道府県別の予備選で橋本、麻生に圧勝したことは、田中派主導の「一九五五体制」が日々遠のいていくことを党内外に強く印象づけた。筆者が東京新聞代表に就任した折（二〇〇三年）、首相官邸に挨拶に出向き、小泉首相としばらく懇談した際も、「田中派時代だったら諸々の改革がこんなに速いテンポでは進まなかっただろう。そう思わないか」と、素肌にワイシャツを着た若者風のおしゃれ姿で饒舌に自画自賛していた。総理大臣としての威厳を重んじた歴代首相とは、ひと味もふた味も違った新鮮さを感じさせた。

それ以前にも、箱根・芦ノ湖湖畔のホテ

ブッシュ大統領との日米首脳会談

ルの庭で小泉が休日に息子の進次郎とキャッチボールに興じているのに遭遇したが、たくさんの観光客に囲まれて、首相というより人気タレントであった。たまたま、このときホテルには前首相の森喜朗夫妻も宿泊していたが、森の周りには人気《ひとけ》はまったくなく、政治家稼業とは非情なものだなと感じた。

「ワンフレーズ・ポリティックス」の「劇場型政治」

小泉人気の秘密は、ある種の単純明快さにあった。「ワンフレーズ・ポリティックス」といわれたように、「改革なくして成長なし」「一内閣一閣僚」「自民党をぶっ壊す」「骨太の方針」「三位一体改革」（国庫補助負担金、税源移譲、地方交付税の三改革を同時に実施）「米百俵の精神」（越後長岡藩で米百俵を学校建設資金に回した故事）「感動した」（大相撲千秋楽の挨拶）など、ともかく短いフレーズで明快に言い切るのである。また、それを官房長官などスポークスマンが記者会見でしゃべるのではなく、首相自らがテレビカメラの前で話す、いわゆる「ぶら下がり」形式で実行した。

「ぶら下がり」という形式は小泉以前からあったが、昼間と夕方の二回行われるようになったのは小泉内閣になってからである。とくに、夕方の「ぶら下がり」はテレビカメラも入り、首相が質問者に向かって答えるというよりはテレビカメラに向かって話す、いわゆる「カメラ目線」が目立つようになった。

こうした小泉独特の政治手法に、国民は過去のリーダーには見られなかった新鮮さを感じ、選挙時の街頭演説には従来とは違って多くの有権者が集まった。そこでも、短く明快な表現で聴衆を沸かせている。まさしく「劇場型政治」と評された所以である。

それは、自民党や野党よりも、有権者（国民）を意識した「ポピュリズム」政治ともいわれた。ポピュリズムは大衆により近い政治というメリットと、大衆迎合に陥りやすいというデメリットの両面をもっている。筆者は内外を問わず政治リーダーの要件として、①組織を動かす力、②説明責任と説得力、③反対されても実行する勇気、④高い人気、⑤先を読む洞察力と先見性、⑥注意力、⑦公平性を重視する姿勢、など約三〇の要件が必要と思っている。

このうち小泉純一郎は、「反対されても実行する勇気」「高い人気」「話術の巧みさ」「機敏な判断力」「前向きな姿勢と意欲」など約一〇項目では合格点だった。その半面、「組織を動かす力」「説明責任」「公平性を重視する姿勢」「バランス感覚」「撤退する勇気」など約七項目では標準以下だったように思う（雑誌〈行政&情報システム〉二〇〇三年六月号所収、「三年目の小泉首相に問われる30の要件」行政情報システム研究所発行、参照）。

「抵抗勢力」に「刺客」を差し向けて実現した「郵政民営化」

「郵政民営化は小泉純一郎の初恋」といわれたほど小泉首相は、郵政三事業（郵便、郵便貯金、簡易保険）の民営化に執心した。その背後には三つの理由があった。

第一は、銀行、保険業界などでの「民業圧迫」といった批判に応える狙いで、郵政事業には法人税が課せられないという官民格差を是正するための民営化を促進しようとの狙いである。小泉は郵政大臣経験者（宮澤内閣）だから、本来なら郵政官僚の味方になるところだが、若いころから「大蔵族」であったこともあり、郵政官僚には冷たいところがあった。

第二は、中曽根政権が国鉄民営化など行政改革で実績を上げたことから、小泉は「郵政民営化」で実績を誇示しようとしたこと。ただ、そのやり方は中曽根とは極めて対照的だった。中曽根は第二臨調の土光敏夫会長を中心に国民運動で行革を推進しようとしたし、自らは「グライダーである。国民運動という風に乗って飛ぶんだ」と言っていた。しかし小泉は、「反対論が強いほどファイトがわく。自民党をぶっ潰す覚悟で進む」とアゲインスト（逆風）を利用して凧を揚げる手法をとった。そして演説では、「抵抗勢力」という表現もよく使った。かつて小沢一郎が自民党を離党するとき、政治改革に消極的な派閥や議員を「守旧派」と決めつけたのによく似ている。

第三は、郵政関係を長く独占してきた田中派への反発である。田中角栄は三九歳のとき、岸内閣で郵政大臣として初入閣した。全逓労組の時間内勤務闘争に約二万人の大量処分を断行したが、全逓幹部の大出俊(3)とは気脈を通じた。当時、NHK（日本放送協会）や民放の免許権限を握っていたのが郵政省で、民放経営を狙っていた新聞社には「波取り記者」といわれた郵政対策専属の記者が郵政記者クラブに配備されていた。そうしたことをうまく利用したのが、田中のマスコミ操縦術でもあった。

福田派に所属していた小泉は、かねて郵政分野の「田中支配」を苦々しい思いで見ていた。そのことが「郵政民営化」「（田中支配の）自民党をぶっ壊す」という小泉政治に発展していったと、筆者は見ている。

二〇〇四年九月に閣議決定された「郵政民営化の基本方針」は、以下の三つを骨格としていた。

❶二〇〇七年に郵政公社を民営化し、窓口ネットワーク会社、郵便事業会社、郵便貯金会社、郵便保険会社の四株式会社に移行させる。

❷国は持ち株会社の三分の一を超える株を保有する。

❸職員は国家公務員の身分を離れる。

郵便局を中心にした「郵政関連票」は、農協票と並んで自民党議員にとっては有力な票田だった。当然のことながら、同党内でも約二〇〇人の衆参両院議員が郵政事業懇話会（綿貫民輔会長）(4)を組織し、二〇〇五年の衆参両議院の本会議で郵政改革に反対票を投じた。(5)その結果、参議院で民営化法案は否決となった。

この瞬間、筆者を含む政治記者とそのＯＢの多くは思った。「これで政局は小泉内閣総辞職に向かうだろう」と。

だが、違った。「郵政民営化は初恋」という執念が、小泉を衆議院解散へと決断させた。解散詔書への署名に抵抗した島村宜伸農水相(6)は罷免され、小泉が兼務した。そればかりか、郵政造反組には自民党公認を出さず、そのうえ同じ選挙区に対抗馬を擁立した。この対抗馬たちは、世間で「刺客」と呼ばれるようになった。

まさに「千万人といえども吾往《ゆ》かん」（孟子）の心意気で、小泉純一郎個人の決断と行動が国民の拍手喝さいを浴びることとなった。郵政民営化の良し悪しよりも「小泉劇場」「ポピュリズ

(3)（一九二二～二〇〇二）村山内閣で郵政相を務める。
(4)（一九二七～）第七〇代衆議院議長、建設大臣、国民新党代表（初代）など歴任。
(5)七月五日の衆議院では、綿貫ら三七人が反対、本会議欠席も五一人に上った。八月八日、参議院でも二二人が造反している。
(6)（一九三四～）文部大臣も歴任。

ム」が主人公となった九月一一日の衆議院選挙は、自民党二九六議席に対して、民主党は一一三議席と自民大勝に終わった。その結果を受けて、郵政民営化法も一〇月一四日に成立を見た。

この法改正が本当に国民のためになったのかについては、いまだに議論が絶えない。とくに、過疎地に暮らす人や高齢者からは、簡易保険も郵便物も同じ職員が扱ってくれた身近な存在の郵便局が、経営の合理化や大規模化で遠い存在になってしまったという批判を耳にする。そこが、国鉄の分割・民営化とは違うところであろう。

かつて、一九五五年体制下で自民党代議士からこんな話を聞いた。

「お世話になった人たちへの時候の挨拶に石鹸とかソウメンといった、ちょっとした品物を贈るのだが、大量に買えば必ず値引きしてくれるものだ。だが、郵便局だけは、どんなに多く送ろうとも切手一枚分さえ値引きをしてくれない」

民営化になってもそれは変わらない。ところが、新橋周辺のディスカウント店などでは五〇円の年賀はがきを四五円前後で販売しているのに遭遇した。店員に事情を聞いてみると、民営化された郵便会社では社員に年賀はがきの販売ノルマが課せられており、身銭を切って購入した社員がディスカウント店に売っているのではないか、と話していた。

二〇一四年四月から郵便料金が改定され、はがきは五〇円から五二円、封書（二五グラム以内）は八〇円から八二円と各二円値上がりした。あらかじめ二円切手を大量に買っておいたので、料金改定後、封書を投函するのに八〇円切手を買いに郵便局へ行った。ところが、「八〇円切手は廃止になりました」と係員がいう。こちらの事情を話すと、「では、五〇円切手と三〇円切手をお求めいただき、それにお手持ちの二円切手を貼ってください」と言われた。あきれてしまい、別の郵便局へ行ったら、「記念切手でしたら八〇円がまだ残っているかもしれません」といい、倉庫へ行って残り物の八〇円切手シートを見つけてきてくれた。

筆者は、日本郵政会社からの依頼で、一時期、地域貢献事業懇談会のメンバーを務めたことがある。その場で斉藤次郎社長（二四五ページの注参照）に申し上げたのが次の言葉だ。

「依然として国有化時代の官僚体質から抜け出せないのではないか。いっそのこと、『郵便局』とか『郵政』というネーミングをやめて、『地域貢献センター』とか『共助会社』といった名前に改めてはどうですか」

「新自由主義」が浸透して「非正規」社員が増えた

新自由主義を政治の世界で推進した指導者としてはサッチャー英首相がその代表といえるが、日本では、中曽根康弘についで小泉純一郎、そして安倍晋三といった首相たちである。とくに小泉政権は、新自由主義、市場原理主義者の竹中平蔵[7]を経済財政政策担当大臣に起用したことで、経済界首脳も交えた経済財政諮問会議を足場に、「民営化」「財政改革」「規制改革」「不良債権処理」などの「骨太方針」を推進した。

竹中経済財政相は、二〇〇二年九月の内閣改造で金融相も兼務することになり、小泉内閣での新自由主義は竹中の独走という形で進められた。彼の基本的な考え方はサプライサイド（供給面）での民間活力を活かすことにあったので、大企業中心となり、弱者切り捨ての側面をぬぐえなかった。また、公共事業の配分によって選挙基盤を強固にしてきた、いわゆる「族議員」とぶつかり合う場面が多かった。事実、道路関係四公団（道路公団、首都高速、阪神高速、本州四国連絡橋公団）の民営化では、自民党道路族と正面からぶつかった。

小泉・竹中の二人三脚で進められた「新自由主義」路線は、世の中に大きな変化をもたらした。学生たちが金融・証券業界を就職先に選ぶ傾向が強まり、書店の棚にもファンド関係の入門書が目立つようになった。一時は大変な人気者になった「ホリエモン」こと堀江貴文（元ライブドア社長）や、元通産官僚の村上世彰（元村上ファンド代表）などが六本木ヒルズを足場に活躍する姿にあこがれた若者たちもいた。そのなかには、一九九七年に「楽天」を立ち上げた三木谷浩史（楽天の創業者で会長兼社長）のような成功者もいるが、例外中の例外である。

多くの若者たちは、「新自由主義」「市場万能主義」に影響されて会社に拘束されるサラリーマ

Column　麻垣康三

小泉政権の終末が近づくにつれてポスト小泉が話題になり、マスコミは「麻垣康三」と報じ出した。「麻」は麻生太郎（当時外相)、「垣」は谷垣禎一（1945～・当時は財務相)、「康」は福田康夫（前官房長官)、「三」は安倍晋三（当時官房長官）のことである。谷垣を除く３人は、いずれも総理大臣になった。

かつて、ポスト中曽根が現実化してきたときにもマスコミは「安竹宮」と報道した。「安」は安倍晋太郎、「竹」は竹下登、「宮」は宮澤喜一を指す（228ページを参照)。その前、田中支配の先が見えてきたときには「金竹小」が取って代わるとはやした。言うまでもなく、金丸信、竹下登、小沢一郎のことである。「一六戦争」（小沢一郎と梶山静六、あるいは宮澤喜一と田中六助の確執）とか、「三賢人」（前尾繁三郎、椎名悦三郎、灘尾弘吉）といった略称をすぐ付けたがるのもマスコミの性癖であろうか。

ンよりも、もっと自由に自分を活かせる人生行路を歩みたいと「非正規」社員として働く傾向が目立ち出したのもこのころである。企業側も、正規社員に比べて安い労働賃金で雇用できるメリットを生かして「非正規」を増やしていった。今や、生産労働人口の約四人に一人が「非正規」である。

アベノミクス効果が及ばないのは、この人々である。遅まきながら、連合も組織労働者の権利擁護からはずれている「非正規」対策に取り組みはじめたが、戦後日本の高度成長の秘密が労働環境の「三種の神器」（終身雇用、定期昇給、企業別労組）にあったのと

(7)（一九五一～）現在、政府産業競争力会議委員、国家戦略特別区域諮問会議の委員。

は違って、「新自由主義」という「大企業中心」「競争第一主義」「格差是認」といった環境下にある以上、非正規社員の待遇改善はなかなか難しいだろう。

「3K」（きつい、汚い、危険）も大きな労働問題である。高齢化の進行につれて、医療・介護の充実が求められている。それには、外国人看護師の採用も含めて、同一労働同一賃金との基本理念に立って労働環境を改善していかなければ根本的な解決は至難の業である。今や、「新自由主義」という「強い者はより強く、弱い者はより弱くなっていく」自由競争第一主義を根本から是正すべきときではないだろうか。

小泉時代からはじまった日中間の「政冷経熱」

小泉政権時代の外交面の特徴としていえるのは、イラク戦争での対米全面協力という側面と対照的に、日中政府間関係が一九七二年の正常化以来の冷え込みを見せたことである。二〇〇一年、首相就任後、初めて迎える終戦記念日直前の八月一三日に靖国神社を公式参拝したのに続き、二〇〇二年四月二一日（春季例大祭）、二〇〇三年一月一四日、二〇〇四年一月一日、二〇〇五年一〇月一七日、二〇〇六年八月一五日と、計六回の靖国参拝を行っている。

これを、中国と韓国は強く批判した。しかし、その一方で、日本と中国の貿易は著しい伸びを見せた。たとえば、二〇〇三年は対中輸出の伸びが四三・五パーセント、二〇〇四年が二九パーセントで、輸入は二〇〇三年が二一・九パーセント、二〇〇四年が二五・三パーセントの高率であった（日本貿易振興機構調べ）。したがって、当時は政治的関係が悪いが、経済関係は良好だという意味で「政冷経熱」という表現が中国とともに日本でも使われた。

一方、北朝鮮との関係においては、小泉は二回訪朝している。二〇〇二年九月の初訪朝では金正日《キム・ジョンイル》（一九四二～二〇一一）総書記と会談し、日本側が過去の植民地支配を謝罪した。北朝鮮側も、日本人拉致の事実を認めて謝罪した。それらを踏まえて両首脳は、国交正常化の早期

東京新聞　夕刊
2006年（平成18年）8月15日（火曜日）

小泉首相が靖国参拝

終戦記念日に初

現職では21年ぶり　中韓が強く反発

悲しい歴史繰り返さず

戦没者追悼式　遺族ら誓い新たに

次期政権に

首相「哀悼は日本の文

民家火災5人死

東京新聞、2006年８月15日付夕刊

実現に努力することをうたった「日朝平壌宣言」に調印した。北朝鮮は拉致被害者一四人のうち八人が死亡しており、一人が不明、五人が生存と説明した。そして一〇月、その五人が帰国を果たした。その二年後の五月、再度訪朝した小泉は、拉致被害者の家族五人の帰国を実現している。

いまだ未解明案件が残る「消えた年金」問題

二〇〇六年九月に誕生した安倍晋三内閣で、大きな政治・社会問題になったのが「消えた年金」問題だった。二〇〇七年の国会で、「ミスター年金」といわれた民主党の長妻昭(8)が中心になって追及した社会保険庁（当時）の年金加入記録のミスのことである。

結婚で名前が変わった人の年金などの記録が宙ぶらりんになり、誰のものか分からなくなった記録が五〇〇〇万件に達していることが判明した。政府は記録照合作業に着手したが、国民の批判は強まり、その年七月の参議院選挙では自民党が惨敗し、民主党が参議院の第一党となった。社会保険庁は解体され、新たに「日本年金機構」がつくられて年金記録の解明に取り組んだ。しかし、二〇一四年時点で、解明された件数は五〇九五万件のうち三〇四四万件で、未解明がまだ二〇五〇万件も残っている。

筆者はこのニュースを見るたびに心を痛める。それというのも、社会保険庁から頼まれて「広報」のあり方について数年にわたって同庁の職員を対象に講義を続けていたからだ。全国から集まってくる職員たちに、「お役所的感覚から離れて、一般市民の感覚で行政サービスをやってほしい」、「恩田木工の『日暮硯』ではないが、市民に厳しいことを求めるときには公務員が率先垂範して倹約に努めるべきだ」などと具体例を挙げて説明した。研修生たちはまじめにメモをし、質問も活発だった。

映画『男はつらいよ』シリーズのなかで渥美清の演ずる寅さんが、ある区役所の窓口に置いてあるボックスの前で「アー、アー」と大声を出すシーンがある。その箱の裏側には、「あなたの声をお聞かせ下さい」と書いてあった。

「この場面を入れた山田洋次監督は、『お役所のやる広聴なんて、この程度のもの』と皮肉ったに違いありません。皆さん、それでよいのですか」

こんな例を挙げて、お役所仕事的な通り一遍の広報広聴を市民の立場に立って改善するように提案すると、研修生たちはメモを取る手を止めて「そうだ、そうだ」という顔で頷いていた。そ

（８）（一九六〇～）のちに厚生労働大臣を務めている。

れだけに、社会保険庁のミスが全国的に広がっていくのを知ったとき、自分の講義は何の役にも立たなかったのではないかと自責の念にとらわれた。

のちに「$H^{2}O$」という言葉があることを知った。「北海道（H）、広島（H）、大阪（O）、大分（O）の職員組合は、とくに労組の権利意識が強い」のだという。橋下徹大阪市長がよく市の職員組合の批判を口にするのもその類なのだろうか。ともあれ、二〇〇七年の参議院選挙において「最後の一人までチェックして年金を支払う」と明言した安倍首相の公約はまだ実現していない。

第8章

民主党政権から「安倍一強政治」へ

（2009年～2015年）

2014年（平成26年）12月15日　月曜日　朝日新聞

46190号（日刊）

自公大勝　3分の2維持

安倍政権の基盤強固に

「アベノミクス」継続へ

海江田氏落選　民主代表選へ

衆院選　獲得議席数

325	自民	公明	無所属	諸派	改革	共産	社民	次世代	生活	維新	民主
	290	35	9	0	0	21	2	2	2	41	73

▼過半数238　▼3分の2 317　475

▼公示前（欠員1）　▼半数240　480

インタビューに笑顔でこたえる自民党の安倍晋三総裁＝14日午後10時20分、東京・永田町の党本部

朝日新聞東京本社

歴史がわかれば城が楽しい　Webコラム　日本の名城巡り　朝日新聞デジタルショッピング

衆院選の当選者数

		公示前比	小選挙区	比例区
自民	290	−3	222	68
民主	73	+11	38	35
維新	41	−1	11	30
公明	35	+4	9	26
次世代	2	−17	2	0
共産	21	+13	1	20
生活	2	−3	2	0
社民	2	±0	1	1
改革	0	±0	―	0
諸派	0	±0	0	0
無所属	9	−8	9	―

朝日新聞、2014年12月15日付

半世紀以上に及ぶジャーナリスト人生の大半を国内政治の取材に費やしてきた筆者であるが、これまでの体験を通して、「わくわくした瞬間」と「がっかりした瞬間」をここで記しておく。

わくわくした瞬間

(1) 政権交代――敗戦直後に記者をしていた古い先輩から、「片山内閣ができたときは感激した。首相官邸クラブの記者たちが、片山首相を拍手で迎えた」との回顧談を聞いたことがある。それほどの感激はなかったが、一九九三年七月の衆議院選挙で自民党が過半数割れをきたし、非自民八党派の細川政権が誕生したときと、二〇〇九年八月の衆議院選挙で民主党が自民党に大勝して鳩山政権が誕生したときの二回は、いずれも「これで、日本は大きく変わっていくかもしれない」という強い期待感を抱いた。

前者では、細川首相、土井衆議院議長の政治スタイルが、旧来の一九五五年体制時の、いわゆる「政治プロ」的な慣習とは違った新鮮味を国民に印象づけたので高い内閣支持率にもつながった。また、後者の鳩山民主党の圧勝は、小選挙区制移行後、初の政権交代だったこともあり、日本にも英米型のシーソーゲーム的な二大政党政治の時代がようやく到来したかとの感慨を抱かせた。

しかし、細川政権は連立内部の権力抗争や細川自身の借金疑惑も表面化して約八か月で瓦解した。一方、民主党政権は鳩山―菅―野田と三人の首相で「自民政治からの脱皮」を目指しながらも、党内抗争や普天間基地問題、東日本大震災、なかでも東京電力福島第一原発事故への対応、尖閣国有化などに起因して、三年余で下野を余儀なくされた。民主党に期待をかけていただけに揺り戻しが大きく、国民の失望は行き場を失った。そして、政治不信の増大がその後の無党派層の拡大につながり、投票率の低下を加速させた。

民主党は、いまだに失敗の後遺症から立ち直れないでいる。その意味では、二つの政権交代は私たちを「わくわく」させたのち、しばらくして「がっかり」させ、政治不信をかえって増幅する結果を招いたともいえる。

（2）日中両国間の国交正常化

――一九七二年当時は、現場の政治記者として連日この問題を取材し、正常化直前には周恩来首相ら中国側首脳と直《じか》に接する機会があっただけに、日中共同声明が発表された瞬間は高揚感が強く、「やった！　これで最大の戦後処理に目途がついた」と素直に喜んだ。と同時に、もっと中国のことを知りたいと思って国会議員の訪中に同行したり、カメラマンと二人で中国各地を回って一般の人たちの日常生活を取材し、戦後初めてといわれた中国での「民意測験《ミンイスウイエン》」（意識調査）を実施したりした。だが、良好な日中関係も、天皇、皇后の中国訪問が実現した一九九二年ぐらいまでだった。

二一世紀に入ってからは、中国の急速な経済発展に伴う軍事大国化、尖閣諸島周辺での中国漁船の衝突事件、反日デモ、歴代日本首相の靖国神社参拝、尖閣国有化の閣議決定など、日中双方でお互いを刺激しあう事柄が続いた。とくに、小泉（自民）、野田（民主）政権時代に「政冷」（冷え込んだ政治関係）時代に入り、いまだそこから抜け出せないでいる。各種世論調査では、国民同士の「反日」「嫌中」感情も根強い。非常に残念なことである。唯一、近年の円安効果で中国人の日本観光や買い物ツアーが急増しているのがプラス面といえようか。

（3）「不戦」と「高度経済成長」——日本は一九六八（昭和四三）年、国民総生産（GNP）で当時の西ドイツを抜いてアメリカに次ぐ世界第二位の経済大国になった。この年は、明治維新から数えて満一〇〇年にも当たっていた。この間、日清戦争をはじめ日露、日中、太平洋戦争を体験しているわけだが、昭和二〇年の敗戦、翌年の新憲法制定を境にして、それ以来は長年「戦争をしない国」として内外に認知されてきた。

これに対して「昭和元禄」「平和ぼけ」といった言葉も誕生したが、一般市民の間では「一生懸命働けば、必ず明日の生活は今日より良くなる」という期待と確信が広がり、小市民的な平和を実感していたし、アジア各国も日本は「不戦の国」になったと認識するようになった。

佐藤栄作長期政権の評判は芳しくなかったが、「経済は一流」ということで国民が自信にあふれた時代だった。それは、ジャーナリストとして取材していて、わくわくする「黄金の日々」であった。日本製オートバイの輸出が一〇〇万台を超え、輸出比率は五〇パーセント超であった。一九七九（昭和五四）年七月には「ウォークマン」（ソニー）という携帯型カセットプレーヤーが誕生し、若者を虜にするなど、世界に誇れるメイド・イン・ジャパンの独創的な製品が一九八〇年代にかけて続々と誕生していった。「不戦の国」だけでなく「良質な品物をつくる国」のイメージが世界に定着していったのだ。

がっかりした瞬間

（1）有為な政治家の病気・病死——「三角大福中」の全盛期に自民党の金権体質と派閥抗争がピークに達し、大平正芳のような思慮深い文人政治家が党内抗争のなかで「戦死」に追い込まれた。しょせん政治は権力闘争なのだと割り切ってしまえばそれまでだが、「環太平洋構想」「田園都市国家」といった大平的な政治が派閥争いに邪魔されずに実行されたら、「国のかたち」がいまとは大分変わっていたのではないだろうか。

もっと以前では、たとえば石橋湛山が首相就任時に健康な体力を維持できていたら、日中関係や財政政策でも日本の進路は六〇年安保、三池争議当時の岸信介型政治とはかなり異なったものになっていたに違いない。

（2）日本社会党所属の政治家たちの度量の狭さ――「自民党は水の政党」「社会党は氷の政党」と評された時代があった。水は器から器へ自由に移すことができる柔軟性をもつが、氷は固まっていて水のような柔軟性に欠けているという意味だが、理論的にも純粋性を重んじたがゆえに貴重な人材を党外へ追放してしまうケースが目立った。西尾末広（離党して民社党を結党）、江田三郎（離党して社会市民連合を結成）といった政治家を党内に抱え込んでおく度量や幅の広さをもったほうが、自民党と肩を並べる政権担当可能政党たり得て、中選挙区制のもとでも本格的な二大政党政治が実現できたのではないかと筆者は思っている。

（3）二院制の機能不全――戦後、新憲法制定の際にGHQは当初、日本に一院制を提案してきた。憲法担当相の松本烝治が二院制を強硬に主張した結果、最終的には衆議院と参議院の二院制が実現した。そして、戦後の一定期間は参議院で「緑風会」という党派を超越した良識派議員が活躍し、二院制度のメリットが発揮された。だが、やがて参議院でも政党化が進んだ結果、「衆議院のカーボンコピー」と揶揄されるようになった。

「ねじれ国会」という衆参両議院で多数が異なる状況が生まれてから、参議院に改めてスポットライトがあてられた。しかし、法案審議が停滞する側面も多く、「ねじれ国会」は二院制の評価を高めるよりも、逆にマイナスと受け取られるケースが目立つようになった。

「マニフェスト選挙」で民主党が圧勝――政権交代

二〇〇九年八月の衆議院選挙で民主党が三〇八議席を獲得して大勝し、自民党（一一九議席）を破って政権交代が実現した。一九九六年一〇月に小選挙区比例代表並立制による初の衆議院選挙が実施されてから、一三年で政権交代が実現したことになる。民主党は社民党、国民新党と連立を組み、鳩山由紀夫内閣の誕生を見た。

このときの選挙戦は「マニフェスト選挙」といわれたほど、従来の「選挙公約」に代わって「マニフェスト」という言葉が頻繁に使われた。もともとはイギリスではじまった「政権公約」のことである。日本では、「公約」は「口約」と冷やかされるほど有権者を惹きつけるための選挙時の夢物語でしかなく、選挙後の政権や政党を縛るものでないとの批判から、公約に達成年次や実現への手順段取り、財源などを織り込んだものが「マニフェスト」として位置づけられた。佐々木毅（一九四二〜・元東京大学学長）ら政治学者たちもこの「マニフェスト選挙」を歓迎し、推進にひと役買って出た。

そうしたなかで民主党は、自民党政権について公共事業で選挙民を引き付ける利益誘導型政治をやめよと批判し、自分たちは「コンクリートから人へ」の政治を目指すとマニフェストにうたった。具体的には、「子ども手当の支給」「八ッ場ダムの建設ストップ」などである。

政権発足直後、前原誠司国土交通相が八ッ場ダム建設中止を表明し、岡田克也外相は核持ち込みなどの「日米密約」調査を外務省に指示した。そして、鳩山首相自身は国連気候変動首脳会議で、「二〇二〇年までに温室効果ガスを一九九〇年比二五パーセント削減する」と演説するなど、自民党政権とは一味も二味も違うぞという意気込みを見せた。そのせいか、内閣支持率は七〇パーセント台という高率を記録した。

ところが、沖縄の普天間基地問題で鳩山はつまずいた。政権誕生後、約三か月が経ったときにオバマ米大統領（Barack Hussein Obama II,1961〜・第四四代）が来日し、日米同盟の深化で両首脳は一致した。しかし、普天間基地の移転問題では、鳩山がオバマに「トラスト・ミー（私を信頼して）」と一方的に言っただけで具体的な進展を見ることはなかった。後年、筆者は鳩山に、このときの経緯を質すかたわら次のように進言した。

「いきなり『トラスト・ミー』ではなく、お互いに民主党政権をつくって間がないのだから、両国の事務当局で日米安保体制の再検討を一年かけて行い、そのなかで普天間をどうするかを詰めてもよかったのではないか」

それに対して、鳩山は次のように答えた。

「そういう手順もあったかもしれないが、首脳会談だから『トラスト・ミー』で、まずは首脳同士の個人的信頼関係を築けないかなあ、と思った」

こういうところが祖父一郎の「友愛」精神を引き継いでいるというのか、開けっぴろげで率直である。翌年四月、沖縄では県内全市町村長も参加して普天間の県内移設に反対する九万人集会が開かれた。かねてより鳩山は「最低でも県外移転」と発言しており、沖縄県民は歓迎の半面、「どこまで本気か」と訝しげな目で鳩山を見ていた。

鳩山首相が日本記者クラブで記者会見（2009年7月）。右は司会した筆者（日本記者クラブ提供）

Column　松下政経塾

民主党政権の誕生で話題になったのが、同党議員には「弁護士」資格の保持者が多いことと、「松下政経塾」出身者が目立ったことである。民主党政権で3人目の首相になった野田佳彦は、松下政経塾の1期生である。本人はジャーナリスト志望だったが、父親が目にした同政経塾の募集広告がきっかけで入塾している。同期生には、自民党の逢沢一郎（衆議院議院運営委員長）らがいる。ほかに民主党では、原口一博（4期生。元総務相）、前原誠司（8期生。元政調会長）、玄葉光一郎（8期生。元外相）、福山哲郎（11期生。元官房副長官）ら人材が結構揃っている。

「松下政経塾」とは、パナソニックの創業者である松下幸之助（1894～1989）が有能な人材を育てたいと、70億円の私費を投じて、1979年、神奈川県茅ケ崎市内につくった公益財団法人のことで、研修生には月20万円が支給されて4年間の研修を行った。卒業生のなかから約40人の衆参両院議員が誕生したほか、地方自治体の首長や議員を多数輩出している。

「宇宙人」というのが鳩山に付けられたあだ名で、どこか浮世離れしているところが常に彼の政治行動にもつきまとった。日米両政府は、二〇一〇年五月、普天間基地の移転先を名護市辺野古とする共同声明を発表した。反対した社民党は連立を離脱し、鳩山は六月二日に退陣表明した。

理想と現実の落差が大きすぎたのも民主党政権の特徴だったといえよう。群馬県の八ッ場ダム問題にしても、前原はマニフェストに忠実たらんとしたのだろうが、現地を視察した筆者の第一印象は、「すでにここまで工事が進み、移転した家族も増えているのに、今ストップしても逆効果ではないか」

というものだった。再検証の結果、二年後の二〇一一年一二月には民主党政権も建設再開に転じている。

もう一つの失敗は、「成果主義」というか「まず結論ありき」で政治のプロセス（過程）を軽んじたことである。目標値を現実そのものと錯覚した閣僚もいた。具体的な人名を挙げて恐縮だが、厚生大臣になった長妻昭がその典型例であろう。「消えた年金」追及で名を上げた長妻は、大臣室に年金確認状況をはじめとして各種のデータグラフを張り出して、日々、進展状況を確認し、進行が遅いと役人を叱りつけた。また、成果主義についていけない女性エリート官僚がしばしば長妻大臣に叱責されていた。

こんな話もある。長妻は公用のときにはＳＰも同乗して公用車を使っていたが、党務の際の移動にはマイカーやタクシーを使った。そのため、ＳＰが追っかけるのが大変だったようだ。また、省内で食事がつく会議は、徹底して官僚と割り勘で通したとも聞く。

公私混同を避けたいという長妻の思いはよく分かるが、政治はやはり人間関係によって成り立っている部分が多いので、理想どおりにいくものではない。以前、橋本龍太郎内閣当時の一九九六年に厚生大臣として着任した菅直人が、厚生省内の薬害エイズ資料のファイルを発見して世間の喝采を浴びた印象が長妻の頭にあったのかもしれない。しかし、個人的なスタンドプレーではトータルな政治がうまくいかない場合が多いことを民主党議員たちは知るべきだった。その点からすると、「籠に乗る人、担ぐ人、そのまた草鞋《わらじ》を作る人」と言った田中角栄や、竹下登流の自民党政治の奥行きの深さを学ぶべきだったろう。

後日、民主党は、野田佳彦首相当時に尖閣諸島の国有化閣議決定で、日中関係を決定的に悪くしてしまった。これも明らかに、日中正常化以前からの長い日中関係の歴史に対する勉強不足から来たものと言える。政権への準備不足もあっただろうが、「総論はよくても各論がついていかなかった」ことが三年間で下野を余儀なくされた原因であった。

中途半端に終わった「事業仕分け」

鳩山、菅、野田の民主党政権三代の首相のうち、鳩山内閣は予算の無駄を洗い出すという名目で、仙石由人行政刷新相(1)の指導のもと「事業仕分け」を二〇一〇年度予算に関してはじめた。決算については会計検査院による検査が従来から行われてきたが、予算に計上される事業内容を公開の場で事前審査しようというのは新しい試みであった。「脱官僚主導」を国民に印象づけようという民主党らしい発想で、枝野幸男(2)や蓮舫(3)ら衆参両院議員が仕分け人の中心メンバーとなって、二〇〇九年一一月から市ヶ谷の国立印刷局庁舎などにおいて公開形式ではじまった。

この場において、活躍がひときわ目立ったのが蓮舫参議院議員である。理化学研究所（文部科学省）の次世代コンピュータ開発について彼女は、「本当に七〇〇億円が必要なのか。世界一を目指す理由は何ですか。二位じゃ駄目なんですか」とたたみかけた。テレビでも放映された仕分け作業で「二位じゃ駄目なんですか」と迫る蓮舫の気迫が話題を呼び、流行語にもなった。ただ、こうした仕分け事業で子ども手当の財源が捻出されるほどの無駄が発見できたかというと、そうはいかなかった。むしろ関係官庁からは、「的外れの質問が多い」「重箱の隅を突きすぎる」といった批判が聞かれるようになった。

筆者が評議員をしている「フォーリンプレスセンター」（対外広報や在日外国特派員の取材を助ける公益財団法人）についても、外務省に対する仕分け作業の過程で「外国人特派員協会と一緒にしたらどうか」など、ピント外れの質問が飛び出したと聞いた。「事業仕分け」の狙いそのものは決して悪くなかったが、運営の未成熟さから永続化せず、民主党政権の崩壊とともに消えてしまっている。

（1）（一九四六〜）法務、拉致問題担当大臣などを歴任。
（2）（一九六四〜）内閣官房長官、経済産業大臣などを歴任。現民主党幹事長。
（3）（一九六七〜）内閣府特命担当大臣を歴任。

東日本大震災の「想定外」を救った神風？

戦後七〇年を通じて、一番衝撃的な災害は、二〇一一年三月一一日午後二時四六分に発生した東日本大震災（M9.0）と、東京電力福島第一原子力発電所の事故に伴う放射能汚染であった。

その瞬間、東京・内幸町のビル内を歩いていた筆者は、経験したことのない激震に身震いすると同時に、職場である新聞社に大急ぎで戻った。すでにエレベーターが止まっていたので一〇階の論説室まで行くのに息切れしたが、幸い、本棚から書類や書籍が床に落下している程度の被害でほっとした。

テレビで放映された津波の衝撃映像は、東北沿岸部の被害の大きさを直感させたが、まだその時点では原発事故に関する詳報が皆無だった。ただ社説には、地震、津波被害だけでなく原発に対する懸念は必ず書き込んでおいたほうがよいと当日の社説担当の論説委員に伝えた。その懸念どおり、翌日からは連日、地震・津波被害以上に原発事故がトップニュースに躍り出た。

菅直人政権では枝野幸男官房長官が報道の窓口だったが、どう見ても福島県民をはじめ国民の心配を極力押さえ込もうという意識が働いて、放射能漏れ事故の実態を抑制的に発表する傾向が続いた。そのことが、風評被害を含めて結果的には内外の多くの人々から「日本政府批判」「日本安全神話の崩壊」といった論評を招くことになった。

そして、原発関係の専門家は「想定外」という言葉を多発した。一例を挙げれば、予備電源が津波で全滅したのは「想定外」というわけだ。だが、私が尊敬していた科学者の北沢宏一(4)によれば、「東電のフェイルセーフ（失敗時の対応）の設計がもともと甘かったのではないか」と言っていた。一言でいえば、「安全過信」「自信過剰」「点検不足」「原子力の怖さをなめていた」としかいいようがない。

「それでも、元寇の役（蒙古襲来）のときのように神風が吹いて救われたのです」と、北沢は言った。そして、次のように僥倖を説明してくれた。

「福島県では、原発事故の当日、中通りから浜通りへ向けて西風が吹いていたのです。もし逆だったら、放射能漏れ

（4）（一九四三～二〇一四）民間事故調委員長、東京都市大学学長。東京大学名誉教授。

津波に流され石巻の路上に打ち上げられた漁船（筆者撮影）

事故の被害は県内外のもっと広範囲にわたってい
たでしょう」

　福島第一原発の責任者だった吉田昌郎所長（一九五五〜二〇一三）は、第一原発1号機の原子炉建屋が三月一二日に水素爆発したことについて、後日、「全然想定していなかった」などと証言している。また、一四日に危機的状況を迎えた2号機については、「一番死に近かった」「完全に燃料露出しているにもかかわらず、減圧もできない。水も入らない」「このまま水が入らないでメルトして、完全に格納容器の圧力をぶち破って燃料が全部でていってしまう。そうすると、その分の放射能が全部外にまき散らされる最悪の事故」「我々のイメージは東日本壊滅」などと証言した（「政府事故調査委員会における吉田調書」より）。

　菅首相は第一原発1号機のベント（排気）が実

検証 大震災
菅前首相の証言
国難 手探りの日々
「日本がつぶれ
3月12日 午前7時過ぎ 現地視察
「情報 伝わってるのか」
3月12日 午後3時36分 1号機爆発
「メルト
「国内外に象徴的効果」
3月11 午後3 外部電

毎日新聞、2011年9月7日付

施されないのに苛立って、三月一二日朝、ヘリコプターで原発視察に飛び立った。さらに、２号機周辺の放射線量が急上昇し、「職員の撤退」を東電が検討しているとの情報が官邸に届き、一五日早朝、菅は東電本社を直撃して「何をバカなことを騒いでいるんだ」、「君たちは当事者なんだぞ。命をかけてくれ」と職員たちを叱咤激励した。菅は以前から、何か気に入らないことがあるとすぐにイライラして関係者に怒鳴る癖があるので「イラ菅」と呼ばれていたが、その体質が大災害で噴出したのである。

この原発事故を契機に、国民の間では「反原発」「脱原発」機運が高まった。しかし、政府や電力会社は安全性が保証されれば、コスト面だけでなく、温室効果ガスをほとんど出さない原発と再生エネルギーの組み合わせが合理的としている。ただ政府も、二〇三〇年時点での原発比率を東日本大震災前（二〇一〇年度）の二八・六パーセントから二〇パーセント以下には下げたいという考えである。

今後は、「脱原発」「卒原発」を求める市民レベルの運動と、「原発継続」「原発比率の低下」で乗り切ろうとする政府・電力会社との綱引きが続くことになる。また安倍内閣は、トルコをはじめ外国の原発開発に積極協力の姿勢をとっている。その一方で韓国では、福島第一原発事故による放射能汚染について九二パーセントのソウル市民が「懸念」（二〇一四年調査）を示しており、日本の原発輸出は国際的にも賛否の議論を呼びそうだ。

東日本大震災での死者は約一万六〇〇〇人、重軽傷者六〇〇〇人余、行方不明者二五〇〇人余で、自然災害で一万人以上の死者が出たのは戦後初めてである。作家の堺屋太一は、この大震災を幕末、太平洋戦争に次ぐ「第三の敗戦」と呼んだ。

胡錦濤《コキントウ》主席のメンツを潰した「尖閣国有化」の閣議決定

一九七二年の日中正常化以来、両国の政府間関係が最悪状態に陥る直接のきっかけは、野田内閣が二〇一二年九月一一日、「尖閣国有化」を閣議決定したからである。二〇一〇年九月、尖閣諸島沖で中国漁船が海上保安庁の警備艇に衝突する事件を起こしたことを契機に、日中両国間で「反日」「嫌中」の国民感情が相互に高まった。日本の「言論NPO」と中国日報社が二〇一二年に実施した共同世論調査によれば、中国に「良くない印象」を抱いている日本人は八四パーセントと過去最悪となった。一方、中国側の対日印象も「良くない」が六四・五パーセントと高水準だった。

石原慎太郎都知事(5)（当時）の呼びかけもあって、都庁には「尖閣国有化」の募金が一〇億円以上集まった。野田、石原の極秘会談ももたれ、野田首相は国有化を決断した。

同年九月九日、ロシアのウラジオストクで開催されたアジア太平洋経済協力会議（ＡＰＥＣ）の首脳会議で、野田は中国の胡錦濤国家主席（一九四二〜・第六代）と立ち話をした際、胡から「日本政府が尖閣諸島（中国名・釣魚島）を購入することには断固反対する」といわれた。その二日後の閣議決定だったから、中国からすれば「胡主席のメンツが潰された」と受け取るのも無理はないところである。こうしたことの積み重ねが、日中関係をますます悪化させたともいえる。

野田首相は「財政再建問題では、大平正芳首相の考え方を手本にした」と言明していたが、日中関係についても大平に学んでいたら、尖閣国有化には踏み切らなかっただろうと筆者は見ていた。尖閣は棚上げという暗黙の含意のもと、大平外相（当時）らは日中正常化にこぎ着けたのだから。

安倍首相の「美しい日本」とは何か

安倍晋三が二〇〇七年の自民党総裁選に出馬するにあたって発表した公約、それが「美しい日

（5）（一九三二〜）第一四〜一七代東京都都知事。

本」である。この言葉どおりの著書も刊行している。そこでは、「戦後レジーム（体制）からの船出」「主張する外交」「再チャレンジできる社会」などがうたわれている。しかし、「美しい国」づくりとは具体的に何を指しているのかが不明という声が多方面から聞かれた。

そこで筆者は、東京新聞が当時定期的に開催していた新世紀懇話会（司会は筆者）で「美しい国とは何か」をテーマに取り上げ、篠沢秀夫学習院大名誉教授、佐々木毅元東大学長、篠田正浩映画監督、福川伸次元通産次官、福原義春資生堂名誉会長、米沢富美子慶大名誉教授の六人を招いて経団連ホールで公開討論会を開いた。

篠沢　具体的に美しい国なんてないと思う。戦後、日本の現代化、自民党化が日本人から愛国心を奪った。

佐々木　（美しい国づくりは）癒やし系の物語のようだが、癒やしばかりやっておれないのがこの世の定めだ。

篠田　戦前は、「納税」「選挙」「国防」という三つの義務があった。それらが揃って初めて国民国家といえる。

福川　日本人は望遠鏡を逆さまにしているので世界が遠く見える。（国民は）政局に関心はあるが、真の政治が動かない。

福原　二〇世紀は「前畑がんばれ」で速く泳げば英雄になれた時代だが、二一世紀は「（荒川静香の）イナバウアーの世界」で、数字では表せない美しさが求められる。

米沢　戦後六〇年間平和だったので、私たちは平和の大切さを忘れてしまっている。

このように、パネラーの意見もさまざまだったが、「美しい国」とは、受け止める人によっていかようにも取れる言葉である。問題は「美しい国」を「安倍首相」と結び付けたときに、どんな政治概念になっていくかであろう。五〇〇人を超す聴衆からたくさんの感想が寄せられたが、次のようなコメントを届けてきた読者がいた。

――美しい国と言われれば反対のしょうがないが、一〇〇〇兆円規模の国の借金に目途をつけないで何が美しい国だ。安倍首相の憲法改正、従軍慰安婦問題、侵略戦争の否定を考えると、「美しい国」といわれると〝軍靴の音〟が聞こえる。（技術コンサルタント、七〇歳）

庶民の感覚は鋭い。第一次安倍内閣は「公の精神」を重視した改正教育基本法、防衛庁の省への昇格、改憲手続きを定めた国民投票法などと「戦後レジームからの脱却」を矢継ぎ早に手掛けていった。

Column　ネット社会（ネット革命）とネット選挙

インターネットが世界に普及するようになったのは、1995年、マイクロソフト社が「Windows95」を発売してからであるが、当時は「ネット革命」が到来するとの予想はそれほど多くなかった。ネット革命の最大の特徴は、情報の受け手であった一般市民が発信源にもなったことである。国境という垣根を越えて、情報や映像が瞬時に世界を駆けめぐるという世の中が出現した。その結果、「国家」「マスコミ」といった既成の権威や秩序が緩み、「個人」「グループ」といった小集団活動が活発化する社会が誕生した。

中国・ロシアのような共産・社会主義国家でも上から下までの一枚岩とはいかなくなり、逆に「イスラム国」と称するテロ過激派集団が誕生しやすい傾向が加速した。ネット革命は各国に、「上（政府）からのガバナンス（統治、管理、制御）」と「下（市民）からのガバナンス」という二つの課題を突き付けている。

また、ネットを悪用した事件が急増しているのも気がかりなところである。ネットバンキング利用者の口座から無断で移される不正送金の被害額が、2014年には1,876件29億1,000万円（警察庁調べ）と前年から倍増し、過去最悪になった。もちろん、マスコミも大きな影響を受けた。先進国では新聞の発行部数の減少が止まらないし、記事の盗用問題も表面化している。なかには、社説盗用という常識的には考えられない事件も起きている。

2013年の参議院選挙から、インターネットを使った選挙運動ができるようになった。候補者、政党がウエブサイトを使って支持を呼び掛けるほか、有権者もネットを通じて選挙運動に参加することが可能となった。確かに便利にはなったが、ネット選挙の効用がどの程度あるのかは疑問だ。「安倍総理が今新宿駅前で演説している」などとツイッターでつぶやかれているのは多いが、「集団的自衛権のここが問題」といった論議になると、ネット選挙がどれだけ深みのある効果を発揮できるのか疑問である。

株価は上げたが、先行き不透明な「アベノミクス」

二〇一二年の衆議院選挙で民主党から政権を奪還した自民党の安倍内閣が打ち出した経済政策、それが「アベノミクス」である。これは、一九八〇年、大統領になったロナルド・レーガンが打ち出した「レーガノミクス」（レーガンとエコノミクスを合体した言葉）をもじった表現である。レーガノミクスは、「減税」「福祉カット」「財政出動」などサプライサイド（供給力）重視の経済政策だった。一方、アベノミクスは、「増税」「社会保障」などの面ではレーガノミクスと違うが、「規制緩和」「民間活力」「金融緩和」など市場原理重視の新自由主義経済という点では共通した内容となっている。

アベノミクスは、「大胆な金融政策」「機動的な財政政策」「民間投資を喚起する成長政策」を「三本の矢」としている。二〇一三年六月、英国で開催されたG8サミットでも、安倍首相はこの三本の矢で日本経済を成長させると表明した。黒田東彦《はるひこ》(6)日銀総裁は「大胆な金融緩和」「二パーセントのインフレターゲット（物価上昇目標）」を打ち出し、アベノミクスを支援した。その

(6)（一九四四〜）第三一代。一橋大学大学院教授、アジア開発銀行総裁を経て現職。

効果もあり、日経平均株価は一万円前後だったものが、二〇一五年四月には、一五年ぶりに一時二万円台を回復した。

第二の矢である財政出動も、一〇兆円超の補正予算などによって株価上昇を後押しした。しかし、二〇一四年四月、消費税率が五パーセントから八パーセントにアップしたこともあり、景気は低迷を続けている。安倍首相も同年末の解散・総選挙を前に、二〇一五年一〇月からに予定していた消費税の一〇パーセントへの引き上げを一年半延期することを決断した。

しかし、ＯＥＣＤ（経済協力開発機構）が二〇一五年に公表した対日審査報告書によると、日本の債務残高は国内総生産（ＧＤＰ）比で二二六パーセントとＯＥＣＤ加盟三四か国のなかでもっとも高い。同年四月に来日したグリア事務総長は、「消費税率を一五パーセントに引き上げるべきだ」と提言した。

問題は、アベノミクスの第三の矢である「成長戦略」がどこまで実るかだが、まだ効果は出ていない。総選挙で安倍は、「この道しかない」とＴＩＮＡ（There is no alternative・この道しかない）路線を訴えて勝利した。この言葉は、一九八〇年代にサッチャー英首相がビッグバン（大胆な金融改革策）を断行するときに唱えた表現で、いわば中曽根、小泉両内閣以来の経済市場主義路線を踏襲するものだ。しかし、人口減少、非正規労働者の拡大、急激な円安など日本経済を取り巻く環境変化に伴い、アベノミクスは一番重要な「成長戦略」で足踏みしている。

「特定秘密保護法」は官僚を萎縮させる

防衛、外交、スパイ防止、テロ防止の四分野のうち、「国の安全保障に著しい支障を与える恐れがあり、特に秘匿が必要である」と政府が認定した情報を特定秘密に指定するという法律である。その漏えいに対しては、最高で懲役一〇年を科す、となっている。

二〇一三年一二月六日の深夜、参議院本会議で成立した特定秘密保護法に賛成したのは自民、公明の両党、反対したのは民主、共産、社民、生活の四党で、みんなの党と日本維新の会は退席した。この法律に対しては、次のような疑問や批判が出されている。

- 戦前・戦中のように政府に不都合な情報が意図的に隠され、国民の「知る権利」が大きく後退する。
- テロ防止という名目で、原発関連の情報まで隠蔽される可能性がある。
- 官僚が萎縮して、情報公開や報道機関の取材に極度に消極的になるのではないか。
- 特定秘密の指定期間は原則三〇年だが、内閣の承認を得れば六〇年に延ばせる。
- 特定秘密を洩らした公務員には最高懲役一〇年が科せられるが、秘密を知ろうとした市民や記者が厳罰に問われる恐れもある。

日本弁護士連合会は、同法の問題点として以下の点を挙げている。

❶規制対象が国の行政機関だけでなく、都道府県県警や行政機関と契約関係がある民間業者にも及ぶ可能性が強い。

❷プライバシー侵害の危険が大きい。

❸市民生活関連情報（原発事故など）が秘密の範囲に含まれる。

同法に先立ち、首相官邸主導で日本版NSCといわれる「国家安全保障会議」も二〇一三年に発足した。外交・安保関係の情報が首相官邸に集約されて、国民の目から離れたところで重要政策が決まる可能性が強まっている。

「集団的自衛権」に踏み込んだ自公連立政権

一般には、「自国と密接な関係にある外国（たとえば米国）に対する武力攻撃を、自国が直接攻撃されていないにもかかわらず実力をもって阻止する権利」が集団的自衛権と解される。安倍政権以前までは、集団的自衛権は憲法違反とされてきた。

たとえば、一九八一年五月、稲葉誠一[7]への政府答弁書では、「わが国が国際法上、集団的自衛権を有していることは主権国家である以上、当然であるが、憲法九条のもとにおいて許容されている自衛権の行使は、わが国を防衛するため必要最小限度。集団的自衛権はその範囲を超えるため許されない」としている。また、中曽根内閣当時の一九八三年二月、角田礼次郎内閣法制局長官（一九二〇～・元最高裁判所判事）は衆議院予算委員会で、「集団的自衛権の行使を憲法上認めたい、明確にしたいのであれば、憲法改正という手段を取らざるを得ない」と答弁した。

安倍首相は、個別的自衛権に加えて、なぜ集団的自衛権の必要性を認識するようになったのだろうか。中国の軍事大国化への懸念、尖閣諸島や竹島をめぐるトラブル、北朝鮮の動向など近隣諸国の情勢変化もあろうが、原点は祖父・岸信介の次のような発言にあると筆者は見ている。

「集団的自衛権という内容が最も典型的なものは、他国に行ってこれを守るということだが、それに尽きるものではない。一切の集団的自衛権を憲法上持たないということは私は言い過ぎだと考えている」（一九六〇年三月三一日、参議院予算委員会での答弁）

安倍が集団的自衛権の行使をめぐる憲法解釈について本格的に取り組みはじめたのは第一次内

（7）（一九一八～一九九八）ロッキード事件では、社会党の調査特別委員長として真相究明にあたった。

閣当時の二〇〇七年五月、「安全保障の法的基盤の再構築に関する懇談会」（安保法制懇）に四事例を諮問したときからである。その四事例とは以下の四つである。

❶公海における米艦の防護。
❷米国に向かうかもしれない弾道ミサイルの迎撃。
❸国際的な平和活動における武器使用。
❹同じ国連平和維持活動（ＰＫＯ）などに参加している他国の活動に対する後方支援。

このうち、❶と❷に集団的自衛権を行使できるかどうかであった。翌年六月に出た報告書では、「いずれも集団的自衛権の行使を容認すべし」としている。ただ、政権交代が挟まったこともあり、本格的にこの問題が動き出したのは、自民党が二〇一二年一二月の衆議院選挙で圧勝し、第二次安倍内閣が誕生した二〇一三年以降のことである。

・二〇一三年八月には、内閣法制局長官に初めて外務省出身で集団的自衛権行使に前向きな小松一郎（元駐仏大使、二〇一四年六月死去）を起用。
・同一二月、国家安全保障会議が発足。
・二〇一四年七月一日、集団的自衛権の行使容認について閣議決定。
・同一〇月八日、新日米防衛協力の指針（ガイドライン）中間報告を公表。

・二〇一五年二月、自民、公明両党が集団的自衛権の法制化に向け与党協議に着手。

安倍首相は、集団的自衛権を閣議決定した直後の会見で、「海外派兵は一般的には許されないという従来の考え方は変わらない。自衛隊がかつての湾岸戦争やイラク戦争での戦闘に参加するようなことは、これからも決してしない」と述べた。だが、二〇一四年七月一四日、衆議院予算委員会では、「武力行使の新三要件の範囲においては、憲法の規範性、（従来の解釈との）整合性の中で可能だ」、「機雷掃海のように受動的、限定的なものは新三要件に当てはまる可能性がある」と答弁している。

閣議決定された新三要件とは、次のような内容である。

❶日本や密接な関係にある他国に対する武力攻撃が発生し、日本の存立が脅かされ、国民の生命、自由、幸福追求の権利が根底から覆される明白な危険がある。
❷日本の存立を全うし、国民を守るために他に適当な手段がない。
❸必要最小限度の実力行使にとどまる。

安倍や自民党は、この閣議決定に「集団安全保障」という表現を盛り込もうとしたが、連立を組む公明党が反発したため、改めて自公両党の安保法制協議にもち越されたという経緯がある。

安倍首相は民主党から政権を奪還したあと、憲法の発議要件（憲法九六条）である衆参両議院の「3分の2」を「過半数」に緩めようと模索した時期があった。しかし、それは邪道だと世論の批判が高まったため断念した。このころから、安倍首相の憲法観に対する民主党や憲法学者からの批判が強まった。つまり、憲法は一般の法律と違って、「政府が国民を縛るのではなく、国民が政府を縛るもの」、それが立憲主義であり、安倍はそれに反しているという批判である。

筆者も社説（二〇一三年六月一六日付の東京新聞、中日新聞）で、当時公開されたスピルバーグ監督の映画『リンカーン』の一こまを紹介して、安倍首相の対応に注意を喚起した。リンカーン米大統領は、奴隷制廃止のため米国憲法修正第一三条（奴隷制の禁止）を下院で可決させようと三分の二獲得に奮闘した。三分の二を過半数に下げれば可決も楽になっただろうが、その基本ルールには手を付けず、与野党議員の同意取り付けに懸命に動く大統領の姿が印象的だった。アメリカにおける民主主義の原風景を見る思いがした。

憲法学者の小林節慶応大学名誉教授（一九四九〜）が、「立憲主義を無視し、憲法をないがしろにする安倍自公政権は非常に危険で一日も早く倒さなければならない」とコメントしているほか、元防衛庁官房長の柳沢協二（一九四六〜）は「いずれも個別的自衛権で対応可能なものをなぜ集団的自衛権へもっていこうとするのか」と疑問を提起している。

自民党の船田元《はじめ》憲法改正推進本部長（一九五三〜・元経済企画庁長官）によると、二〇一五年二月四日、安倍首相と改憲の段取りを協議した際、二〇一六年夏の参議院選挙のあとに「憲法改正の発議と国民投票を行う」ことで意見が一致したという。

祖父・岸信介の念願達成をかけた政治家安倍晋三の戦いがいよいよ本格化する。「積極的平和主義」という表面的には美しいワーディングを掲げて憲法改正に挑む安倍の前には、当面、①衆参両院で改憲提起の国会発議に必要な三分の二超の賛成確保、②国民投票での過半数の賛成、という二つのハードルが待ち受けている。

政府は自衛隊の海外派遣を随時可能とする新法「国際支援法案」と一〇本の法改正案を一括して「平和安全法制整備法案」と名付けて、二〇一五年五月一四日に閣議決定した。あえて「平和安全」といった、見た目にきれいな修飾語を付け加えたことが、「美しい国」「積極的平和主義」などと同様に安倍晋三流の政治手法といえる。

「日本の存立」「必要最小限度の実力行使」など前記の三要件が現場自衛隊の判断に委ねられ、武力行使が際限なく拡大していく事態が到来するに違いない。戦後日本の「平和主義」を代表してきた日本国憲法第九条（戦争放棄）が骨抜きにされることを許していいのだろうか。

第9章

戦後100年、2045年への提言

（2015年～2045年）

首相官邸

「戦後七〇年」にあたる二〇一五（平成二七）年は記念すべき年だが、同時に日本が戦前に逆戻りする年になるかもしれない。本書の第2章で記述した「六〇年安保」のように「二〇一五年安保」が既に始まっている。祖父・岸信介元首相を超えて後世に「新安保の安倍」を残したいとの思いが安倍首相にはあるだろう。だが、それが「いつか来た道」にならないよう私たちは声を上げ、行動を起こさなくてはならない。

また、このほかにも二〇一五年は「イスラム国」（ＩＳ）と称する過激派テロ集団によって日本人二人が拘束・虐殺され、単に安倍首相だけでなく、日本人すべてがイスラム過激派やテロと向き合わざるを得なくなった。「文明の衝突」ともいうべき宗教上の軋轢が、世界各国で殺し合いや紛争を招いている。イスラム教の創始者ムハンマドの風刺漫画を掲載したことで、一二人が銃撃で死亡したフランスの風刺週刊紙〈シャルリ・エブト〉事件（二〇一五年一月）、同じくデンマーク・コペンハーゲンで起きた銃撃事件（同二月）などは、宗教がらみのテロとして象徴的な出来事であった。「表現の自由」が絡む事件でもあったが、宗教、表現の自由、そして政治抗争、武力紛争・戦争へと発展する火種が世界中に広がりつつある。米国ニューヨークの世界貿易センタービルへのテロ事件で開幕した二一世紀は、今後、まだまだ不気味な出来事が起きるのではないかと懸念されている。

本書は、その時々の「流行語」を中心にして戦後七〇年の日本政治を概観してきたが、最後はこの七〇年を踏まえて、今後の日本がどうあるべきかを筆者なりに提言しておきたい。題して、「戦後一〇〇年、二〇四五年への提言」である。

今から三〇年後の二〇四五年は、日本にとっては二つの点で大きな岐路に直面する。一つは、日本の人口が一億人を割り込むこと。一億人を超えたのは佐藤内閣当時の一九七〇（昭和四五）年だから、七五年間で再び九〇〇〇万人台に戻ることになる。この間、総人口では今世紀に入ってから日本はずっと下り坂だった。

「人口が一億人を切ることが、そんなに大問題か」という意見もあるだろう。筆者も日本の家屋が「ウサギ小屋」と海外から冷やかされた一九八〇年代に、「人口が減ったほうが住宅スペースに余裕ができ、学校でも過密教室が減り、通勤ラッシュや道路渋滞も緩和されるメリットが生まれるのではないか」と考えた時期があった。

だが、「一億人切れ」は別の意味をもっている。今、世界の総人口は約七〇億四四〇〇万人（世界保健統計、二〇一四年）だが、一億人以上は中国（約一三億八四〇〇万人）をトップに、インド、アメリカ、インドネシア、ブラジル、ロシアなど一一か国ある。ちなみに、日本（約一億二七〇〇万人）は一〇位となっている。

「人口ボーナス」（人口が多いメリット）、「人口オーナス」（人口減に伴うデメリット）という言葉があるように、人口力が経済面などの国力を測る一つの指標にされており、とくに一億人はその分岐点と見なされている。だから政府も、「一億人」維持に必死になりはじめた。筆者は、新聞の社説でかねて「改憲より人口問題」と訴えてきたこともあり、政府の取り組みがあまりにも遅く、かつ微温的なことに憤慨している。

もう一つは、二〇四五年に人口頭脳を搭載したスーパーコンピュータが開発され、人間の知性を超える「シンギュラリティー（技術的特異点）」の時代が到来するということである。すでに将棋やチェスの世界でコンピュータが人間を負かすケースが出現しているが、そうした例がもっと広範囲にわたり、ひょっとすると人間の能力以上の「超人機械」が誕生する可能性がある。そんな時代に向けて私たちは、いま何をしたらよいのだろうか。筆者としては次の五点を提言したい。

提言1　「戦後」という言葉を残さなくてはならない

一九九七年、「『戦後』はそろそろ終わりにしたい」という一文を書いた（拙著『論説委員の日本分析』チクマ秀版社）。同年八月一五日、テレビ局が「今日は何の日？」と街頭で尋ねたところ、若い世代では一割台しか「終戦記念日」と答えられなかったと知って大きな衝撃を受けた。戦後も半世紀を過ぎていたから、一〇代、二〇代の若者が「戦争」といわれて「湾岸戦争のこと？」

と聞き返したのも無理ないことかもしれない。

マレーシアのマハティール首相（Mahathir bin Mohamad, 1925〜・第四代首相）が、「日本はいつまで過去にこだわっているのだ。もっと前向き志向でいくべきではないか」と当時指摘していた。そこで私も、「あることを忘れなければ」という条件つきで「マハティール首相の考えに同意したい」と書いた。ちなみに、「忘れてはいけないこと」として列記したのは次の六点である。

❶戦争とは自衛も侵略も入り乱れて、「正義の戦い」といっても水掛け論になるケースが多い。また、どこの国の戦争は良くて、どこの国の戦争は悪いという論理の立て方もできない。戦争そのものが悪であり、なんとしても事前に回避する基本姿勢と外交努力を忘れてはならない。

❷日本が中国、韓国などに多大な被害を与えたことは拭い去ることができない事実である。その反省のうえに、日本外交を展開しなければならない。

❸いまだに、韓国から慰安婦問題などで日本の態度に批判が出ている。これは日本の不徳のいたすところで、戦後処理は法的に片づいているとの通り一遍の対応に終始すべきでない。

❹南京大虐殺はなかったと主張し、教科書に従軍慰安婦問題を載せるのはけしからんと主張する学者がいるが、殺されたり強制連行された人数は別として、日本の過去の行為までなかったことにしようという発想こそ、近隣諸国との関係に無用の摩擦を招く原因となる。同時に、そうした強がりこそが、戦争誘発の素地になる。もっと謙虚な姿勢が大切だ。

❺そうかといって、日本が卑屈になることはない。アメリカが原子爆弾で多くの日本人の命を奪った罪も重い。原爆投下が戦争終結を早めたという意見を差し引いても、その罪は消し去ることができない。その証拠に、アメリカも含めて原子爆弾は広島、長崎のあと七〇年間、世界中で実際の戦争に使われたためしがない。
❻終戦記念日は、日本の戦争や英霊を思い出す機会とするだけでなく、地球上の戦争をなくす日として永遠に続行されるべきである。

この一文を書いた当時、歴史学者の間でも、戦後はそろそろ終わったのではないかとの見方が出はじめていた。たとえば、中村政則（一九三五〜・当時、一橋大教授）は『現代史を学ぶ――戦後改革と現代日本』（吉川弘文館、一九九七年）で、「一九七〇年代の半ばごろに、戦後は終わったと一応考えることができる」と書いている。その根拠に、一九七二年の沖縄返還、日中正常化、一九七三年の第一次石油ショック、一九七五年のランブイエ・サミットへの参加などで日本が先進国入りを果たしたことを挙げている。

その一方で中村は、一九八〇年代から一九九〇年代にかけて、「終わったと思っていた戦後が実はまだ終わっていないことに気づかされた」とし、従軍慰安婦問題、サハリン事件などを例示した。「『終わった戦後』と『終わらなかった戦後』の二重構造、これが今日の日本を規定している」というのが中村の結論だった。

人口面では、一九七六年の時点で日本人の半数以上が戦後生まれになった。筆者はこうした事態を踏まえて、一九九七年一〇月に次のように書いている。

> この「終わってない戦後」をどう処理するかは日本人の英知にかかっているが、それを早くクリアして「戦後」でも「戦前」でもない、もちろん「戦中」といった事態を招かない新時代を築くことが必要だ。日本は戦争の苦い経験を忘れず、しかし、いつまでも「戦後」意識にとらわれることなく、新しい世紀を迎えたい。（前掲『論説委員の日本分析』二一三ページ）

「戦後」の定義に関しては第2章（八三ページ）を参照されたいが、いまの時点で次のように言い換えたい。

「『戦後』はやはり残すべきだ。この二字が使われなくなるということは、新しい戦争がはじまる（はじまっている）ことを意味するからだ」

一六世紀以降の日本で「不戦状態」（国内の戦いは除く）が一番長く続いた時期は、一六〇三年に徳川家康（一五四三～一六一六）が征夷大将軍になって江戸幕府を開いてから一八六八（明治元）年に至る約二六五年間であった。鎖国をしていたことも無関係ではないが、それ以前には、豊臣秀吉による二度の朝鮮出兵（一五九二年の「文禄の役」と一五九七年の「慶長の役」）があったし、明治維新後は日清戦争（一八九四年）、日露戦争（一九〇四年）、第一次世界大戦（一九一四年）、日中戦争（一九三七年）、太平洋戦争（一九四一年）と、短いときでは九年ぐらいで「戦後」が終わり、次の「戦争」をはじめている。

それに比べると、一九四五（昭和二〇）年の敗戦から今日に至る「不戦七〇年」は、徳川時代以来の「快挙」といっても過言ではない。以前、筆者は新聞紙上に「目指そう『不戦百年』」と題する社説（二〇一〇年一月一〇日、東京新聞、中日新聞）を書いた。「私たちの決意次第で日本の『不戦百年』は実現可能な国家の大計だ」、「世界平和のモデル国家を『戦争を知らない世代』が中心になって実現することを切望する」といった趣旨であった。

昭和史研究家の半藤一利や保坂正康も、お互いに「不戦百年の誓い」をしたとも耳にした。日本国憲法第九条（戦争の放棄）にノーベル平和賞を、という運動がある。もし不戦百年が達成されたら、日本が黙っていても九条にノーベル平和賞が贈られるのではないだろうか。

「満州事変に始まるこの戦争の歴史を十分に学び、今後の日本の在り方を考えていく」（二〇一五年、天皇の年頭所感）という言葉は重い。「戦後」の二字を消してはならない。

提言2　「半内半外」視線の日本人になろう

新聞社の論説主幹をしていたとき、常に悩んでいたことの一つに「ナショナリズム」（民族主義、国家主義）を「ヒューマニズム」（人道主義）にどう結び付けるかという問題があった。国籍を問わず、どこの国の国民も、よほどの独裁体制か弾圧政治でないかぎり、自分の国を愛する気持ちを抱くのは自然の成り行きである。

オリンピックやサッカーのワールドカップで日本の選手やチームが活躍すれば心が躍るし、優勝や金メダルを勝ち取って日の丸を背に『君が代』が聞こえてくればジーンとなる。外国の街を歩いていて、日本料理店を発見すれば自然に足が向くという人も多いだろう。このような気持ちは、故郷への感情や郷土愛と似ている。健全なナショナリズムとはそういうもので、決して排斥されるべきものではない。

だが、「健全なナショナリズム」が「過激なナショナリズム」「狭隘なナショナリズム」に変質すると話が違ってくる。あるときには韓国人を叩くヘイトスピーチ（憎悪表現）になり、あるときには反中・嫌中の行動となって現れてくる。

石原慎太郎・前東京都知事は中国をいまだに「支那」と呼び、知事当時には尖閣国有化運動を起こし、それが野田民主党政権での国有化閣議決定に発展して日中関係を極度に悪化させた。日本の動きに呼応するように中国では反日デモが起き、漁船が日本領海に侵入したり、海上保安庁の監視船に故意に衝突するなど、ナショナリズムのぶつかり合いで収拾がきわめて難しくなった。「健全なナショナリズム」とは対極をなす「不健全なナショナリズム」の台頭である。

筆者がまだ小学校（当時は国民学校といっていたが）の低学年だった戦争中、紐のない靴をはいている子どもは「朝鮮人」とか「朝鮮靴」とからかわれた（今は、紐のない靴のほうが主流になっているが）。また、二〇一四年から二〇一五年にかけて放映されたＮＨＫの連続テレビ小説『マッサン』でも、主人公である亀山政春・エリー一家が戦争中に日本人からさまざまな嫌がらせに遭う場面が放映されていた。当時の日本は、「鬼畜米英」が国策のスローガンだったせいもあるが、今から考えれば、私も含めて「行きすぎたナショナリズム」のなかで暮らしていたことになる。

他方、中国でも二〇一五年二月、北京市内にある「中日友好病院」[1]の名前から「友好」の表記が消えたとネット上で報じられ、話題になった。病院側は「略称を使うときだけの措置」と釈明しているそうだが、中国国内のナショナリズムを反映しての決定だろう。ナショナリズが悪い方向に動くのを食い止める有効な手立てはないものだろうか。

ナショナリズムと対比されるのがヒューマニズムである。日本人の人道主義が国際的にも評価された例を挙げてみる。

古くは、一八九〇（明治二三）年に紀伊半島沖で台風のため沈没し、乗員五〇〇人以上の死者を出したトルコ（当時はオスマン帝国）のエルトゥール号遭難事件である。和歌山県串本町（当時、紀伊大島）の漁民たちが、嵐の中を総出で救助活動を行い、六九人のトルコ人を救助した。漁民たちは、死亡した乗員の遺体も手厚く埋葬している。トルコの対日感情が今日まで非常によいのは、この人道的行為がきっかけである。

第二次世界大戦中、多くの難民にビザ（通過査証）を発給して人命を救った外交官・杉原千畝《ちうね》（一九〇〇～一九八六）のヒューマニズムも忘れられない。一九四〇年七月、リトアニアのカウナス領事館に、ドイツ占領下のポーランドから逃亡してきたユダヤ系難民がオランダ領への通過ビザを求めて殺到した。当時、日本は日独伊三国同盟の調印直前だったから、ドイツを刺激するような行動を極力控えていた。だが、憔悴する難民たちの姿を直《じか》に目にした杉原は、本国の方針に反して外交官個人の判断で六〇〇〇人以上の難民に、領事代理という肩書で手書きのビザを発給した。そのビザでアメリカや中国に向かった難民が多かったが、日本に逃れたユダヤ系難民もいた。

（1）日本政府資金援助で、日中友好のシンボルとして一九八四年に設立された。

杉原は戦後の一九四七年、岡崎勝男外務事務次官から退職勧告を受けて依願退職し、さまざまな職業を経て一九八六年七月、八六歳で亡くなっている。イスラエル政府からのアピールもあり、日本政府が杉原の名誉回復を図ったのは杉原が死去してから一四年後、河野洋平外相（当時）によってである。二〇一一年三月一一日の東日本大震災後、内外のユダヤ人から杉原への感謝の意味も込めて多くの義援金が寄せられた。

ナショナリズムがナショナル（国家的な）なものなら、ヒューマニズムはインターナショナル（国際的な）なものと定義できよう。筆者は日本新聞協会国際委員長という立場で外国のジャーナリストと接する機会があるが、大震災とか原発事故などがあった直後は互いに職業的な立場を離れてヒューマニズムにあふれた記者交流が展開されたことを経験している。

たとえば、日本新聞協会を窓口に、二〇〇八年から二年ごとに開催されている「日中韓三か国報道人セミナー」では、中国の四川大地震や日本の東日本大震災に関連して心温まる会話や協力関係が披露され、参加者が国境を越えて付き合っていることを実感した。韓国・中央日報の劉尚哲記者は、「私たちマスコミは三か国の関係改善の温度計でありたい。異常な数値が出たときは、みんなに注意を喚起しなければならない」と強調した。まったく同感だ。むしろ、温度計としての役目が十分かどうか、マスコミは常に自己点検を怠ってはなるまい。

また、国際新聞編集者協会（ＩＰＩ）の理事会で知り合ったベテランのトルコ人女性ジャーナリスト、フェライ・ティンク(3)は、日本が尖閣や竹島問題で中韓両国と対立関係にあることに関して、「ナショナリズムでなくヒューマニズムによる解決が必要よ」と、イスタンブールのカフェで次のような話を披露してくれた。

「トルコの新聞は、尖閣問題を『日本のイミア・カルダック紛争』と報道しています」

一九九六年、エーゲ海にあるカルダック岩礁（ギリシャではイミア岩礁）でトルコ船が座礁し、その救助活動をめぐってトルコとギリシャが衝突し、領有権をめぐる紛争に発展した。

「ヒューリエット紙の記者が岩礁に上陸し、トルコ国旗を差し込んだ。でも、そこは別の岩礁だと分かって笑い話になったこともある」

一〇年後の二〇〇六年、両国の外相会談でホットラインが開通したほか、エーゲ海での軍事演習の中止、沿岸治安部隊の相互訪問など一九項目の信頼醸成措置で一致し、領有権問題は棚上げにしたまま和解したという。

「大事なのはヒューマニズム。ギリシャ経済危機の際は『ギリシャを救おう』とトルコからギリシャに出掛ける観光客が急増した」

---

(2)（一八九七～一九六五）元内閣官房長官、外務大臣を歴任。

(3)（Ferai Tinc）トルコの主要日刊紙〈ヒューリエット〉の元外信部門の編集長を務め、現在はフリーで活躍。

「半内半外」の視点、それが「狭隘なナショナリズム」や「悪いナショナリズム」を改善する道ではないだろうか。半分は日本人的なアイデンティティを強調しても結構だが、もう半分は外国人の考え方も理解しようではないか、ということである。

昔から言われることだが、日本人は「勤勉」で「親切」で「きれい好き」、さらに「謙虚」で「忍耐強い」などの印象が外国人にはあるようだ。事実、東日本大震災の際にも、外国人記者から「なぜ日本人は、非常時に救援物資をもらう際にも整然と行列することができるのだろうか」などと聞かれた。これは、日本人が長い歴史、社会習慣を経て自然に身に着けたものであろう。

その半面、国際会議に出ると、「日本人はモノを言わない」、「日本人だけで固まっている」といわれる。私もＩＰＩの理事会や年次大会に出ると、各国から来たジャーナリストがいかに多弁で、いかにタフで、いかに遅くまで飲み食いするかに驚き、とても付いていけないと思ったりする。スウェーデンの記者から、「しゃべらないと何を考えているのか分からないから」ともっとしゃべるようにと、アドバイスされたこともある。

一九八〇年代から加速したグローバル化に伴い、外国人と結婚する日本人の比率（婚姻比率）は厚生労働省の人口動態統計によると、一九八〇年は総婚姻数の〇・九パーセントだったのが二〇一二年には四・八パーセントに増えている。また、日本から外国に出掛けていく日本人は、一九九〇年に約一〇九九万七〇〇〇人と戦後初めて一〇〇〇万人を突破した。二〇一二年には約一八四九万人、二〇一三年は円安で減少したが、それでも約一七四七万人と一九九〇年の倍増近くに迫っている。逆に、入国する外国人も、二〇一三年には約一一二五万人と初の一〇〇〇万人超を記録した（いずれも法務省出入国管理局統計）。さらに、海外に長期滞在する日本人は、一九九六年の約七六万人から二〇一三年には倍近い一二五万八〇〇〇人に増えている（残念ながら、海外留学生だけは減少傾向を続けている）。

二〇四五年の「日本人一億人切れ」を展望して、生産労働力人口をキープするために外国との付き合いはさらに加速するだろう。ひょっとしたら、外国人移民の受け入れという政策が真剣に検討されるようになるかもしれない。作家の曽野綾子（一九三一～）が産経新聞（二〇一五年二月一一日朝刊）に書いた「労働力不足と移民」と題するコラムが、南アフリカの駐日大使などから抗議を受けた。曽野は高齢者介護などに移民の導入緩和を提唱しているのだが、そのあとにこう書いている。

「もう二〇～三〇年も前に南アフリカ共和国の実情を知って以来、私は、居住区だけは、白人、アジア人、黒人というふうに分けて住む方がいい、と思うようになった」

曽野は「アパルトヘイト（人種差別政策）を称揚したものではない」と否定したが、いかにも誤解を招く文章で、筆者のいう「半内半外」の視点が欠落している。ナショナリズムとヒューマニズムの調和のために、日本人はもっと「半内半外」の視点をもつべきである。

提言3 「逆さ富士型日本」を乗り切る道

日本全体に活気がみなぎっていた一九五五年体制時代は、人口構成、雇用慣行、賃金構造などが富士山型の三角形だった。しかし、急激に進んだ高齢化や少子化によって、人口ピラミッドは富士山型（現在のインド、インドネシアなど）から今は壺型（ドイツなど）に変じ、このまま放置すれば遠からず「逆さ富士型」になるだろう。安倍内閣は「人口一億人維持」を目標に掲げているが、これを達成することは容易でない。

合計特殊出生率（一五歳から四九歳までの女性の年間出生数と、年齢別の女性人口を基準に一人の女性が生涯に産む子どもの数を推定）は四〇年前の一九七五年に2.0を割り込んでから低下を続け、二〇〇五年に1.26と最低を記録した。その後、多少改善し、二〇一三年は1.43（厚労省調べ）となっている。しかし、人口維持に必要な水準は2.07だから遠く及ばない。

フランスが2.0、スウェーデンが1.92（ともに二〇一二年）と高い出生率を記録しているが、これらの国では、子育て支援に国民総生産（ＧＮＰ）の三パーセント程度を充当している。たとえば、フランスでは第二子以降がいる家庭に育児休業の所得補償や家族手当を支給しているし、税制上の優遇措置もとっている。それに比べて、日本の子育て支援はＧＮＰの一パーセント程度でしかない。予算配分をかなり変えなければならないが、まずは「逆さ富士型社会」の到来を乗り切る視点をしっかり確立することが先決となる。

三つの問題がある。第一は、若い男女が子どもを産めるような環境をつくること。出産や子育て支援を倍増するとしても、基本的な年間所得が二〇〇万円以下（国税庁調査では非正規の平均年収は約一六八万円。正社員は約四七三万円。二〇一三年分）というのでは、とても結婚して子どもを産み育てようという気持ちにならないだろう。

世界的ベストセラー『21世紀の資本』（山形他訳、みすず書房、二〇一四年）の著者トマ・ピケティ（Thomas Piketty, 1971～・パリ経済学校教授）の主張ではないが、「若者優遇の税制」をはじめ「同一労働同一賃金」という原則を明確にして、正社員か非正規かという枠を取り外し、能力ある若者は非正規であっても正規社員と同じ報酬を得られる原則を確立すべきだ。「まず大企業が栄えて、それが次第に中小企業にも回っていくだろう」というアベノミクス的な発想はやめなければならない。

同時に、労働・職場需要の環境変化も無視できない。医療・介護関係の需要が増えるのは当然だが、その半面、子ども・学生数の減少に伴って小学校の先生や大学職員・教授の数を減らさざるを得なくなる。佐貫利雄帝京大名誉教授（一九二七～）によると、「中小・零細企業と個人を顧客とする税理士の将来は明るく、公認会計士・弁護士の将来が暗い」という。

建設・不動産関係も二〇二〇年の東京オリンピックまでは需要増だが、それ以降は全国的な人口減少でどうなるか不透明だ。このように、総体的には「若者」「非正規」優遇策を取りながら、職種面からの人口減対策が不可欠なのではないだろうか。

第二は、地方活性化への取り組み方だ。増田寛也ら「日本創成会議」(民間の研究組織)がいはじめて全国的に衝撃を与えたのが「消滅可能都市」である。二〇四〇年までに、全自治体の半数に相当する八九六自治体の「消える」可能性が高いというのだ。秋田県では九六パーセントの自治体が消え、東京でも、老年人口比が四〇パーセントを超えて「老人の町・東京」に変貌するという。(4)

東京一極集中が依然進行しているから東京は大丈夫だろう、などと慢心してはいけない。出生率の低い都道府県の「ベスト3」は、東京都(1.13)、京都府(1.26)、北海道(1.28)である。逆に、出生率が高い県の「ベスト3」は、沖縄県(1.94)、宮崎県(1.72)、島根県(1.65)、熊本県(1.65)となっている。この高低の違いはどこから来るのだろう。

沖縄は南国で開放的、地域的に子育て気風が根付いているからといわれるが、厚労省が音頭をとって「沖縄に学ぶ」運動を展開してはどうだろう。逆に、秋田県のように県内すべての都市が「消滅可能性」を指摘された府県は、他県との合併も真剣に模索してはどうだろうか。

第三は、男女関係、結婚観を変えていく必要があることだ。同性の結婚を法的に認めている国は、英仏スペインなど欧州を中心にすでに一〇か国（米国は一〇州）を超えている。伊吹文明《ぶんめい》元衆院議長(5)に聞いた話だが、Ｇ８下院（衆議院）議長サミットを開催したとき、カナダから来日した議長のパートナーは同性の男性だったので接遇に戸惑ったという。

だが、二〇一五年、東京都渋谷区、世田谷区が同性カップルを「結婚に相当する関係」と認める方針を明らかにしたように、日本でも価値観の変動がはじまろうとしている。桑原敏武（一九三五〜）前渋谷区長は、「多様性のある社会をつくっていくことが活力を生む」と記者会見で強調していた。京都府右京区の春光院という臨済宗の寺では、二〇〇〇年から同性カップルの結婚式にも対応しているという。

この住職の配偶者が米国人女性ということも影響しているかもしれないが、「提言２」でも触れたように、「国際化」「グローバル化」が日本社会に浸透してきたことに伴い、従来の固定的な価値観も変貌しつつあることを実感する。その傾向は、今後ますます強まるだろう。もとより、同性婚がストレートに人口増（子どもの数を増やすこと）には直結しないが、男女関係、結婚観が変わっていくなかでの人口増を考えねばならないということである。

---

(4)（一九五一〜）元岩手県知事、元総務相。
(5)（一九三八〜）文部科学大臣、財務大臣、労働大臣などを歴任。

これからの日本は、外国人の養子、移民など外国籍の人の受け入れも含めて「多様性に富む日本国」になっていくであろう。そうした新しい動きに官民とも柔軟かつ自然な対応をとることが、「逆さ富士型日本」の活力を維持する秘訣ではないだろうか。

また、国内では、人口減対策とは別の視点で自治体合併が進められ、市町村数は現在約一八〇〇と昭和のころから半減した。いわゆる「平成の大合併」の結果である。加えて、財界などが推進している「道州制」もある。

だが不思議なことに、県レベルの合併論はあまり聞かれない。「消滅可能都市」が全国的に広がるのであれば、これからは県レベルの合併論議も活発化させるべきではないだろうか。県の合併がもつ効果は何かといえば、「人口減の対応策」のほかに「一票の格差是正」「旧来の郷土意識の変革」「縄張り根性の脱皮」などが挙げられる。

提言4 「クリーン国家」の手本になろう

円安状況もあって中国人観光客の訪日が急増しているが、日本製の便座を買って帰る人が増えているという。従来から、日本製の化粧品、包丁、炊飯器、電動歯ブラシ、テレビなどは人気商品となっていたが、そこに温水洗浄便座が加わったというのが興味深い。

徐静波《ジョ・セイハ》という中国人ジャーナリストがいる。二〇〇〇年に「アジア通信社」(6)を立ち上げ、翌年から〈中国経済新聞〉という日本語の新聞を日本国内で発行している。筆者が委員長をしている日本新聞協会国際委員会にも招いて中国の最新事情を聞いたことがあるが、同紙は中国人の変貌ぶりを知るのには絶好な教材でもある。その二〇一五年二月一五日号に、「中国人はなぜ日本便座に興味津々」と題した記事が載っている。

中国の作家である呉暁波《ゴギョウハ》が、訪日後、ネット上に書いた「日本で便座を買う」との一文が中国で大変話題になったそうだ。

「日本の便座は二〇〇〇人民元（約三万八〇〇〇円）もする高価なものだ。抗菌、洗浄作用、瞬間暖房などの機能があり、最大の長所はあらゆる型の便器に取り付け可能であることだ。免税店の日本人販売員は、つたない中国語で、中国人のツアー客が来ればすぐ品切れになると嬉しそうに話した」

同紙は、この記事で米ウオール・ストリート・ジャーナルのサイトを紹介しながら、次のように締めくくっている。

（6）住所：〒107-0052　東京都港区赤坂9丁目1番7号　TEL：03-5413-7010

「中国人観光客が大挙して日本という中国の近くの島へ便座を買いに行く行為が、日中関係の緊張を解くことになる可能性もあり、これを『裏口外交』とも言っている。この『裏口外交』が中国の日本に対する論調も友好的にし、便座のおかげで、かつて最も嫌った日本への見方を変えた中国人も少なからずいるという」

日本人の「きれい好き」は今にはじまったことではない。トロイの遺跡を発掘したことで知られるドイツの考古学者ハインリッヒ・シュリーマン（Johann Ludwig Heinrich Julius Schliemann, 1822〜1890）は、一八六四年、当時の清国や日本など世界漫遊の旅をしたが、北京などの不潔さに比べて江戸がいかに清潔だったかを『シュリーマン旅行記　清国・日本』（石井和子訳、講談社文庫、一九九八年）に書いている。

「日本人が世界で一番清潔な国民であることは異論の余地がない。どんな貧しい人でも、日に一度は公衆浴場に通っている」

きれい好きは身体的なことにかぎらない。ややオバーな表現と思うが、警備の役目をしていた江戸の役人について、こう評している。

「彼らに対する最大の侮辱は、たとえ感謝の気持ちからでも現金を贈ることであり、彼らは現金を受け取るくらいなら『切腹』を選ぶのである」

日本製の温水洗浄便座が中国人の間で人気になっているように、日本には「清潔」「クリーン」を売り物にできるものがまだまだあるはずだ。空気清浄機器、汚染水の濾過装置、井戸掘り機、廃棄物選別処理装置などである。

「クールジャパン」（アニメなど日本文化の輸出策）と同時に「クリーンジャパン」を国策にすべきだと思う。その意味でも「３・11」の東京電力福島第一原発事故を契機に、「脱原発」のクリーンエネルギー政策を推進すべきである。

あの事故のあと、来日した欧州記者団と懇談する機会があった。ドイツの男性記者から、「東京で反原発・脱原発運動やデモをしている人たちは左翼と聞いたが、本当か？」という質問を受けた。筆者は「原発に賛成か反対かの最大の判断基準は安全性であって、イデオロギーではない。原発の安全性が一〇〇パーセント保証されるなら、左翼も右翼も原発に賛成するだろう」と答えるとともに、フランスの女性記者に、「あなたの国は原発大国といわれているが、福島事故後も原発推進の世論に変化はありませんか？」と訊ねた。彼女の答えは、「福島原発事故以前は五〇パーセント以上が原発推進派だった。しかし、同事故後の世論調査では賛否は半々の割合に変わっている」というものだった。

また、ブルガリアの女性記者が、「私の国の原発は旧ソ連製で、ロシアが技術的責任をもち、核燃料廃棄物もロシアが引き取っていく」と説明すると、ドイツの記者が「それはグッドアイデアかもしれない」と口を挟んだ。

米スリーマイル島原発事故（一九七九年）、旧ソ連のチェルノブイリ原発事故（一九八六年）、そして福島・東電原発事故と依然、原発の放射能漏れ事故が続いているかぎり、今後も「絶対安全」とは誰も保証することができない。最近も、3・11事故で高濃度の汚染水が外洋に漏出している事実を知りながら、東電も原子力規制委員会も有効な手立てを講じてこなかったという事実が報道された。「脱原発」もクリーンジャパンの主要な柱であるべきだ。

また、ノーベル賞にならって、「清潔な地球づくり」に貢献した個人や団体を顕彰する「クリーン賞」の創設を日本で検討してもよいのではないだろうか。

提言5　若者たちへの遺言「戦争がはじまったら正論は通らない」

日本の若者たちは、どうしてこんなにおとなしくなってしまったのだろうか？　六〇年安保世代の筆者としては不思議でならない。慶大や早大など全国の多くの大学での学費値上げ反対運動（一九六五〜一九六六年）、学生による東大安田講堂の占拠事件（一九六八年）、連合赤軍の浅間山荘事件（一九七二年）ぐらいまでが、学生運動が盛んな時期であった。岸信介、佐藤栄作兄弟が、総理大臣の時代に目立ったのは単なる偶然か。

一九七〇年代以降も内外で過激派による単発的な活動はあったが、若者を中心にしたデモ行動はほとんど姿を消した。海外で天安門事件（一九八九年、中国での学生たちによる民主化運動）や近年では「アラブの春」（二〇一一年、チュニジアやエジプトでの民主化運動）、米国での「ウォール街を占拠せよ」運動（二〇一一年、貧富格差の是正を求めた市民運動）、香港での学生デモ（二〇一四年、普通選挙を求める民主化運動）、台湾での学生による立法院占拠事件（同年、中国とのサービス貿易協定への反対行動）など、青年層を中心にした大衆行動が海外で目立ったのとは対照的な様相である。

集団的な行動で若者がニュースになったのは、地下鉄サリン事件（一九九五年）をはじめとしたオウム真理教であった。バブル崩壊で安定的な職場や精神的安らぎを失った若者たちが麻原彰晃の新興宗教に救いを求め、最後は麻原の命ずるままに反人道的行動に走ってしまった。

若者たちがデモ行動をやらなくなった半面、熟年層が東京で「反原発」集会を開いたり、那覇で基地反対デモを行っている。まるで、六〇年安保、七〇年安保世代が昔を思い出して頑張っているかのようだ。

阪神・淡路大震災や東日本大震災のあとには、若者たちもボランティア活動に多数参加した。しかし、政治や社会体制を変えていく運動には発展していかなかった。ヒューマニズムからの慈善的行為の域を出ることはなかった。

そうしたなかで、安倍首相が集団的自衛権に関する閣議決定に踏み切った二〇一四年から、若い弁護士や学者を中心にして首相官邸前での抗議活動が行われるようになった。同三月に約六〇人の若者たちとともに官邸前のデモをやって藤原家康弁護士（当時三九歳）は、「集団的自衛権ハンタイ、解釈改憲ハンタイを多様な形で訴えていきたい」と挨拶した。また、同七月に原発再稼働、集団的自衛権の行使に反対して若者たちによる都心デモ行進を主導した高橋若木・大正大講師（当時三五歳）は、インタビューに答えて次のように述べている。

安倍政権は集団的自衛権の行使という、本来は憲法改正しなければ出来ないことを、閣議決定だけで決めてしまった。戦後日本が守ってきた、最低限フェアな社会の枠組みを壊すもので「支配願望」の表れだと思います。（中略）だから首相官邸前のデモは「集団的自衛権の行使容認反対」のコールが、いつしか安倍さんの退陣を求める声に収れんされていきました。

私たちより若い世代は、高度経済成長も、多幸感にあふれたバブル期の日本社会も知りません。経済的な繁栄を再びと思っていないし、日本は没落したからはい上がるために抜本改革が必要だという年長世代の焦りもピンとこない。大事にしているのは、いまの日本社会に

ある自由であり平和であり多様性です。それを守りたい。（二〇一四年九月一三日付、朝日新聞朝刊）

筆者が高橋の最後の言葉に付加するとすれば、「その自由、平和、多様性を守るだけでなく、世界に広げていく努力を若者たちが音頭をとって推進してほしい」ということだ。

総体的に見て若者がデモから遠ざかっている理由として、①社会に異議申し立てをすることで自分の立場が不利になることを心配する、②暮らしが豊かでなく社会活動をする精神的余裕がない、③社会的行動にはまったく関心がない、などの点が指摘できる。「デモに参加しなくても、ネットを通じて自分の主張を他人に伝えることができる」という若者もいるだろう。ネット研究の専門家によると、「ネットを通じてヘイトスピーチ（嫌悪表現）的な発言をしている人たち、その反対の左翼・進歩的メッセージを発信している人たちは、ともに二〇〇〇人前後ではないか」ということだ。

「朝鮮人は死ね」的な過激な反韓デモ行動を東京・新大久保などで展開してきた「在日特権を許さない市民の会」（在特会）に対しては、最高裁が一二〇〇万円の賠償金を京都朝鮮学校に支払うよう命ずる決定をしているし、各方面から批判の声が上がっている。日本文学研究者のドナルド・キーンは、「排外主義を訴えるヘイトスピーチは日本人としての自信喪失と表裏一体の問題ではないだろうか」と論評している（二〇一五年一月一三日付、東京新聞朝刊）。

現在、二〇歳以上となっている選挙権が一八歳以上に引き下げられることになった。それが国政選挙や地方選挙での投票率向上に直結すれば幸いだが、二〇一四年にあった衆議院選挙での戦後最低の投票率からすると期待薄かもしれない。だが、「選挙に関心なし」の無関心層も日本の先行きには無関心ではいられまい。とくに、雇用、育児、教育費、医療、年金、介護、そして自らの老後対策といった具合に、身近なことでは切実な現実が待っている。

本書で見てきたように、「戦後七〇年」平和だったからこそ今日の日本の繁栄がある。「お国のために」という公の精神で戦地に赴いて命を失った先人たちも、そのころは一〇代、二〇代の若者だった。私生活の面では、親孝行、学問や研究、恋愛、結婚、スポーツ、趣味などやりたいことが山とあったはずだ。それに比べたら、少なくとも戦後の若者はそうした苦渋、苦悩を味わうことがなかったのだから幸せである。

今すぐ、日本を巻き込む戦争が近づいていると思わないが、子ども時代に戦争を体験した筆者のような後期高齢者世代をはじめとして、多くの日本国民が安倍政権の「行け行けドンドン」の姿勢に危惧を抱いているのも事実だ。「積極的平和主義」でなく、戦後の平和主義が積極的に崩されようとしているのではないかと強く懸念しているのだ。

半世紀以上、一ジャーナリストとして戦後日本の政治を直視してきた立場から、現在の一〇代、二〇代の若い読者にこれだけは申し上げておきたい。

- 戦争だけはやるべきでない。
- はじまってしまったら、止めるのは不可能に近い。
- だから、戦争の足音がするような事態になったら、国民は体を張って止めなければならない。

そして、若い人たちには、次の三つの文章や言葉（社説、論文、演説）をぜひ読んでもらいたいと思っている。

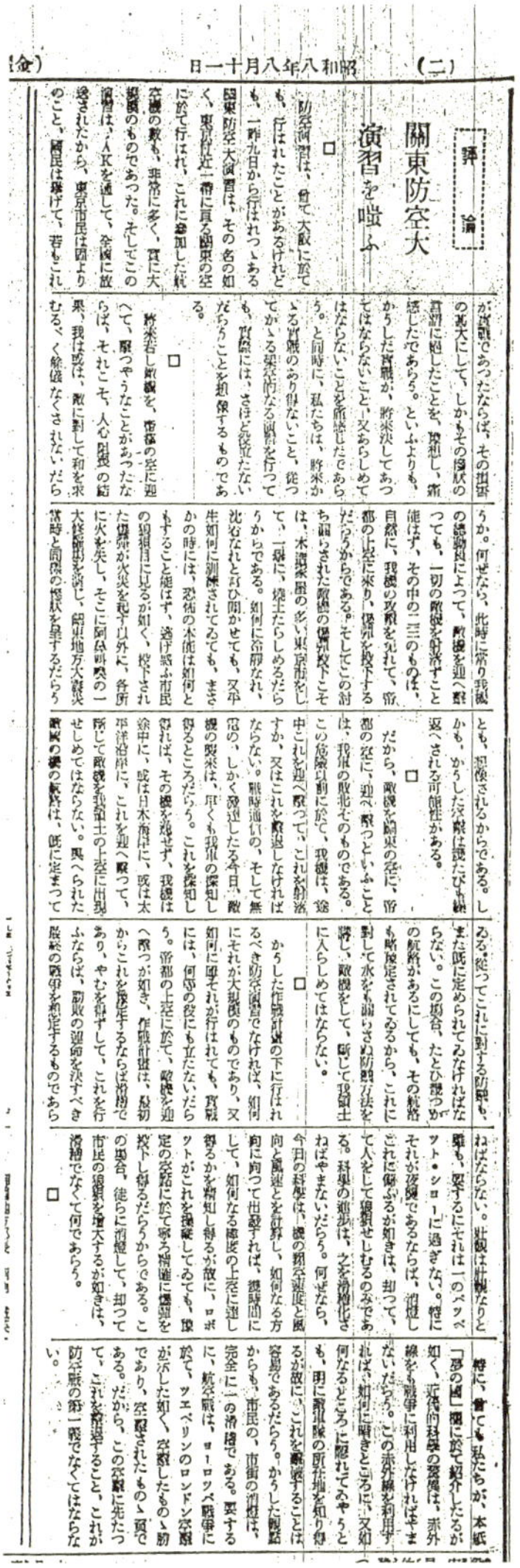
昭和八年八月十一日

評論

関東防空大演習を嗤ふ

信濃毎日新聞、1933年８月11日付

①桐生悠々（一八七三〜一九四一・信濃毎日新聞主筆）の「関東防空大演習を嗤《わら》ふ」

一九三三年八月一一日、関東防空大演習に関して都市防空の弱点を指摘し、敵機が日本に来るまでに防ぐのが本道ではないかと社説に書いた。陸軍や在郷軍人からの抗議や不買運動もあり、信濃毎日を退社した（前ページの紙面を参照）。

②石橋湛山（一八八四〜一九七三・元首相）の「小日本主義」

東洋経済新報の主幹時代に書いた論文。帝国主義、侵略主義の「大日本主義」でなく、国際協調と自由貿易中心の「小日本主義」を推進すれば、日本は台湾、朝鮮、満州を放棄して四つの島で発展できると主張。戦後日本は、まさに石橋の指摘どおりになった。『戦う石橋湛山』（半藤一利、東洋経済新報社、一九九五年）、『異端の言説・石橋湛山（上・下巻）』（小島直記、新潮社、一九七八年）などを参照されたい。

③斉藤隆夫（一八七〇〜一九四九・民政党代議士）の「反軍演説」

一九四〇年二月二日、長期化する日中戦争処理を衆議院本会議での演説で批判し、軍部からの猛反発を受けた。三月七日、議員除名処分となった。『斉藤隆夫かく戦えり』（草柳大蔵、文春文庫、一九八四年）を参照されたい。

いずれも「正論」だった。だが、「正論」が通らないのが戦争である。

あとがき

親しかったジャーナリストの中馬清福（前信濃毎日新聞主筆、元朝日新聞専務。二〇一四年死去）が「四〇年記者の失敗と教訓」という一文を残している（「経済広報」二〇一四年四月号、経済広報センター刊）。そのなかで、一九七二年六月、首相官邸の記者会見室で行われた佐藤栄作首相の引退表明について次のように書いている。

> やってきた佐藤さんは不機嫌そうでした。落城直前のこのころ、首相と内閣記者会の間は険悪で何かとぶつかっていた。この日もトラブルがあり、いらだつ佐藤さんは「約束が違う。官房長官、どうなっているんだ」と大声をあげました。竹下官房長官のあわてふためいた、困惑した表情が、今も鮮明に残っています。佐藤さんはなおも叫びます。「テレビカメラはどこにいるのか。ＮＨＫはどこにいる。他の局は。そういう約束だ。新聞記者の諸君とは話

さないことにしているんだから。文字に国民に直接話したいんだ。文字になると違うから偏向新聞は大嫌いだ。やり直そうよ、帰ってください」。佐藤さんは興奮していた。席を立とうとする。竹下さんらがなだめて、一旦は「では、やるか」となった。しかし、こんどは内閣記者会がおさまらない。口々に抗議し、いっせいに部屋を出ていった。私もそのひとり、出ていけというなら出ていくさ、といったセリフを吐いた覚えがあります。若気の至りといえば聞こえはいいが、これは事柄の本質を忘れた、とんでもない思い上がりです。この会見は、官邸と記者会が合意して設定された公式のものでした。佐藤さんがなぜ「新聞は出ていけ」と言うのかをじっくり聞き、言論に対する彼の姿勢を天下に示す機会にすべきだったのです。

記者達が退場し、佐藤首相が一人でしゃべった引退会見（撮影：久保田富弘）

確かに、中馬の「反省」も一理ある。一国の最高指導者が言う「偏向新聞」とは何なんのか？「ちょうちん持ち」してくれる新聞なら「偏向ではない」のか？　佐藤の「ＮＨＫはどこにいる」発言の背景には、「ＮＨＫやテレビ局はすべて俺の言いなりになってくれる」との奢りもあるのではないか。七年八か月の長期政権を担ってきた佐藤栄作という政治家の本性を、記者会見を通じて明らかにする。その絶好のチャンスを逸してしまったのではないか――そんな中馬記者の思いは、私にもある。

だが、あの興奮状態からして、佐藤がこちらの要望に果たして冷静かつ正面から答えてくれただろうか。そこは疑問だ。楠田実秘書官（元産経新聞記者）も、あの日の佐藤を「ああ、ついに虎が檻を破って野に出してしまった」（『佐藤政権・２７９７日（下）』行政問題研究所出版局、一九八三年）と追想しているように、最後の最後にして佐藤栄作という政治家（というより人間）の本性が爆発した瞬間でもあった。

別のところ（拙著『実写１９５５年体制』）にも書いたが、「マスコミの役割とは政治権力を監視し、権力行使の行き過ぎに警鐘を鳴らすのが仕事の一つであると承知している政治家と、そうでない政治家の二通りが存在した」のは事実で、佐藤も含めて大方の政治家は後者である。大平正芳、宮澤喜一といった政治家は、数少ない前者だった。田中角栄のように、「マスコミも俺の悪口を書くことで生活しているのだから」と割り切っていた大物もいたが……。

戦後七〇年にあたる二〇一五（平成二七）年、安倍晋三首相が八月に発表する「安倍談話」に、中国、韓国、米国をはじめ世界各国からの視線が注がれている。特定秘密保護法、集団的自衛権から憲法改正へと踏み出そうとしている安倍政権に、「戦後七〇年間の日本の平和主義、不戦思想が大きく崩れるのではないか」という懸念や心配があるからだ。

とくに最近は、「もの言えば唇寒し安倍の世は――」の風潮が日本国内全体に広がりつつあることを筆者は強く懸念している。かつて小沢一郎から、「マスコミも戦前は大政翼賛会と同じで戦争を賛美していたではないか」という批判を何回も聞いた。その反省があったからこそ、戦後のマスコミは日本政府が戦争に巻き込まれるような行動をとることに神経過敏と言ってもいいほど警告や反対論を唱えてきたはずだ。

ところが、安倍首相、菅義偉官房長官、三原じゅん子自民党参議院議員などの口から「おやおや」と思うような言葉がポンポンと飛び出してきた。衆議院予算委員会で民主党議員の質問中に「日教組、日教組どうするの！」と首相自らヤジを飛ばしたのは安倍晋三という政治家の品格の問題としても、筆者が注目し、首を傾げたのは「戦後日本」について語った安倍首相の次の言葉であった。

「陰徳を積んだ七〇年だったのではないか。七〇年の道のりに静かな誇りを持ち、今後やるべきことをやっていこうという気持ちが大きな力になる」（二〇一五年四月一六日、二一世紀構想懇談会での発言）

私がひっかかったのは「陰徳」という言葉遣いである。辞書を引けば、「人に知られないように施す恩徳」（広辞苑）、「人に知られない善行」（言泉）が「陰徳」とある。女子大生の圧死をもたらした「六〇年安保闘争」をはじめ、戦後の諸々の平和運動もさることながら歴代政府自身が「専守防衛」「ＯＤＡ（政府開発援助）」「非核３原則」「防衛費のＧＮＰ１％枠」「ＰＫＯ（国連平和維持活動）協力法」など軍拡路線に抑制的な政策をとってきた。それは、「陰徳」ではなくて日本国憲法に基づく「国是」そのものであったはずだ。平和主義が「陰徳」というのは、安倍流の解釈にすぎない。

菅官房長官が翁長雄志沖縄県知事との会談で米軍普天間飛行場の名護市辺野古移転をめぐって「粛々と進める」という表現を使い、知事から「上から目線」と批判された。「名は体を表す」ではないが、政府首脳が無意識で使う言葉のなかに安倍政権が目指す政治路線が透けて見える。

三月一六日の参議院予算委員会で、三原じゅん子議員が「『八紘一宇』に現在の日本がどう立ち振る舞うべきかが示されている」と発言したときには、彼女の政治感覚に驚愕した。東京新聞の投書欄（二〇一五年四月一七日付朝刊）に五七歳のフリーライターが、「八紘一宇とは天皇による世界の支配ということであり、中国・アジアなど約二〇〇〇万人の犠牲者を出した日本の侵略戦争を『大東亜共栄圏をつくる聖戦』と偽ったスローガンであった」、「野党もマスコミもこうした発言に鋭い批判を浴びせようとはしない。私は今、日本を覆っているナショナリズムに危機感を募らせている」との声を寄せていた。

そのとおりだと思う。複数の自民党議員と雑談を交わしたときに、「安倍首相のやり方には自分たちも懸念することがあるのだが、表立って言うのがはばかわれる雰囲気があるのですよ」と率直に告白していた。それが「安倍一強政治」の現実なのだろう。

そうした中央政府の空気が地方にも拡散している。二〇一四年七月、さいたま市の公民館が、月報に市民の詠んだ俳句「梅雨空に『九条守れ』の女性デモ」の掲載を拒否したのはその典型例である。

集団的自衛権が是認されても日本が米国と組んで直ちに戦闘行為にひた走ることはないだろう、と思っている日本人は多いかもしれない。しかし、国民が自由にものを言い、政府を批判することができない世の中がじわじわと進んでいる現実を私たちは看過できない。作家で「歴史探偵」を自称する半藤一利は、「国民の幸せが、日本が民主主義国家であり続けることだとするなら、ジャーナリズム、言論の自由の存在が一番大切な条件と思います。ジャーナリズムが時の権力者を厳しく監視することが、腐敗や暴走を防ぐからですが、言うはやさしく、実際は大変難しい」（朝日新聞、二〇一五年二月二八日付朝刊）と言っている。

本書では、話題になった政《まつりごと》の言葉を解説しながら、戦後七〇年を概観しつつ現在と未来日本の問題点を指摘した。さまざまな問題点を抱えた二〇一五年なのに、無関心層が多いのも気がかりだ。ご存じのように、国政選挙でも史上最低の投票率を更新している。とくに二〇代の投票率が低くなっている。その意味でも、本書を若い世代の人々に読んでもらい、政治への関心を高めてほしいと切望する。

旧知の武市一幸・新評論社長には、編集だけでなくさまざまなご助言をいただいたことに深く感謝したい。また、歴代首相の写真では今回も久保田富弘先輩（元首相官邸写真室長）にご協力いただいた。

執筆を応援してくれた家族や友人たちにも感謝しつつ――。

戦後七〇年にあたる二〇一五年五月

宇治敏彦

2008年 10月	（説明）朝鮮半島の植民地化や日中戦争について、「日本は侵略国家であったのか」と題してアパグループ主催の第１回『「真の近代史観」懸賞論文』に応募して最優秀賞を受賞したが、政府と異なる歴史認識ということで10月31日に更迭された。
2014年 ６月17日	**石原伸晃（環境相）** 「最後は金目でしょ」 （説明）参議院環境委員会において、東電福島第一原発事故で発生した除染廃棄物の貯蔵施設をめぐる被災地との交渉に関する発言。石原は「品位に欠ける言葉で申し訳なかった」と陳謝した。

1995年 10月11日	見への出席停止１か月」という処分を受けた。11月13日、江藤は村山富市首相に辞表を提出した。
1995年 10月18日	**宝珠山登（防衛施設庁長官）** 「（沖縄の米軍基地用地の強制使用問題に関連して）首相の頭が悪い」 （説明）防衛施設庁記者との懇談会においての発言。宝珠山の申し出でオフレコ扱いとされたが、TBS テレビが同夜のニュースで報道した。
1999年 11月	**西村慎吾（防衛政務次官）** 「核を持たないところが一番危険なんだ。日本が一番危ない。日本も核武装したほうがええかもわからんということも国会で検討せなアカンな」、「社民党の女性議員にゆうてやった。『お前が強姦されとってもオレは絶対に救ったらんぞ』と。集団的自衛権は『強姦されてる女を男が助ける』という原理ですわ」 （説明）1999年11月19日に発売された〈週刊プレイボーイ〉に掲載された対談記事内での発言。社民党など野党が猛反発したが、西村は「問題提起が悪いなら議論が成り立たない」と述べて辞任した。本人に代わって、小渕恵三首相が国会で陳謝した。
2007年 １月27日	**柳沢伯夫（厚労相）** 「女性は子供を産む機械。装置の数は決まっているから、あとは一人頭で頑張ってもらうしかない」 （説明）松江市で開かれた自民党県議の集会での発言。野党や女性たちから強い反発があったが、安倍晋三首相が辞任させない態度をとったので、柳沢は「反省を徹底し、与えられた仕事を一生懸命やらせていただきたい」と釈明して留任となった。
2008年 10月	**田母神俊雄（航空幕僚長）** 「我が国が侵略国家だったなどというのは、まさに濡れ衣」

1988年 2月6日	「暴れん坊ハマコー」の説得にてこずったが、最終的には2月12日、安倍晋太郎幹事長が説得して辞任した。安倍を補佐して浜田を説得した田中六助代議士は筆者に、「予算委員長になったとき、手の中に忍という字をサインペンで書いておくよう助言したが、いつの間にか心が消えて刃物が出てしまった」と解説してくれた。
1988年 4月22日	**奥野誠亮（国土庁長官）** 「共産主義は宗教について理解が薄い。鄧小平さんの言動に日本国民全体が振り回されるのは情けない」、「何が日本は侵略国家か。鎖国していた日本は白色人種の侵略者に開国を迫られて、軍事力で対抗せざるを得ない立場に追い込まれていた」 （説明）記者会見での発言で、当時、中国共産党軍事委主席だった鄧小平を批判した。野党や中国が批判し、5月13日に辞任した。
1994年 5月5日	**永野茂門（法相）** 「侵略戦争という定義づけは、今でも間違っていると思う。大東亜戦争は日本がつぶされそうだったから生きるために立ち上がったのであり、戦争目的は当時としては基本的に許される正当なものだった」、「南京事件はでっちあげだと思う」 （説明）毎日新聞が行ったインタビューでの発言。5月8日付で法相を辞任した。
1995年 10月11日	**江藤隆美（総務庁長官）** 「植民地時代、（日本は）韓国に良いこともした」 （説明）閣議後の会見での発言。長官が3回にわたって「オフレコ」と強調したので、マスコミは報道しなかった。しかし、雑誌〈選択〉（11月号）がこのオフレコ懇談の内容を報じ、韓国紙の〈東亜日報〉も報道したことから〈毎日新聞〉と〈東京新聞〉が報道した。その結果、両紙は内閣記者会から「会

1973年 ５月25日	**中村梅吉（衆議院議長）** 「野党から強行採決するな、といわれたが、慎重に処理するといってごまかした」 （説明）パーティーの挨拶で、選挙法改正案に関して野党が反対していることに関連しての放言。「ごまかした」という言葉に野党が猛反発し、中村は５月29日に議長を辞任した。
1986年 ３月１日	**渡辺美智雄（通産相）** 「野党は税金をまけろ、橋や道路はつくれとうまい話ばかりする。これは毛バリで釣りをするようなものだ。毛バリで釣られる魚は知能指数が高くない」 （説明）福岡市内における自民党候補者後援会の発会式で行った野党批判である。後日、衆参両院の本会議で陳謝している。
1986年 10月	**藤尾正行（文相）** 「日韓併合は韓国にも責任がある」 （説明）1986年10月号の月刊〈文藝春秋〉のインタビューで、「日韓の合邦は伊藤博文と高宗との談判、合意に基づいている」など併合の正当性を強調した。野党が追及したが、藤尾は辞任を拒み、中曽根康弘首相が９月８日に罷免した。
1988年 ２月６日	**浜田幸一（衆議院予算委員長）** 「わが党は終戦直後より、殺人者である宮本顕治君を国政の中に参画せしむるような状況を作り出した時から日本共産党に対しては最大の懸念をもち、最大の闘争理念を持ってきた」 （説明）共産党の正森成二の質問を遮って、委員長として行った発言。正森は、「私が聞いていることに答えないで、公党の最高幹部であるわが党の宮本議長に対するそういう発言は断じて許せない」と抗議。戦前の共産党スパイ査問事件で中央委員が死亡した事件に関して浜田が不規則発言したもので、共産党は発言の削除と委員長辞任を要求した。自民党は

1968年 2月6日	**倉石忠雄（農相）** 「現行憲法は他力本願だ。やはり軍艦や大砲が必要だ」、「こんなばかばかしい憲法を持っているのはメカケのようなもの」 （説明）閣議後に国会内で行われた会見での発言。最初に記事にしたのは、当時、農林省担当だった共同通信経済部の長谷川隆記者であった。「オフレコはかかっていなかった。どこの社も夕刊に書くだろうと思っていたが、出ていないのでおやおやと思った」と、長谷川は回顧している。倉石は閣僚を辞任した。
1971年 10月26日	**西村直己（防衛庁長官）** 「国連は田舎の信用組合のようなものだ。いわば1万円も出せばだれでも会員になれる。何かまずいことが起こるとソロバンでなぐりあうようなことになる。国連もそのとおりだ。米国は大国だが、モルジブなんか土人国だ。こういう国も1票持っているんだから。中共（中国）が入れば国連はますます悪くなる」 （説明）閣議後の会見においての発言。国連侮辱発言として社会党の追及などがあり、佐藤首相が12月3日に西村を更迭した。
1972年 1月15日	**原健三郎（労相）** 「養護老人ホームに入るお年寄りは感謝の念を忘れたからである」 （説明）兵庫県洲本市で行われた成人式における来賓祝辞としての発言。老人ホームに入っている人をけなすような発言をして、国会でも追及された。当時、筆者は労働省クラブ担当で、原発言の波紋取材に追われた。原は佐藤栄作首相をはじめとして各方面に「不適切な発言だった」と謝り続けたが、結局、閣僚を辞任した。

付表2　政治家、官僚の主な失言・暴言集

（掲載は年代順とし、肩書きは当時のものを記載。本文に掲載した発言は省略している）

1950年 11月27日	**池田勇人（通産相）** 「ヤミなどで中小企業者が倒産、自殺しても、気の毒だが、やむを得ない」 （説明）朝日新聞のインタビューに対する池田の発言を衆議院本会議で加藤勘十が追及。「不当投機をやった人が５人や10人倒産し思い余って自殺してもやむを得ない」と答弁した。その結果、不信任決議が通って池田は辞任している。
1950年 12月７日	**池田勇人（蔵相）** 「貧乏人は麦を食え」 （説明）参議院法務委員会において労農党の木村禧八郎から米価問題を聞かれ、「所得の多いものはコメ本位、所得の少ないものは麦本位が本来の姿である」といった趣旨の答弁をした。ただ、次女紀子によると、池田家では当時、麦飯が通常のことだったという。
1953年 10月15日	**久保田貫一郎（外務省参与）** 「日本は（朝鮮半島で）植林し、鉄道を敷設し、水田を増やし、韓国人に多くの利益を与えたし、日本が進出しなければロシアか中国に占領されていただろう」 （説明）日韓正常化のための第３次会談における日本側首席代表であった久保田の発言。韓国側が激怒し、交渉は1958年４月まで中断された。
1961年 ２月21日	**松平康東（国連大使）** 「国連警察軍に日本が派兵を拒否するのは筋が立たない」 （説明）外務省の外交問題懇談会での発言。国会で問題視され、池田首相が「自衛隊法により海外派兵はできない」と答弁した。

代数	名前（生没年）	政党基盤	在職期間	愛称など	公約・言動
90	安倍晋三・第１次（1954～）	自由民主党・その他連立	2006. 9 .26〜2007. 9 .26	お友達内閣 実行実現内閣	戦後レジームからの脱却、美しい国
91	福田康夫（1936～）	自由民主党・その他連立	2007. 9 .26〜2008. 9 .24	慎重居士 背水の陣内閣	国民目線の改革、低炭素社会の実現、信頼できる社会保障制度
92	麻生太郎（1940～）	自由民主党・その他連立	2008. 9 .24〜2009. 9 .16	半径1.5メートルの男 失言癖 サラブレッド 漫画好き	明るく強い日本に、日本の魅力発揮、安心・元気な健康長寿社会
93	鳩山由紀夫（1947～）	民主党・社会民主党・国民新党	2009. 9 .16〜2010. 6 . 8	宇宙人	政治主導、コンクリートから人へ、トラスト・ミー
94	菅直人（1946～）	民主党・国民新党	2010. 6 . 8〜2011. 9 . 2	イラ菅	最小不幸社会の建設
95	野田佳彦（1957～）	民主党・国民新党	2011. 9 . 2〜2012.12.26	どじょう 松下政経塾卒の初首相	中庸の政治、消費税率の改定
96	安倍晋三・第２次	自由民主党・その他連立	2012.12.26〜		アベノミクス、積極的平和主義、集団的自衛権

代数	名前（生没年）	政党基盤	在職期間	愛称など	公約・言動
83	橋本龍太郎・第2次	自由民主党・その他連立	1996.11.7〜1998.7.30		安保再定義
84	小渕恵三（1937〜2000）	自由民主党・その他連立	1998.7.30〜2000.4.5	冷めたピザ 凡人 ビルの谷間のラーメン屋 ブッチホン	増税から減税へ、自自公連立政権
85	森喜朗・第1次（1937〜）	自由民主党・その他連立	2000.4.5〜2000.7.4	ノミの心臓	神の国発言
86	森喜朗・第2次	自由民主党・その他連立	2000.7.4〜2001.4.26		「えひめ丸」事件
87	小泉純一郎・第1次（1942〜）	自由民主党・その他連立	2001.4.26〜2003.11.19	変人 ワンフレーズポリティックス 小泉チルドレン	郵政民営化、米百俵の精神
88	小泉純一郎・第2次	自由民主党・その他連立	2003.11.19〜2005.9.21		恐れず・ひるまず・とらわれず
89	小泉純一郎・第3次	自由民主党・その他連立	2005.9.21〜2006.9.26		上げ潮派

代数	名前 (生没年)	政党基盤	在職期間	愛称など	公約・言動
75	宇野宗佑 (1922〜1998)	自由民主党	1989.6.3 〜 1989.8.10	趣味人 3点セット 短命政権	政治刷新、日米経済摩擦の解消
76	海部俊樹・第1次 (1931〜)	自由民主党	1989.8.10 〜 1990.2.28	海部の前に海部なし、海部の後に海部なし	金権政治の刷新、昭和生まれの初首相
77	海部俊樹・第2次	自由民主党	1990.2.28 〜 1991.11.5		湾岸戦争で90億ドル支援
78	宮澤喜一 (1919〜2007)	自由民主党	1991.11.5 〜 1993.8.9	ハト派 知性派 英語の達人 ＥＴ	生活大国５か年計画（地球社会との共存）、ＰＫＯ協力法
79	細川護熙 (1938〜)	日本新党・その他連立	1993.8.9 〜 1994.4.28	肥後の殿様 やじろべえ内閣 都会型パフォーマー	小選挙区制・政党助成金の導入、国民福祉税構想、コメ市場部分開放
80	羽田孜 (1935〜)	新生党・その他連立	1994.4.28 〜 1994.6.30	平時の羽田 超短命内閣 ミスター政治改革	改革と協調の政治、普通の言葉が通じる政治・一日一生
81	村山富市 (1924〜)	日本社会党・その他連立	1994.6.30 〜 1996.1.11	トンちゃん 戦後50年の村山談話	日米安保条約と自衛隊の容認
82	橋本龍太郎・第1次 (1937〜2006)	自由民主党・その他連立	1996.1.11 〜 1996.11.7	怒る、威張る、すねる 気障	6大改革（行政・財政・社会保障・経済・金融・教育）・省庁再編

代数	名前（生没年）	政党基盤	在職期間	愛称など	公約・言動
67	福田赳夫（1905～1995）	自由民主党	197612.24～1978.12.7	昭和の水戸黄門 造語名人 遅れてきた秀才	さあ働こう内閣、福田ドクトリン
68	大平正芳・第１次（1910～1980）	自由民主党	1978.12.7～1979.11.9	おとうちゃん 鈍牛 アーウー	田園都市構想、家庭基盤充実、環太平洋連帯
69	大平正芳・第２次	自由民主党	1979.11.9～1980.6.12		永遠の今
70	鈴木善幸（1911～2004）	自由民主党	1980.7.17～198211.27	ゼンコー Who? カラカラ亭 全員野球 暗愚の宰相	和の政治、等しからざるを憂うる政治、増税なき財政再建
71	中曽根康弘・第１次（1918～）	自由民主党	1982.11.27～1983.12.27	政界の風見鶏 青年将校 タカ派	日本列島不沈空母
72	中曽根康弘・第２次	自由民主党・新自由クラブ	1983.12.27～1986.7.22		戦後政治の総決算
73	中曽根康弘・第３次	自由民主党	1986.7.22～1987.11.6	大元帥	国鉄の分割・民営化
74	竹下登（1924～2000）	自由民主党	1987.11.6～1989.6.3	気配り 言語明瞭意味不明瞭 平成の語り部	ふるさと創生、消費税導入、調和と活力、世界に貢献する日本

代数	名前（生没年）	政党基盤	在職期間	愛称など	公約・言動
59	池田勇人・第２次	自由民主党	1960.12.8〜1963.12.9		所得倍増計画
60	池田勇人・第３次	自由民主党	1963.12.9〜1964.11.9		ＩＭＦ８条国に移行
61	佐藤栄作・第１次（1901〜1975）	自由民主党	1964.11.9〜1967.2.17	政界の団十郎 早耳（地獄耳） 待ちの政治 栄ちゃんと呼ばれたい	社会開発、寛容と調和、沖縄の祖国復帰なくして日本の戦後は終わらない
62	佐藤栄作・第２次	自由民主党	1967.2.17〜1970.1.14		非核３原則
63	佐藤栄作・第３次	自由民主党	1970.1.14〜1972.7.7		大阪万博
64	田中角栄・第１次（1918〜1993）	自由民主党	1972.7.7〜1972.12.22	コンピュータ付きブルドーザー 昭和太閤	日本列島改造論、決断と実行、日中国交回復の実現
65	田中角栄・第２次	自由民主党	1972.12.22〜1974.12.9		小選挙区制推進
66	三木武夫（1907〜1988）	自由民主党	1974.12.9〜1976.12.24	クリーン三木 バルカン政治家 男は１回勝負する	対話と協調、政治資金規制強化、独禁法強化、ロッキード事件の全容解明

代数	名前（生没年）	政党基盤	在職期間	愛称など	公約・言動
51	吉田茂・第５次	自由民主党	1953. 5 .21 〜 1954.12.10		造船疑獄で指揮権発動
52	鳩山一郎・第１次 （1883〜1959）	日本民主党	1954.12.10 〜 1955. 3 .19	友愛 多情の人 悲運の政治家 政界のサラブレット	自主憲法制定、小選挙区制提唱、日ソ国交回復、大臣公邸の廃止
53	鳩山一郎・第２次	日本民主党	1955. 3 .19 〜 1955.11.22		
54	鳩山一郎・第３次	日本民主党	1955.11.22 〜 1956.12.23		保守合同で1955年体制スタート
55	石橋湛山 （1884〜1973）	自由民主党	1956.12.23 〜 1957. 2 .25	自由主義思想家 積極経済主義 反骨のジャーナリスト	五つの誓い（国会正常化、政官界の綱紀粛正、雇用・生産の増加など）
56	岸信介・第１次 （1896〜1987）	自由民主党	1957. 2 .25 〜 1958. 6 .12	昭和の妖怪 巨魁 両岸 フィクサー カミソリ岸	日米新時代、３悪（暴力・汚職・貧乏）追放
57	岸信介・第２次	自由民主党	1958. 6 .12 〜 1960. 7 .19	日米対等	日米安保条約改定
58	池田勇人・第１次 （1899〜1965）	自由民主党	1960. 7 .19 〜 1960.12. 8	経済主義者 ディスインテリ 伝書鳩	低姿勢、寛容と忍耐、私は嘘はもうしません

付表１　戦後の歴代総理一覧

代数	名前 （生没年）	政党基盤	在職期間	愛称など	公約・言動
43	東久邇宮稔彦 （1887〜1990）	なし	1945. 8 .17 〜 1945.10. 9	宮様総理 フランス語使い	総懺悔、国難突破に邁進、国体護持は日本人の信仰
44	幣原喜重郎 （1872〜1951）	なし	1945.10. 9 〜 1946. 5 .22	外交通 英語使い バロン（男爵）幣原	憲法改正に着手、８大政綱（日本的民主主義など）、食糧問題の解決
45	吉田茂・第１次 （1878〜1967）	民主自由党	1946. 5 .22 〜 1947. 5 .24	貴族趣味 白足袋宰相	６大政策（新憲法の普及、教育制度の刷新、行政機構改革など）
46	片山哲 （1887〜1978）	日本社会党	1947. 5 .24 〜 1948. 3 .10	初の社会党首相 クリスチャン グズ哲 GHQ のイエスマン	経済危機、食糧危機の突破、石炭の国家管理
47	芦田均 （1887〜1959）	民主自由党	1948. 3 .10 〜 1948.10. 5	たらい回し政権 リベラリスト 芦田修正 恋女房	外資導入、戦時中の軍事公債の利払い停止
48	吉田茂・第２次	自由民主党	1948.10.15 〜 1949. 2 .16	ワンマン	在日米軍の駐留を要望
49	吉田茂・第３次	自由民主党	1949. 2 .16 〜 1952.10.30		曲学阿世と東大総長批判
50	吉田茂・第４次	自由民主党	1952.10.30 〜 1953. 5 .21		自衛の戦力は合憲と答弁

【ま】

【や】

【ら】

【わ】

政界を踊った言葉の索引

著者紹介

宇治敏彦（うじ・としひこ）

1937年大阪府生まれ。早稲田大学卒業後、東京新聞を経て中日新聞入社。政治部次長、経済部長、論説主幹などを経て中日新聞社専務取締役、東京新聞代表を務める。現在、同社相談役。ほかに日本政治総合研究所常任理事、フォーリンプレスセンター評議員、日本生産性本部評議員など。1961年以後、日本政治をウオッチし、『実写1955年体制』（第一法規）、『首相列伝』（東京書籍）、『論説委員の日本分析』（チクマ秀版社）、『鈴木政権863日』（行政問題研究所）などの著書を刊行。ほかにブログ雑誌「埴輪」に随時、時評を掲載。趣味の版画制作でも『木版画　萬葉秀歌』（蒼天社出版）を刊行している。

政《まつりごと》**の言葉から読み解く戦後70年**
歴史から日本の未来が見える

2015年6月30日　初版第1刷発行

著者　宇　治　敏　彦
発行者　武　市　一　幸

発行所　株式会社　新　評　論

〒169-0051
東京都新宿区西早稲田3-16-28
http://www.shinhyoron.co.jp

電話　03(3202)7391
FAX　03(3202)5832
振替・00160-1-113487

落丁・乱丁はお取り替えします。
定価はカバーに表示してあります。

印刷　フォレスト
製本　中永製本所
装丁　山田英春

Printed in Japan
ISBN978-4-7948-1010-6